本书为2018年度教育部人文社会科学研究一般项目
"民族复兴背景下苗族传统伦理现代转换研究"（18XJA720002）研究成果

民族复兴背景下苗族传统伦理现代转换研究

罗连祥 著

新华出版社

图书在版编目（CIP）数据

民族复兴背景下苗族传统伦理现代转换研究 / 罗连祥著.
—北京：新华出版社，2022.8
ISBN 978-7-5166-6430-8

Ⅰ．①民… Ⅱ．①罗… Ⅲ．①苗族—民族文化—研究
—中国 Ⅳ．①K281.6

中国版本图书馆CIP数据核字（2022）第160985号

民族复兴背景下苗族传统伦理现代转换研究

作　　者：罗连祥

责任编辑：蒋小云　　　　　　封面设计：中尚图

出版发行：新华出版社
地　　址：北京石景山区京原路8号　邮　　编：100040
网　　址：http://www.xinhuapub.com
经　　销：新华书店
　　　　　新华出版社天猫旗舰店、京东旗舰店及各大网店
购书热线：010-63077122　　　中国新闻书店购书热线：010-63072012

照　　排：中尚图
印　　刷：天津中印联印务有限公司

成品尺寸：240mm×170mm，1/16
印　　张：15.5　　　　　　　字　　数：230千字
版　　次：2022年8月第一版　印　　次：2022年8月第一次印刷
书　　号：ISBN 978-7-5166-6430-8
定　　价：69.00元

版权所有，侵权必究。如有印装问题，请联系：010-59603187

目录

第一章 苗族传统伦理现代转化的必然性……001
第一节 苗族传统伦理现代转化的时代背景：全球化发展……001
第二节 伦理文化的全球化发展及其民族伦理面临的挑战……007

第二章 苗族传统伦理的主要内容……019
第一节 苗族传统生产劳动伦理……019
第二节 苗族传统婚姻家庭伦理……033
第三节 苗族传统丧葬伦理……043
第四节 苗族传统宗教伦理……051
第五节 苗族传统社会伦理……071
第六节 苗族传统生态伦理……080

第三章 苗族传统伦理的基本特征与社会功能……105
第一节 苗族传统伦理的基本特征……106
第二节 苗族传统伦理的社会功能……115

第四章 苗族传统伦理现代转换的基本原则……133
第一节 苗族传统伦理现代变迁是苗族传统伦理现代转换的根据……134
第二节 苗族传统伦理现代转换应当坚持的基本原则……151

第五章　苗族传统伦理现代转换的具体路径………………… 197

第一节　苗族传统生产劳动伦理现代转换的路径………… 198
第二节　苗族传统婚姻家庭伦理现代转换的路径………… 205
第三节　苗族传统丧葬伦理现代转换的路径……………… 211
第四节　苗族传统宗教伦理现代转换的路径……………… 217
第五节　苗族传统社会伦理现代转换的路径……………… 225
第六节　苗族传统生态伦理现代转换的路径……………… 231

结　语 …………………………………………………………… 239

第一章
苗族传统伦理现代转化的必然性

我国苗族主要居住在西南边陲，这些地区多为古代中央王朝之"化外生苗地"。若以"巫文化"论之，西南边区是"巫文化圈"的中心，所谓"西南奥区"是也。巫文化体系在中原失落后，却在西南苗族地区得以保存，实乃"礼失而求诸野"的一枚标本。明清之前，我国苗族地区生产落后，苗族民众很少受到外来文化的影响，苗族社会民风淳朴。明清改土归流之后，官学教育在苗族地区所有发展，官府势力逐渐深入广大苗族地区。即便如此，在相对封闭的苗族传统社会，苗族传统伦理受到社会主流文化和外来思想的影响也极其有限。然而在当今全球化时代，多元文化剧烈碰撞，没有哪一个民族的文化能够独善其身、坚守自身的文化轨迹独立地获得发展，苗族传统伦理文化也不例外。正因如此，分析全球化背景下苗族传统伦理现代转换的历史必然性、总结苗族传统伦理现代变迁的规律，对于我们有效推进苗族传统伦理现代转换具有极其重要的启示意义。

第一节 苗族传统伦理现代转化的时代背景：全球化发展

随着当今科学技术的发展，世界各国的政治、经济、文化不断朝向全球性发展的趋势。这种趋势在促使世界各国文化走向一体化的同时，也在很大程度上推动着世界各国传统文化的现代转型。

一、全球化及其全球化面临的问题

全球化成为当今世界发展的主要趋势，它不仅具有自身鲜明的时代特点，而且还有力地推动着世界各国的新思想、新理论以及世界各民族的文化信仰不断走向融合。

（一）全球化

对于全球化，不同的人有不同的理解。罗马俱乐部主席佩切伊在《全球问题研究的发端》一文中首次提出"全球化"概念，他指出："人类的历更进程已经走到一个重大的转折点，由于近几十年来在技术上取得了一些不同寻常的跃进，人类在过去年代所建立起来的联系的基础已经不再有效，它对自身、对同时代的人，对家庭、对社会和生活本身的看法，都必须深入地在全球范围内推动一体化过程。"之后，"全球化"概念逐渐得到西方学界的广泛关注和认可。1994年，联合国经合组织发展研究中心欧曼主张将世界各国的政治、经济、文化发展等一系列问题纳入全球化发展进程中加以思考。1995年，美国全球化问题研究专家彪恩迪亚指出，全球化的本质是经济全球化，即市场经济的世界化。也就是说，全球化的基础是经济全球化，民族主权国家的经济被卷入全球市场，各种生产要素在全球范围内配置，经济活动各环节在全球范围内展开，世界各国经济相互依赖性增强并呈现出整体化、一体化发展态势。德国著名社会哲学家于尔根·哈贝马斯直接把全球化理解为一个"世界经济体系的结构转变"过程。在哈贝马斯看来，全球化具有四个方面的特征：一是国际贸易地域不断扩大，国际贸易相互依赖日益增强；二是金融市场的国际网络化加快了世界各国的资本流通；三是世界各国的直接投资越来越趋向于跨国协调与合作发展；四是高新技术带动经济合作发展与联动竞争的趋势增强。①可见，全球化发展离不开科学技术的进步。科学技术进

---

① 于尔根·哈贝马斯.超越民族国家——论经济全球化的后果问题[M].法兰克福：祖尔卡姆出版社，1998：70-71.

步强有力地推动着经济全球化的发展进程，推动着信息文化在全球范围内迅速传递，使世界变得越来越小。特别是在今天，国际资本以电子速度流动，全球性交往已经实现信息化、网络化，各国之间经济的交往方式、交往速度和交往频率都发生了根本性的变化。由此可见，全球化就是一个国与国之间在国际社会发展过程中经济联系不断加强、政治互动不断加深、民族关系日趋紧密、文化影响日趋扩大的趋势与过程。

经济与科学技术的全球化是全球化的基础。但全球化并不仅仅是经济和科学技术的全球化，它同时也是政治文化的全球化，全球化发展带来世界主题的变化。黄树东在《选择和崛起——国家博弈下的中国危局》一书中写道：随着全球化发展，"新自由主义成了新的世界主流思潮，国际政治格局发生了巨大的变化，追求平等和公正不再是国际政治生活的主流。……解决现实世界的诸多不公正的途径，不再是调整国际秩序，而是全球化"。全球化发展的这一态势表明，全球化在某种意义上必然导致世界范围内的自由化。

（二）全球化面临的问题

全球化是一把双刃剑。它在给世界各国政治、经济、文化带来交流与融合的同时，也面临着人们如何引导和规制全球化发展、如何在全球化发展中保护自身利益、实现彼此共赢等一系列问题。

一是全球化发展需要相应法律制度予以规范、需要相应道义原则予以支持。全球化是一个历史发展趋势和崭新的过程，由于没有太多经验可供借鉴，全球化在其发展过程中往往会表现出一些野蛮、弱肉强食之特征。正是基于此，全球化发展必然需要相应法律制度的规制以及道义精神的引导，否则将有可能使部分参与到全球化发展过程中的弱小民族和国家深受其害。我们知道，对于世界上的任何一个民族和国家，其市场化的成熟都是有赖于法律制度以及相应的伦理文化的逐渐成熟来完成的。一个民族和国家的市场化发展如果没有得到相应的法律制度以及伦理文化的规范与支持，其市场的自由性、放任性特征必然使市场发展成其为原始丛林。实践表明，对于任何一个民族和国家而言，丛林原则不仅带来道德之无能，同时也会带来经济停滞和社会崩溃，这已为当今世界部分民族和国家的历史发展所证实。因此，全球的市场化并不是在优良的地理环境下自然产生和进行，它需要全球市场的法治化、伦理化建设来完成。但是，这些共同的法律制度和伦理文化建设，绝不是凭借一个民族或几个民族、一个国家或几个国家之力就能实现，它需要世界各国的齐心合作与共同努力。只要真正的世界政府没有建立起来，国际市场的法治化、伦理化建设就必将是一个漫长的过程。

二是全球化过程使世界各国损益难料。对于世界各民族和国家来说，全球化既是挑战、也是机遇。在全球化发展过程中，各种主体之利益错综复杂，在应有的法律制度和道德规范还没有建立完善之情况下，人们要判断谁是全球化利益的获得者、谁是全球化损害的承担者，这将是非常困难的。无论是强国还是弱国，大国还是小国，贫国还是富国，它们在全球化过程中都既有可能获益，也有可能受损。譬如，西方老牌资本主义国家在全球化初期长风破浪，如今在全球化中的优势地位却在不断衰落，即便是在全球化过程中一直获益的美国，现今也呈现出冷淡全球化之倾向；中国在全球化伊始表现出极大不适应，但如今却又成为推动全球化发展的重要力量。在全球化发展过程中，强弱国家之间的角色转换之所以能够快速形成，其中一个重要的原因就是科学技术在世界范围内的"均匀"化渗透。科学技术是生产力，对任何一个国家的发展都发挥着巨大作用。但凡掌握着高端科学技术的国家，其发展速度和态势往往领先于其他国家。但在全球化进程中，国家壁垒被打破，发达国家先进的科学技术源源不断地渗透到发展中国家，有力地促进了发展中国家政治、经济、文化的跨越式发展。

三是全球化过程中求同与存异并存。不同国家和民族因其历史发展阶段、社会经济基础与物质生活条件、政治文化制度与宗教习俗信仰等存在差异，因此在全球化发展过程中各民族和国家既需要向其他国家学习借鉴有益经验，又希望在全球化浪潮中坚守自己的发展道路与文化信仰。在这种求同与存异并存的复杂态势中，有的民族和国家以求同方式消解存异，有的民族和国家则以存异方式扩展求同。因此，求同与存异的共同推进构成了全球化时代的一个基本特征。一方面，全球化带来了产品的规格化和消费方式的同质化，全球化资本对所有民族和国家一视同仁，但却又刺激着不同经济基础和不同社会道路国家之意识形态的兴起。另一方面，全球化追寻人类整体利益、催生人类普世价值、推动地方民族文化复兴，但同时又给世界各民族和国家带来了利益冲突，并且这种利益冲突在相当长的时间内难以得到妥善解决。

四是全球化过程中类精神与族群精神并立。类精神与族群精神并立，主要体现为国际主义与民族主义的并存并立。近代以来，在全球化发展趋势的影响下，各种形式的国际主义应时而生。哈贝马斯认为，全球化对世界各民族和国家带来了巨大挑战，因为民族和国家"在内部受到多元文化主义的强烈冲击，在外部面临全球化的挑战，在功能上越来越丧失其存在的基础"[①]。另一方面，全球化同时也带来了更加强大的民族主义，带来了森严的国家疆界和更加强大的国防。"欧洲合众国"主义的兴起、欧洲统一货币的使用、欧洲边界的巩固、欧洲海关的确立以及欧洲防卫的统一，这一现象在很大程度上既突破了国家无限的民族主义壁垒，却又使世界各国进入了一个更大范围的民族主义樊篱。当人们把保卫国家安全的战场延伸到外太空时，没有谁会预想到全球化可能消灭国家疆界。

总之，世界各国的国家主权、国家地位和国家职能等都是在全球化发展过程中发生变化，不承认这种变化是不行的。但是，这并不意味着民族意识和国家观念不存在差异。国家作为世界利益划分的基本单元和人类群体生活的一种方式，在当前以至将来很长一段时间内都必将长期存在。当然，让世界仅仅停留在国家分离层面、不将独立国家拓展到人类统一的层次，这并不是人类的本来理想。因此，我们既不能因为国际主义热情而忘却了国家的现实利益，也不能因为国家存在的现实合理性而忘却了将国家推向未来一体化世界的宽广道路。

二、全球化趋势必然促进人类文化的全球性发展

经济全球化带来了文化全球化。所谓文化全球化，是指"超越本土的文

---

① 章国锋.关于一个公共世界的"乌托邦"[M].济南：山东人民出版社，2001：194.

化认同和价值认同，或者说倡导一种所谓的球文化"①，即世界各民族和国家的文化在全球范围内以各种方式实现的整合、流动与交融。全球文化的形成意味着一种超越国界、超越社会制度、超越国家意识形态的普遍价值已经作为一种现实存在于人们的生活之中。今天，我们正处在文化全球化的发展进程中，文化全球化已经成为现代人必须面临的生活方式。从时间上看，文化全球化大致经历了三个发展阶段。

（一）文化全球化的萌芽阶段

从14世纪中叶至18世纪末期，即工业革命之前，是文化全球化的萌芽阶段。在这一历史阶段，欧洲现代文化在相互联系和相互影响中逐渐发展起来。地理大发现和殖民运动的兴起促使东西半球的文化出现整体性碰撞与接触，文艺复兴催生了世界市场的建立和发展，海外殖民扩张促进了科学技术的进步和推广。在这些因素的共同影响下，世界各大洲文化不断接触与互动，吹响了文化全球化的发展号角。但是，由于在工业革命之前，洲际国家之间的交往主要依靠传输作物、粮食、奴隶等进行，文化发达的欧洲对其他各洲文化的影响十分有限，各国交往范围并未扩及全球。因此在这一阶段，真正意义上的文化全球化尚未形成。

（二）文化全球化的形成阶段

18世纪工业革命至第二次世界大战结束，是文化全球化的形成阶段。工业革命之后，随着资本主义生产方式在全球范围内的扩展，文化的全球化发展也如期而至。工业革命之后，英国、法国、西班牙、葡萄牙以及后来快速发展起来的德国和美国等，在亚洲、非洲和拉丁美洲部分国家和地区进行大规模殖民主义扩张。这种扩张虽然带有某种程度的侵略本质，但在一定意义上带来了文化的全球化发展。在这一阶段，交通和通信技术发展加快了文化传播的速度，扩大了文化信息的传输范围，世界日益变成一个"全球村"；在这一阶段，世界各国的文化在相互碰撞中不断走向融合，文化全球化正式

---

① 俞可平.全球化的悖论[M].北京：中央编译出版社，1998：131-132.

形成。

（三）文化全球化的深入发展阶段

20世纪60年代至今，是文化全球化的深入发展阶段。在这一阶段，世界各国的文化交往和文化传播快速发展起来。在这一时期，社会生产力的提高推动了国际分工从垂直分工走向水平分工，科学技术的进步促使了跨国公司如雨后春笋般建立起来，这些现象的发生正推动着文化全球化朝着纵深方向发展。特别是20世纪90年代以来网络技术的出现，文化全球化渗透到世界每一角落，世界各民族和国家实现了文化的零距离传播。

第二节　伦理文化的全球化发展及其民族伦理面临的挑战

伦理文化是人类文化的一个重要组成部分。经济全球化带来文化全球化，文化全球化必然包含着人类伦理文化的全球性发展，这是不以人们意志为转移的文化发展态势。

一、伦理文化的全球性发展

伦理文化全球发展的一个重要表现，就是伦理文化中的某些价值日趋走向趋同，即普世伦理在世界范围内的形成和发展。20世纪90年代，国际上出现了一个走向普遍伦理文化运动的宣言——《世界宗教议会走向全球西理宣言》。该宣言指出，全球伦理并不是指一种全球的意识形态，而是指"对一些有约束性的价值观、一些不可取消的标准和人格态度的一种基本共识。没有这样一种在伦理上的基本共识，社会或迟或早都会受到混乱或独裁的威胁，而个人或迟或早也会感到绝望"。按照德国著名神学家孔汉思的理解，这种全球伦理就是所谓的宗教伦理，是得到众多信徒和非信徒支持的最低限度的共同的价值、标准和态度。

在伦理文化的全球性发展过程中，不同民族伦理文化的地位和影响是不同的。但这种地位和影响的不同不是一成不变的，它会随着历史的发展而不断交替变化着。一方面，人类伦理文化在长期发展过程中逐渐形成了以欧洲为文化中心的局面；但另一方面，随着20世纪以来东西方伦理文化的激烈冲突和亚洲经济的迅速崛起，欧洲的文化中心地位逐渐被削弱，边缘伦理文化的地位得到凸显，世界形成了一个多元伦理文化共生共融的局面。因此，伦理文化的全球化过程实质上就是一个由以欧洲中心主义伦理文化逐渐向多元民族伦理过渡发展的过程。

经济全球化必然会对世界各民族伦理文化的渗透与融合产生催化作用。在频繁的经济往来过程中，世界各民族通过相互接触，逐渐认识到不同民族的伦理文化之间存在某些共同性，并对这种共同性产生认同，这在某种程度上必然会增进各民族对其他异质民族伦理文化的理解与宽容，这实际上就是民族伦理文化的融合过程。因此，民族伦理文化的全球性发展表征着世界各民族伦理文化不断走向趋同与融合。这种趋同与融合表现在人们的思想观念层面，就是基本伦理理念的融合；表现在人们的日常生活中，就是大众伦理文化的融合。这种趋同与融合的过程，需要人们对不同文化价值观念保持着一种宽容和欣赏的态度。

二、民族伦理在全球化背景下面临的挑战

在文化全球性发展背景下，一些弱小民族和国家的伦理文化必将面临前所未有的生存挑战，这种挑战主要体现在以下两个方面。

（一）发达国家强势伦理文化的渗透与压迫

经济全球化与伦理文化全球性发展是相互联系、相互渗透和相互影响的。在全球化发展过程中，发达国家的经济发展处于世界领先地位，而发展中国家经济发展则处于相对受抑制的不利地位，经济发展的优势性地位决定了发达国家必然在某种程度上引领和控制着世界伦理文化的发展方向。经济发展

不仅对伦理文化有着重大影响,而且经济发展本身就是一个伦理文化的发展过程。在这一过程中,由于欠发达国家和民族地区的经济处于受控制和受支配地位,这些国家和民族的本土伦理文化的生存空间必然会受到发达国家强势伦理文化的挤压。在当今全球伦理文化发展格局中,以美国为首的西方伦理影响着世界伦理文化的发展潮流,以美国为首的个人主义价值观渗透到世界各民族和国家的伦理文化中。正如在《华盛顿邮报》刊登的一篇题为"美国流行文化渗透到世界各地"的文章指出,美国最大的出口产品不再是土地里的农作物和工厂里的制造品,而是批量生产的电影、电视、音乐、书籍和电脑软件等流行文化,这些产品包含着美国人的价值理念。当世界其他民族都在消费这些文化产品时,他们必然深受到其中所蕴含的价值观念的洗礼和伦理诉求的影响。由此可见,在全球化过程中,面对美国文化的"滥炸狂轰",欠发达国家和民族没有机会展示自己的文化,他们的民族文化和伦理观念正在遭受一场"浩劫",正在发生着根本性的变迁与异化。

(二)西方市场伦理文化的渗透与压迫

市场经济产生于西方发达国家,西方国家伦理文化在长期发展过程中受到市场经济的深刻影响。一方面,市场经济诞生于西方伦理文化之中;另一方面,西方伦理文化又反过来促进了市场经济的快速发展。但是,在市场经济发展较为欠缺的国家和民族地区,它们的传统伦理文化与西方市场伦理仍然处于一种相互隔离的状态,有时甚至出现冲突与矛盾,中国传统伦理文化同样面临着诸如此类的难题。汉朝之后,中国传统伦理以儒家伦理文化为中心,儒家伦理文化推崇义务,反对功利,这种文化形态显然与市场伦理不相融合。因为市场经济强调通过市场配置资源,主张个人在市场中实现利益,以此推动社会的财富积累。面对这种情况,中国要大力发展市场经济,就必须对其自身固有的民族传统伦理文化进行改造。由此可见,市场经济创造出了一个与传统社会完全不同的崭新伦理文化结构。一旦人们选择发展市场经济,就必然要选择接受这种崭新的伦理文化结构。这样,世界各民族和国家的传统伦理文化必然遭受着史无前例的影响和冲击、必将面临前所未有的改变与重组、必将承受着极其巨大的批判与拒斥，这就是当前欠发达国家和地区传统伦理文化在当代市场经济发展中面临的现实生存境遇。

（三）民族伦理发展的总趋势：民族伦理的普世化与普世伦理的民族化

伦理文化是一种人类文化现象。从整个人类、社会群体以及现实个体三个层面分析，我们可以将伦理文化区分为类伦理、群体伦理和个体伦理三种表现形态。类伦理即所谓的全球伦理或普世伦理；群体伦理因人们在社会生活中所处的历史阶段、地域状况、人种、国家、民族、阶级、分工等不同而形成的不同伦理体系，是一个多层次的理论系统；个体伦理主要是指个人在日常生活中形成的伦理习惯。本书论及的民族伦理，主要是指民族的类伦理和群体伦理。在当今全球化背景下，要维系全人类的共同利益，我们必然建立起一种具有共性意义的、体现不同民族伦理规范的伦理原则，这就是所谓的普世伦理。普世伦理要得到不同民族和国家的普遍认同、要内化为不同国家和民族的行为方式，它必须要走向民族化，与各民族人民的具体生活实际紧密结合，并使之成为规范和约束各国人民生活行为的准则。另一方面，民族伦理也必须要走向普世化，为不同国家和民族所肯定和认可。这是因为：在人类文化发展过程中，不同民族由于长期以来受到不同的生产力条件、地理环境、社会状况等多种因素的影响，形成了不同的民族伦理。这种多样性的民族伦理不仅对推进和维系各族群的发展发挥着重要作用，而且也对世界未来发展具有一定的指导意义和参考价值。无论是中华民族还是其他国家或民族创造出来的伦理形态，民族伦理作为人类劳动实践的产物，在价值上都是平等的。世界上既不存在完好无缺的伦理，也永远没有毫无价值的伦理，一切以强势伦理消解弱势伦理的做法都是极其错误的。在这个意义上讲，民族伦理只有走向普世化，它所蕴涵的内在精神才能得到不同民族和国家的理解、认同与尊重，才能发挥出推动民族融合和促进世界发展的现实功效。因此，普世伦理的民族化与民族伦理的普世化，是当今时代民族伦理发展的基本走势。

第一章 苗族传统伦理现代转化的必然性

1.民族伦理的普世化

事物的普遍性与特殊性是一体两面的，普遍性寓于特殊性之中并通过特殊性表现出来；特殊性离不开普遍性，不包含普遍性的特殊性是不存在的。作为具有普遍性意义的普世伦理和作为具有特殊性意义的民族伦理，二者呈现出一种辩证统一的互动态势，都分别在推动世界各国家、各民族的发展过程中发挥着重要作用。一方面，世界的整体性联系不断增强，每个国家和民族都不能独善其身，都离不开整个世界秩序，都必须依赖其他国家和民族才能得到更好地生存和发展。另一方面，世界秩序是各民族和国家的秩序，世界秩序的构建离不开各个国家和民族的参与和支持。"普遍理论是由于将理论的普遍性与经验的同质性赞同起来而产生的"，"它包含了特殊主义的普遍化，而不只是普遍主义的特殊化。"①普世伦理的实现，不仅要求普世伦理向各国家和民族推行，更要求民族伦理向普世伦理提升和发展。

一是民族伦理要把自身的先进性成果融入普世伦理文化中。一般来说，任何一种民族伦理都是扎根于本民族特有的文化土壤、形成于本民族特有的地理环境和人文氛围，存在于本民族特有的历史发展阶段和过程，都有其自身独特的规定性和存在价值。但是，从伦理自身发展的规律看，人类伦理文化的发展又是一个从低级走向高级、从简单走向复杂、从封闭走向开放、从部分走向整体的过程。在当今全球化发展过程中，每一个国家和民族不可能是一个封闭的利益主体，它必然要向人类整体利益结构的方向发展。在这个意义上，民族伦理也不是一个封闭的最高层次的伦理系统，它相应地也要向普世伦理方向发展。我们将民族伦理中代表人类社会发展方向的优秀成果融汇到普世伦理中，以丰富和发展普世伦理的思想内涵，这不仅是民族伦理自我完善的内在要求，同时也是民族伦理发展的当代趋势。

二是民族伦理需要以普世伦理基本要求规范自身。民族伦理是类伦理、群体伦理与个体伦理的统一。在早期人类社会，人类个体还未从群体中脱离

---

① （美）罗兰，罗伯森.全球化：社会理论与全球文化[M].上海：上海人民出版社，2000：186-187.

出来，民族伦理的主体是类主体，民族伦理主要体现为类伦理。此后随着社会生产力的提高，人类逐渐从自然界的束缚中摆脱出来，人类个体获得自由和独立发展机会，人类成员之间的差异开始显现。这种差异导致社会发生分化，从而使人类在社会活动中形成各式各样的群体。"群体社会对伦理主体的作用是双重的。一方面，它把个体的力量凝聚成群体的力量，另一方面，又限制了个人创造性的发挥。"[①]群体伦理依据人的群体同一性而产生，规范并决定着某一群体的社会行为。随着生产力进一步发展，人类个体获得了越来越多的发展空间，个体在社会中的作用越来越突显，个体逐渐成为伦理价值的主体。"在个人主义理论中，存在着一条根本的伦理原则，即单个的人具有至高无上的内在的价值或尊严。"[②]个体伦理作为一种独立的伦理形态，是个体同一性的证明，通过不同个体的现实差异呈现出来。人类发展经历了一个从类本位、群体本位到个体本位的过程。与此相应，人类伦理也经历了一个由类伦理、群体伦理到个体伦理的发展阶段。在国家本位时期，虽然民族伦理至高无上，但人类并没有在群体本位面前停止不前，而是继续朝向人类整体性方向发展。人类伦理是人类在物种关系上通过生产劳动实现的人的解放，是人类的一种自由自觉的活动。

全球化打破了原有国家和民族的时空限制，各民族利益与世界整体利益日趋走向一致，许多国家和民族为力求自身发展纷纷打开国门，为民族伦理向普世伦理转化提供了舞台。因此，在全球化过程中，民族伦理要向普世伦理开放，要放弃自身固有的传统利益和原则。唯有如此，民族伦理才能在向普世伦理发展过程中吸取借鉴普世伦理之内在精神，使自身的内在素质和基本价值不断得到提升。实践证明，民族伦理在世界各国之间的普遍化发展既是人类伦理文化发展的客观需要，同时也是人类伦理文化在全球化语境下的必然发展趋向。

---

① 胡贤鑫.从群体伦理到类伦理——伦理的历史走向[J].马克思主义与现实，2003，5：35-37.
② （法）史蒂文·卢克斯.个人主义：分析与批判[M].朱红文，孔德龙译.北京：中国广播电视出版社，1993：49.

第一章 苗族传统伦理现代转化的必然性

2.普世伦理的民族化

"人在本质上是类、群体和个体三重样态的感性统一。"[①]无论在任何时代，任何个人在其人生发展过程中都必然表现出三重属性。从现实性上讲，人的三重属性是人所固有的基本属性。这一基本属性决定了人类伦理也必然相应地区分为类伦理、群体伦理和个体伦理三个类别。普世伦理的民族化和民族伦理的普世化，本质在于实现人的类属性、群体属性与个体属性的有机统一。

一是全球化发展趋势要求普世伦理向民族化方向发展。19世纪中期，资本主义经济的迅速发展带来了科学技术进步，科技进步促成了全球化发展趋势。在全球化时代，如何解决好文化全球化与传统民族文化保护之间的矛盾、如何处理好人类整体利益与不同民族国家利益之间的关系，这是一个事关如何正确认识和理解普世伦理与民族伦理之间关系的重大问题。从推行普世伦理之行为者的视角看，由于真正支配和控制人类整体利益的主体尚未形成。谁代表着人类整体利益、谁来推行这种代表人类整体利益的普世价值、谁能保证自身能够站在客观公正的立场来加以考量人类的整体利益，这是一个关乎人类整体利益的问题，由于这一问题尚未得到解决，似乎普世伦理向民族伦理渗透变得不可能。但是从普世伦理本身的形成过程来看，普世伦理的构成要素、基本内涵以及价值取向等并非由某些强势国家通过强行颁布法令的方式而形成，而是不同民族和国家在平等伦理对话中认识趋于一致的结果。所以，要很好地解决民族伦理与普世伦理的矛盾，普世伦理必须向民族伦理开放，必须包容民族伦理的差异性，并允许普世伦理具有不同的民族化形式。这样，民族伦理的普遍化与普世伦理的民族化才能在互动中走向融合。

二是普世伦理的民族化是一个由普世伦理转化为每个民族自觉伦理活动的过程。普世伦理是基于人类共同理想、维护人类共同利益所需而产生的一种普遍的伦理规范，是蕴含着世界各民族伦理之普遍性规范的一种抽象存在形式，是伦理普遍性意义的表达；而民族伦理则是每个具体民族的行为规范，是伦理特殊性的表现形式。但是，普世伦理和民族伦理又不是相互分离的，

---

① 易小明.社会差异研究[M].长沙：湖南人民出版社，1999：25.

普世伦理中蕴含着民族伦理的基本文化特质，普世伦理的产生和发展根源于民族伦理的产生和发展。世界的整体有序运行推动着普世伦理向民族化和具体化、个体化以及差异化方向发展。与此同时，普世伦理的民族化并不是某一民族被动接受某种先行存在的普世伦理观念，而是民族个体通过其生活行为对普世伦理内在精神进行符合实情的优化与整合的结果，是民族个体寻求表达普世伦理精神的特殊实现形式。

三是世界的和谐发展态势要求普世伦理向民族化方向发展。在长期的历史发展中，中华民族一直崇尚"以和为美"，倡导构建和谐美好的人间世界。中国传统"和而不同"的文明观强调"应该充分尊重不同民族、不同宗教、不同文明的多样性。应本着平等、民主的精神，推动各种文明相互交流、相互借鉴，以求共同进步"[①]，为世界民族文化的发展指明了方向。中华人民共和国成立后，这种精神追求一直根深蒂固于当代中华民族个体的心灵和血脉当中。其一，中国共产党提出和平共处五项原则，倡导"求同存异"，为我国与世界各国之间的和平相处提供了指导原则。其二，在推进国际关系民主化过程中，中国主张国家无论大小、贫富、强弱一律平等，主张通过政治对话和外交谈判解决国际争端，强调各国都有平等参与国际事务的权力，这对推进国际关系和谐发展奠定了坚实基础。其三，倡导"和平与发展"的时代主题，为"和谐世界"的伦理构想奠定了认识论基础。其四，中国政府强调应"尊重各国自主选择社会制度和发展道路的权利，推动各国根据本国国情实现振兴和发展，加强不同文明的对话和交流，以平等开放的精神，以尊重和包容的精神，维护世界文明的多样性，才能协力构建各种文明兼容并蓄的'和谐世界'"[②]。

20世纪初叶，胡锦涛同志针对新的国际环境和历史条件，提出了"和谐世界"之概念，以此作为当代中国处理国际关系的新理念。2005年4月，胡锦涛同志在雅加达峰会上首次提出了"和谐世界"的理念。在《努力建设持久和平、共同繁荣的和谐世界》一文中，胡锦涛同志全面阐述了"和谐世界"

---

① 江泽民文选（第3卷）[M].北京：人民出版社，2006：1.
② 韩美群.和谐思维方式的界定及其基本特征[N].光明日报，2007-05-15（01）.

的新构想,提出世界各国应"协力构建各种文明兼容并蓄的和谐世界"①。从内容上看,和谐世界包括世界政治、经济、文化的全面和谐。所谓政治和谐,就是各国应严格遵守"互相尊重主权和领土完整、互不侵犯、互不干涉内政、平等互利、和平共处"五项原则。各国有权根据本国具体实际选择发展道路,有权平等参与国际事务,有权选择和平方式解决争端。所谓经济和谐,就是各国应结合本国国情,将本国经济发展融入国际经济发展秩序,加强各国之间经贸合作和对话,保证各国在经济往来中享有平等的发展权利。从伦理角度看,和谐世界是一个如何合理处理国际关系的伦理概念,和谐世界之伦理理念的生成既是国际政治理论发展的客观要求,同时也是国际社会伦理发展的必然结果。一方面,国际政治理论以不同国家在交往过程中必然产生利益冲突为前提探讨国际关系。在国际交往中,西方国家总是以民族利益为价值指向,以牺牲他国利益来维护自身安全,当代世界恐怖主义盛行正是霸权主义带来的结果。和谐世界之伦理理念,正是在反思这一国际政治伦理发展新情况的基础上提出来的。另一方面,和谐思维本质上是一种伦理思维,它以和谐为价值取向,强调人们要注重统一性、均衡性、协调性、互补性在事物发展中的作用,通过发挥统一性、均衡性、协调性、互补性以消解矛盾,以达至和谐与统一,处处表现着伦理道德的社会调节功能。

3.民族伦理发展是民族伦理普世化与普世伦理民族化的统一

古往今来,任何人类文化系统都是随着人类交往主体范围的扩大、人类交往方式的平等化而不断得到演化和发展的。人类主体普遍的交往方式深刻地影响着社会伦理发展的形式和内容。"交往普遍化"或"普遍交往"推动"地域性的存在"朝着"世界历史性的存在"发展②,"不同文明之间的交流,过去已经多次证明是人类文明发展的里程碑"。③社会经济发展带动了民族交往,民族交往使不同民族伦理文化之间发生碰撞与交融。一方面,当民族伦

---

① 胡锦涛.努力建设持久和平、共同繁荣的和谐世界[N].人民日报,2005-09-16(02).
② 马克思恩格斯选集(第1卷)[M].北京:人民出版社,1995:86.
③ 徐元旦.全球化热点问题聚焦[M].上海:学林出版社,2001:250.

理的碰撞与交融突破各自的封闭文化系统时，民族伦理便在更加广阔的空间中相互渗透和扩展，并在这种碰撞与交融中相互吸收其对方的有益成分。另一方面，民族伦理在其碰撞与交融中还形成了一个既有本民族伦理文化传统，又具有其他民族伦理传统文化的公共区域。在这一公共区域中，民族伦理本身便内在地包含着一种具有普适性的伦理规范——普世伦理，这就是社会交往所引起的民族伦理向普世伦理的自发运动过程。由此可见，普世伦理是在普遍社会交往实践的基础上形成的。普遍交往实践的形成和发展既是普世伦理形成的社会基础，同时也是民族伦理普世化和普世伦理民族化发展的现实条件。

  普世伦理不是自上而下的理论设计，不是单纯的理论玄想。它来源于现实社会实践和人们的日常生活，是人类个体交往实践发展的产物。在多元的文化世界中，普世伦理是人们寻求道德共识的结果。因此，普世伦理首先要融入民族伦理文化的共生区域之中，它才能获得自己民族化的存在方式，才能拥有自己生存和发展的现实基础，这就是普世伦理的民族化过程，这一过程可以通过道德外化与道德内化两种方式来实现。所谓道德外化，即在世界各民族的交往活动中，各民族个体将其内含于自身的普世伦理精神鲜活地展现出来。所谓道德内化，是指世界各民族通过自我价值认同，主动接纳彼此间在交往过程中达成的共识性伦理规范，并使之转换成为本民族个体的行为规范。因此，普世伦理的形成与普及并不意味着消解民族伦理的地位和价值。相反，它要求民族伦理要具有宽广的胸怀和强大的包容精神，敏锐地对普世伦理进行觉解、转化与创新。

  由此可见，在当今全球化背景下，世界各国家、各民族以及各文化个体之间的联系和交往日益走向深入，民族伦理的普世化与普世伦理的民族化已经成为人类伦理文化的一种必然发展趋势。在这里，世界伦理已经变成了民族伦理，民族伦理也已经越过民族界限而演化成了一种世界性乃至全人类的伦理观念。

（四）民族伦理发展要以促进民族和谐为目标

我国是一个多民族国家，发展民族伦理之重要意义在于处理好不同民族之间的关系，增进各民族之间的和谐，实现民族之间的统一。因此，我们所要发展的民族伦理文化必须是尊重民族统一性、保持民族文化价值平等性的伦理文化。

一是发展民族伦理要尊重民族统一性。发展民族伦理要尊重民族统一性，这是因为：其一，虽然我国是多民族国家，但各族人民都致力于坚持和维护社会主义制度，政治制度的一体化使各民族之间的族际治理与各民族内部的自我管理高度统一。这种统一性既坚持了"人民共和"的主体特征，又体现了"人民共和"与"民族自治"的有机结合。其二，在我国民族地区，虽然经济发展相对滞后且发展极不平衡，但我国各民族地区都坚持社会主义公有制的基本经济制度，这种共同的经济制度为民族伦理发展提供了稳固的条件。随着市场经济的发展，边疆多民族地区长期存在的自然经济体系逐渐瓦解，市场经济所带来的产业结构调整在很大程度上改变了各民族地区原有的社会分工、加快了各民族地区资金、信息、技术和人员的流动，边疆多民族地区的社会结构和生产生活条件得到极大改善，许多民族地区已经实现了商品市场、金融市场和劳动市场的一体化。这种经济一体化优化了民族地区的资源配置，加强了民族地区的经济依赖性，为民族地区伦理文化的发展贡献了丰厚的社会土壤。其三，我国各民族在长期的历史发展中形成了富有特色的饮食、起居、音乐、舞蹈、婚俗习惯、社会管理和民族意识等多种民族文化形态，这些不同的文化形态代表着不同民族的文化个性。但随着各民族人民生活区域的扩展和彼此间相互联系的甚密，这些不同形态的民族文化逐渐互为我用和彼此兼容，这种文化的共融共存为发展民族伦理创造了条件。

二是发展民族伦理要尊重民族文化价值的平等性。《中华人民共和国宪法》和《中华人民共和国民族区域自治法》规定，我国各民族不分大小、强弱、贫富，在政治、法律以及社会生活上都是一律平等的。虽然这种平等主要体现在形式层面上，但这种形式上的平等却有助于维护不同民族的整体和益以及各种民族分裂主义活动，对发展共同的民族伦理精神具有重要现实意义。这种平等性理念对增进各民族人民的国民意识，为发展民族伦理奠定了心理基础。在遵循共同的政治、经济、文化制度的基础上，各民族人民日益注重和追求文化上的平等。正式在这种不断追求文化平等的价值观念的指引下，各民族人民彼此间的认同不断增强，从而为实现民族团结和推进共同民族伦理文化价值的建立创造了条件。

第二章

苗族传统伦理的主要内容

苗族传统伦理是苗族先民在既定的社会条件下创造出来的一种典型的伦理文化形态。这种伦理文化形态不仅是我国苗族人民生活样态的生动表达,同时也是我国苗族人民在长期生产生活中创造出来的集体智慧的结晶。苗族传统伦理深深地熔铸到苗族民众的血液之中,并随着苗族个体的延续世代相传。若从具体的表现形态上看,我们可以将苗族传统伦理划分为生产劳动伦理、婚姻丧葬伦理、宗教伦理、社会伦理以及生态伦理五个部分。

第一节 苗族传统生产劳动伦理

马克思和恩格斯指出:"人们为了能够'创造历史',必须能够生活。但为了生活,首先就需要衣、食、住以及其他东西。因此第一个历史活动就是生产满足这些需要的资料,即生产物质生活本身。"① 生产方式决定着一定时期内人们的生产发展水平和劳动方式,同时也决定着人们的思想观念和社会意识形态。在某个民族社会内部,有什么样的生产方式就有什么样的思想观念和社会意识形式与之相对应。人们的观念、观点和概念,一句话,"人们的意识,随着人们的生活条件,人们的社会关系,人们的社会存在的改变而改

---

① 马克思恩格斯全集:第一卷[M].北京:人民出版社,1995:32.

变。"① "那些发展着自己的物质生产和物质交往的人们,在改变自己的这个现实的同时也改变着自己的思维和思维的产物。"②对一定历史时期内的社会成员而言,有什么样的物质生活条件,就有什么样的人类精神文化成果与之相适应。苗族历史悠久,苗族先民在长期的农耕生产实践中创造出了具有本民族鲜明特色的生产劳动伦理。

一、采集、渔猎与养殖

在苗族社会发展的早期,农业生产力落后,广大苗族先民主要通过采集、捕鱼、狩猎以及简单的家庭养殖维持生计,生活条件十分艰难。

(一)采集

采集是人类最早的生产活动,人类早期的采集工具极为简单,采集对象主要为野生植物,之后才逐渐发展到对野生植物的贮藏与加工。苗族从中原一带迁徙到西南山区后,多数苗族居住在山腰和高坡上,过着以采集为主、游耕为辅的艰苦生活。山上的野菜、竹笋、木薯、芭蕉以及各种山果核仁、块茎植物和其他瓢蕨土产品等,都是苗族人民主要的日常生活来源。1949年以前,苗族人民对植物的采集多按季节进行:春、夏两季采集嫩芽、枝叶、鲜果;秋、冬两季采集果实和根茎,采集活动主要由妇女或儿童来完成。妇女每年花费大量的时间上山采集食物,即使是生活在坝区的苗族,也要采集一些野生食物以作为生活补充。时至今日,采集香菌、木耳、砂仁、油桐等林土产品仍然是山区苗族人民的基本收入来源之一。

(二)捕鱼

鱼肉是人类的主要食物来源之一。苗族在祭祀、丧葬等祭奠仪式中,都用鱼作祭品;家中来客,人们亦用鱼作为上等佳肴招待客人,鱼成了苗族人民心目中的美味食品。古代苗族生活在黄河、长江下游一带,江河、湖泊中

---

① 马克思恩格斯选集(第1卷)[M].北京:人民出版社,1995:291-292.
② 马克思恩格斯选集(第1卷)[M].北京:人民出版社,1995:31.

有丰富的鱼类资源，这些鱼类食物自然就成为苗族先民的渔猎对象。苗族先民最古老的捕捞方式是用手摸捉、"竭泽而渔"或用大棒打击等，此种捕捞方法效率极其低下。苗族迁居西南地区后，发现山区的河域、稻田、山塘等处鱼类较多，于是创制了许多适用的捕捞方法，如钓、网、拖白、捉火塘、丝网、界网、毒捞等。譬如网鱼，就是用麻线织成大网。捕鱼时，渔人腰系一个竹篓，左手持网，将网高挂在臂腕上，口咬网边，右手持着网脚。渔人或站立滩边、或躲在岩后瞪目偷视，看见鱼群戏水游来，即刻立定脚桩伸腰撒网，渔网展开成伞状罩放水中。渔人将网斜拉收拢，鱼多者一网可捕捞数斤。再如拖白，即用麻线织成簸箕形状的麻网一匹，用两根竹子做架子穿之。指令一人将网放入浅水中，再用一根长麻绳系上白树叶。另行指令两人各执绳之两端，分别站在岸上，左右拖之。鱼在水中遇见白树叶，以为大敌追至，惊慌逃窜，集中逃入网内。渔人将网提起，鱼便陷入网中。

（三）狩猎

在远古时代，人类祖先面临的最大生存问题之一就是获取食物。远古人类最先只是采集食用植物，后来随着树林中可供食用的植物越来越少，他们便开始食用肉类食物。于是，围捕动物的狩猎活动随之产生。进入文明社会后，苗族以农耕为主，同时利用居住于其中的密林深箐的自然条件发展狩猎经济，以作为经济生活的重要补充。清代徐家干在《苗疆闻见录》中记载："苗人好猎，善于鸟铳，其铳之长有至五六尺者，其子路亦可及百二三十步之遥。随山起伏，最为准捷。"苗族狩猎既是为了保护庄稼免受野兽殃及、为自己增加食品和改善生活，同时又是苗族民众农闲时节的一种娱乐活动。苗族狩猎一般有两种形式：一是集体狩猎，二是个人狩猎。在农闲时节发现野兽破坏庄稼时，人们常常集体狩猎，其主要成员为青壮年男子。大家持枪埋伏在野兽经常出没的密林或峡谷之中，无枪者和妇女、儿童则使用号角或放猎狗驱赶，呼喊声响彻山间，使得野兽在惊慌中跑向埋伏圈。野兽一旦进入埋伏圈，则很难生还。有时人们也会采取跟踪野兽的方式进行狩猎，这种狩猎方式常常延续数日或十天半月，人们从这座山追赶至另一座山、从这片山岭追赶至另一片山岭。参加者带上足够的枪弹、粮食和用于盛装兽肉的布袋，打猎返回时常常带回一挑兽肉。个人狩猎即个人单独行动，猎人进山主要是捕打野兔、野鸡、松鼠、貂子等一些弱小的动物，有时也能捕获野羊、野猪等稍大型动物。苗族人民使用的猎器有弩箭、火枪、挑杆、榨板、排套、扯杆、活套、网子等。苗族人民拥有许多捕捉鲜活动物的方法，如湘西苗族捕捉禽兽有装套法、网捕法、围攻法、烟熏法等。人们使用装套扑杀野兽时，常常在野兽出没的狭窄小道上挖掘出一个深和宽各一尺许的孔，凿上一个小眼，眼口内钉上两根硬木桩，桩上系上薄篾一块，内端做一活套，外端系在土中腰一个弓形的大木桩上。在孔内活套中系上一块肉，野兽闻到肉香味而来，用前爪抓食，便被活活套住。在现今各苗族世居区，多数居家苗族民众仍然喜好狩猎，这便是远古苗族祖先狩猎习俗的传承与沿袭。

（四）养殖

人类最初主要依靠采集和狩猎维持生计。在随后的社会发展过程中，人类逐渐学会了制造简单的生产工具如弓箭、围栏等，从而使他们有机会捕捉野生动物。于是，早期人类逐渐把捕获猎物中剩余的活性野兽驯养起来，这就是人类最早的养殖业。随着时间的推移，被驯化的野兽数量逐渐增多，养殖业便成为早期人类重要的生产部门。1949年以前，在自给自足的自然经济条件下，苗族先民为了增补生活必需品，他们养成了驯养家禽的习惯。

养牛。苗族先民以农耕生产为主要生存方式，农业生产的特点决定了饲养耕牛的重要性，他们常常视耕牛为"命根子"。苗族先民饲养的耕牛主要有黄牛和水牛两种。居住在山地的苗家人喜欢饲养黄牛，黄牛耐热，暑天无须滚澡，体型比水牛轻健，便于放牧和耕犁坡地；居住在平地上的苗家人大多饲养水牛，水牛力气大，耕地效力高。苗族农村以户为单位，家家户户都有专门的牛舍，人们通过自繁自养的方式饲养耕牛。喂养耕牛需要花费很多的精力和时间，平日里主要由妇女、儿童或老人负责放牧。耕牛身上积汗长蚤，人们为其定期梳洗；耕牛患病，人们请专门土医为其诊治。农忙时节，人们将耕牛牵到山间野外的草坪和树林丛中，将其系在木桩上，让耕牛就地啃食

第二章 苗族传统伦理的主要内容

周边野草和树叶，自己则在一旁从事生产劳动；农闲之余，人们把耕牛牵到山间放养，让耕牛自由觅食青草；春耕季节，人们除了早晚放牧外，还要给耕牛喂午草和夜草，让耕牛吃饱和吃好。为了保证耕牛过冬的草料，人们须在秋收时节将稻草搬运回家，垒成草堆以备冬天食用。寒冬腊月，如果草料不足，即使大雪封山，人们也要冒着严寒上山给耕牛割青草。耕牛养殖是生产性的，是对人类劳动能力的辅助和延伸，目的在于顺利实现农业生产。因此，养牛养殖是苗族人民从事农耕生产的一个重要环节。

养猪。无论过去还是现在，苗族都有养猪的传统习俗。"当地苗族除养肉猪供食，或出售外，劳多之户勤养母猪，猪收益快，利厚。"[①]猪食主要为红苕、红薯藤、小麦、玉米、面粉、米糠、麦麸以及蔬菜叶，人们将这些食料进行加工、煮熟后，再给猪喂食。猪的食量很大，每天须喂养二至三次，准备猪食要花费很多时间。猪需要喂养一年左右，方能食用。年节，家家户户杀猪过年，将猪肉腌制，以保存数月食用。腌制猪肉的方式很多，有的家庭把猪肉挂置起来，让其自然风干；有的家庭则用柴火熏烤，以保障日后多时的肉食需要。部分家庭将养大的肥猪拿到市场上销售，以换回其他生活必需品。苗族家庭养猪是生活性的，在苗族地区几乎每个农户家庭都饲养生猪。

养马。养马也是苗族村民的一项重要劳动。苗族人民普遍居住在偏远山区、交通不便，在运输条件匮乏的情况下，马匹成为人们必备的运输工具。用马匹运输物品，可以极大地减轻人们的劳动负担，节省人们的劳动体力。不论是购销货物还是运送粮食，人们都依赖于马匹的运输能力。为此，苗族人民常年花费一定的时间和精力喂养马匹。马是草食性动物，人们每天将马匹放养到山坡上，让其自由啃食青草。改革开放后，随着苗族社会经济的发展，苗族人民逐渐购进了拖拉机、三轮车、摩托车等交通工具，饲养马匹的苗族农户才逐渐减少。

饲养鸡鸭鹅等家禽。饲养鸡鸭鹅是苗族人民获取肉食需要的重要方式。该项劳动是苗族成年妇女的必备技艺，饲养方式为自繁自养。小鸡、小鸭、

---

① 石启贵.差距·机遇·对策[J].黔东南社会科学，1999（2）：12-13.

小鹅孵化后需要精心照管，长大后视其家庭居住环境的疏密程度，或圈养或放养。在广大苗族农村，几乎每个家庭都要喂养鸡鸭鹅等家禽。逢年过节，人们杀鸡、杀鸭或杀鹅改善节日饮食，家庭困难者可把成年鸡、鸭、鹅拿到市场售卖，换取自己所需的生活用品。在一定意义上讲，饲养鸡鸭鹅等家禽既是改善个体家庭生活饮食的重要方式，同时也是增加个体家庭经济收入的重要途径。

苗族地区气候温和，雨量充沛，适宜树木生长。在养殖之余，勤劳的苗族人民还养成了种植杉木的习惯。据《贵州省志·林业志》载："明代，在赤水河、清水江、都柳江出现人工栽植杉木，苗杉远销中原地区。清代，人工造林规模扩大，苗岭山区植杉愈来愈多，在清水江、都柳江、舞阳河上游一带结合林粮间作，已培植出大面积的杉木林，开始形成杉木林区，当时苗、侗族聚居区，培育杉木已成为进行交换的主要农产品。"古往今来，苗族人民受到其地理条件、自然环境等因素的影响，在最初采伐天然林之过程中认识到人工育林对改善居住条件和提高生活水平的重要性，因此他们一边采伐天然林，一边进行人工造林。例如在素有"中国苗疆"之称的贵州省黔东南苗族地区，就是我国的杉木中心产区之一，被誉为"杉木之乡"，"苗杉"不仅畅销全国，还远销东南亚等地。

二、农业生产

在数百年的历史发展中，因受到偏远地理环境和落后生产力条件的影响，苗族一直生活在落后的农耕社会之中。农业生产是广大苗族民众的主要生产方式，苗族家庭的生产生活用具陈旧落后，其主要的农业生产有水田生产和旱地生产两种形式。

（一）生产工具

在传统农业社会，人们的衣、食、住、行均离不开农业，有了农业，人们才终止流浪生活而得以定居下来。苗族自古以来就是一个以农耕生产为主要生存方式的民族，在极其落后的生产力条件下，苗族先民的生产生活条件

第二章 苗族传统伦理的主要内容

比较艰辛，苗族先民所使用的农业生产生活用具较为原始落后。

农业生产用具。苗族先民的传统农业生产工具主要包括：（1）犁，苗语称为"当堪"。犁铧为生铁铸成，犁架为木制，分为犁旱地和水地两种。犁旱地的犁铧较小，入土深约4寸，沟宽5~7寸；犁水田的犁铧较大，入土深约6寸，沟宽约1尺。犁铧既可以从市场上购买，也可以自己手工铸成。（2）耙，苗语称为"当刻"。用于耙平水田，木架铁齿，共11齿，耙田时入土深约5寸，宽3尺6寸。铁齿多为自己加工制作而成，也有从市场上购买者。（3）钉耙，苗语称为"当榨"。木柄铁耙，共4齿，主要用来掏粪肥、培土。（4）挖锄，苗语称为"当所"。铁锄木柄，用于挖土和砌田坎，可以挖田，入土深约4寸。（5）铲锄，苗语称为"所嘎里"。铁锄木柄，用于薅土、拍土。（6）薅锄，苗语称为"当所又"。铁锄木柄，用于薅土、栽菜、栽辣椒。（7）鸡嘴锄，苗语称为"歌就"。铁锄木柄，形如鸡嘴，用于啄石头和砌田坎。（8）薅刀，苗语称为"所独"。用于挖野菜、薅土和种菜。（9）镰刀，苗语称为"当歌颂"。铁刀木柄，用于割取树叶和稻谷。（10）摘刀，苗语称为"丢孟"。用于摘稻穗、小米和稗子。（11）大木槌，用硬木制成，重约十斤，用于锤平田埂。（12）挞斗，苗语称为"坠的那"。木质而成，用于收割稻谷。（13）晒席，竹篾编成，用于晾晒谷子。（14）炕笼，苗语称为"康瑟"。竹篾编成，用于炕干稻谷。（15）箩筐，苗语称为"鲁"。竹篾编成，一挑为一对，用于挑运稻谷。（16）粪筐，苗语称为"累磨"。竹篾编成，用于挑粪肥。（17）粪桶，木质而成，用于搬运农家肥。

农业生活用具。苗族先民的传统农业生活用具主要包括：（1）砍刀，铁质木柄，用于砍体型较大的树木。（2）柴刀，铁质木柄，多用于砍柴和砍树。（3）斧头，铁质木柄，多用于砍树和劈柴。

（二）水田生产

苗族是一个勤劳的民族，定居西南山区后，苗族先民将山间盆地和溪河沿岸的土地开辟为水田，把山坡土地改造为梯田。正如苗族学者石启贵在《湘西苗族实地调查报告》中记载："苗乡山多地硗，山耕占去面积十有七八，故稻米出产不饶。唯有稻田精耕,较汉区重视。凡田细作,至少三犁三耙,多达五犁五耙,多犁耙,泥方烂,田坐水,经旱魔。春二、三月,备耕甚忙。鸡鸣即起,拨雾而出,戴星月而归。妇割饲草,男耕入田。秧前催犁耙,踩青肥泥。秧期事栽插,秧后勤中耕、送肥,至三四次,不误农时。水稻性娇,勤侍候,除保水利外,尚有搭坎塞漏,防虫治虫割藤防鼠,割草饲牛及他牧业。秋收割禾、晒谷、拢草、晒草、运草、码草堆,入仓纳粮等。……且由于田之种类不一,稻之品种亦多,早、中、晚,不下十五六种,各有特性,知其性而助其势。"近代以来,多数苗族地区以水田生产为主。苗族先民主要依靠人力和畜力从事生产劳动,用牛耕地,人在后掌握犁进行耕作。在农耕生产中,苗族民众以种植水稻为主,每年的水稻生产都要经历一个复杂的过程。

犁田。种植水稻首先要犁耙秧田,一般是三犁两耙。经过三次犁地,两次耙田,再进行播种。深水田和锈水田要开沟排水,烂泥田要施用草木灰,黄泥田用树叶施肥。

选种。选种一般有两种方式:其一,零星选种。用摘刀在田间选择谷穗长大且不倒伏的稻谷为种子,选好后单独晾晒和储藏;其二,块选。将生长茁壮颗粒饱满的稻田定为种子田,收获后将种子另行储藏。第二年浸种时,用清水将秕谷浮去,沉在水下的部分用作种子。

育秧。清明时节天气转暖时,人们开始整理秧田。谷雨前后泡种,泡种时不采用任何保温或提高温度的方法,待谷种冒芽即撒入田中。此后灌满田水,以免冰雹或鸦雀危害。

插秧。夏至前后插秧。插秧时上等田行距1.1尺,株距1尺;下等田行距1尺,株距9寸。每亩插秧5500~6600株。

包蔸。插秧完毕后,对秧苗进行包蔸追肥。包蔸时,用拇指、食指和中指捏取一小坨灰粪深埋在秧根泥土内,随手扒泥盖住,不使肥料漂浮。通过包蔸,可使秧苗长得茂盛整齐。

薅秧。薅秧,这是水稻种植的一个必经程序。即用手、秧耙或脚除去田间杂草,一般水田都要薅秧2~3次。

第二章 苗族传统伦理的主要内容

收割。稻谷收割的时间在农历八月前后，从开始收割之日起十天至半月内完成。收割稻谷有两种方式：其一，用挞斗打，两人打一张挞斗，最多时可容纳四人；其二，用摘刀一穗穗地摘取稻谷，挑回家晾干后再行摘取。稻谷收割后将其晾干存放于谷仓中，以便食用。在生产劳动过程中，由于性别和体力的差异，男女存在一定分工。男性主要负责犁田、耙田、打谷和挑谷等耗力较大的农活，扯秧、栽秧、晒谷等较为轻松的农活一般由女性负责，开荒、挖土、播种等由男女协同完成。

农耕生产是苗族的主要生产方式，苗族民众依照季节变化组织农耕生产。农历一月：苗族过春节，休息到正月十五。男子开始割草喂牛、砍柴，晴天修田坎、犁田、掏水沟。妇女纺织、采集猪菜或挖田。农历二月：男子修田坎，晴天犁田。妇女纺织、采集猪草，晴天男女共同运送肥料。农历三月：男子犁田、浸种，男女共同运送肥料，下旬开始撒种育秧。

农历四月：男子犁田，妇女踩田。男女共同筹备肥料，下旬开始插秧，全月忙碌。农历五月：月初男女继续插秧，中旬包秧范，下旬薅秧，全月忙碌。农历六月：妇女继续薅秧。男子割草喂牛或砍柴。农历七月：男子割草喂牛，将玉米秆晒干以备冬天垫铺设牲口圈，妇女种菜、纺纱织布。农历八月：男子割草砍柴，妇女纺纱织布，中下旬开始收割早熟稻谷。农历九月：男子忙于收割、打谷，全月忙碌。农历十月：种植冬季作物。男子犁田，妇女播种，种植油菜、小麦、胡豆、马铃薯等。农历十月：种植冬季作物。男子犁田，妇女播种，种植泊菜、小麦、胡豆、马铃薯等。农历十一月：男子伐木、修房、盖屋，犁过冬田；妇女挖旱田，纺织纱布，给冬季作物上肥。农历十二月：男子上山砍柴，捕鸟或打猎，妇女纺纱织布、喂猪、干家务活。从上述生产时节来看，水田生产主要集中在三月以后至十月以前，三月上旬开始播种育秧，到八月稻谷成熟。稻谷生长期为150天左右。

在生产力低下的条件下，苗族民众为了提高农业收入、增加粮食产量，不断加大对农业的劳动力投入。他们在进行水稻生产时，在稻田中放养鱼苗，稻鱼共生的耕种模式从结构上改变了稻田的生态系统，有效地提高了劳动生产力。

(三)旱地生产

苗族迁居西南山区后,依山而住。当地苗族根据山高坡陡、土地贫瘠的特点,除种植水稻外,当地苗族还种植传统粮食作物如玉米、小麦、红薯、土豆、高粱;种植传统经济作物如黄豆、油菜、花生;种植传统蔬菜类作物如萝卜、白菜、青菜、莲花白、西红柿、辣椒、葱蒜、豆类、南瓜等。在耕种过程中,苗族先民采取轮耕方式进行旱地生产,在某块山地上耕作某种植物二至三年后,便休歇数年。

为了获得更多粮食,苗族人民终日开山挖地。对于向阳的坡陡地,他们采取轮耕方式耕种,以利于植物生长;对于地势平缓或坡度不大的地块,他们将其开垦成为土地,用于常年种植农作物。苗族旱地生产以玉米为主,其种类有早玉米、晚玉米、糯玉米、黄粒大玉米等。在土质较好、较肥沃的地块种植早玉米和糯玉米,土质较差的地块种植晚玉米。将土地开垦后,用锄头挖坑、打沟,行距50厘米,沟距60厘米。如果山地坡陡,苗族人民则采取戳孔播种的办法,男子在前挖坑、打沟,妇女小孩在后撒肥、下种。播种顺山地由上而下,以免上下播种劳累或将播下的种子踩散。为了充分利用土地,人们多在玉米地里套种瓜类、薯类、蔬菜及花生、黄豆等其他作物。例如在一块地里今年套种黄豆,明年就套种红薯,后年则套种杂豆。种植玉米也有类似轮种的方式,如在一块地里种植了几年早玉米后,则更换种植晚玉米;在一块地里种植了几年糯玉米后,又更换为种植一般玉米,以保持农作物产量的增长。

在生产力极其落后的苗族传统社会,农业生产劳动几乎占据了苗族民众的所有时间。在农忙时节,苗族民众将所有时间集中于农业生产。在农闲时节,苗族民众则携带砍刀、柴刀、斧头上山砍柴,以便常年取暖和烧饭之用。

三、食物分配、交换与消费

常言道:"民以食为天。"苗族先民在从事采集、捕鱼、狩猎、养殖以及简单农业生产的同时,为了丰富自身食物来源和满足自身多元化的生活需要,

第二章 苗族传统伦理的主要内容

广大苗族民众也进行一定程度的食物分配和食物交换,并由此而形成了与之相应的消费方式与消费观念。

(一)食物分配

早期人类在采集和狩猎过程中,已经实行了简单的食物分配方式。男子狩猎、妇女采集所获得的食物并非仅属于个人专属所有,而是要与他人共同分享。在以狩猎和采集为主要生存方式的传统苗族社会,无论猎物是集体协作取得还是单个猎手获得,人们都要将其所获取的食物平等地分配给全体成员,平均主义成为苗族传统社会食物分配的主要方式。就这样,苗族社会几百年来一直保存着"进山打猎,见者有份"的古老习俗。这种平均分配猎物的方法,不仅彰显了早期人类的原始共产主义遗风;而且也从另一层面表明在生产力低下的早期人类社会,人们只有依靠集体的力量才能得以很好地生存下来。

(二)食物交换

在苗族游耕社会,采集和狩猎是苗族先民基本的生活方式。男子为妇女提供所获取的动物食物,妇女为男子提供所采集到的植物食物,这就是传统苗族社会最初的食物交换。后来随着生产工具的发展进步,苗族先民过上定居生活,采集狩猎者逐渐有了食物剩余。于是在氏族之间,人们开始将剩余的食物当作礼物相互赠送。这种相互之间的赠送与接受,逐渐形成了氏族之间的一种普遍的食物交换方式。诚如苗族学者梁聚五在《苗族人民在反清斗争中跃进》一书种所指出的:在近现代苗族社会,"苗族氏族部落之间,常有集体访问的习惯……访问集团的组成,由数人至十数人不等,骑着马、牵着牛、携着画眉、黄豆雀之类赴某氏族某部落访问……男子携着芦笙,挑着礼品如地方特产的手工业品或鱼肉酒饭之类。妇女则盛装随行。住宿完全由氏族部落的成员无偿招待。有计划、有步骤、有区别(男、女)地分开带到自己家里去款待。……客人临别时,各户还赠送各种各样的礼品。"

1949年以前,在云南、广西、贵州等地的一些偏远苗族山区,人们经常看到这样一些现象：苗族群众在与汉族进行交换时，将一堆农副产品放在路上，物主或站在路边，或隐藏在附近的山林里，路人若需交换，便把苗族民众需要的物品（特别是盐和铁器）放在地上，而将原物取走，交换即算完成，这种交换常常带有一定的不等价性。在绝大部分苗族地区，人们已经开始使用货币作为媒介进行交换。例如在贵州省东南部广大苗族方言区，苗族人民将交换统称为"蛮"，"蛮罗"是交换进来，即"买来"；"蛮孟"是交换出去，即卖出去。苗族人民将商人称为"卡"（客人）或"乃挨丈"（做生意的人）；拿什么东西交换，就叫什么"卡"（客人）。如买卖耕牛的商人叫"牛客"，买卖马匹的商人叫"马客"，买卖鸡鸭的商人叫"鸡鸭客"，等等。随着交换规模的扩大，在广大苗族地区形成了一定规模的集市交易。据苗族学者石启贵在《湘西苗族实地调查报告》中记载："五天一次，如一六场、二七场、三八场、四九场、五十场等。所谓一六场，即逢初一、初六、初十一、初十六、二十一、二十六日赶场。其余场次以此类推。"

在新中国成立前的广大苗族山区，人们不仅形成了按日期推算赶集的习惯，还结合鼠、牛、虎、兔、龙、蛇、马、羊、猴、鸡、狗、猪等甲子节日来确定交易场期，形成牛场、马场、鸡场、狗场等集市交易场期。苗族主要从事农耕，工商业不发达，苗族人民的物品交易受到很大限制。苗族民众销售的物品主要为粮食、食品、家畜、家禽、林土产品及中药材等，购入的物品主要是食盐、针线、棉布、烟叶以及锄、犁、斧、缸、碗、碟、壶、杯等生活必需品。在交易过程中，销售者从高喊价，购买者由低还价，一谈再谈，互相减加。直至价格符合双方心意，便可达成交易。在这一过程中，也有经纪人从中撮合促成交易的情况，当双方价格距离不大时，在旁的经纪人便采取折中主义从中说合。一是请求卖者削价，二是代替买者加价，其目的在于促进交易成功，从中获得一定的手续费。可见，苗族不但已经形成了初具规模的买卖交易市场，而且还产生了撮合买卖的专门经纪人。

（三）食物消费

苗族自进入农业社会之后，便通过种植庄稼、驯养家畜家禽、并辅之以采集狩猎获得食物。苗族人民根据自身的自然生存条件,在水田中种植水稻、在旱地中生产杂粮和蔬菜。他们种植什么食用什么,想吃什么生产什么,长期处于自给自足的生活状态。居住在田坝的苗族以大米为主食,居住在山区的苗族以大米、玉米为主食,居住在高寒山区的苗族则以玉米、小麦、小米、洋芋等为主食。苗族家庭的食物,多用铁罐架在火坑三脚架上煮熟。遇上红白喜事,人们利用灶房煮大锅饭,用杉木甑蒸饭。饭食有大米饭、糯米饭、玉米饭、小米饭、红薯饭、洋芋饭等,各种饭食采用不尽相同的方法煮制,色、鲜、味俱佳,老幼兼宜。譬如玉米饭,先把玉米磨成粉末状,将玉米粉掺水搅拌均匀后放进甑子中蒸熟,然后倒出搅散、喷水,再将其放到甑子里蒸第二次,这样就形成了香气宜人的玉米饭。苗族副食品种类繁多,肉类食物有自养牲畜、家禽和鱼类,蔬菜有豆类、瓜类和菜类。此外,苗族民众还上山采集野果野菜、下河渔猎以补充膳食。

酸辣是苗族民间生活中不可缺少的食物调料,人们无论烹制何种类型的菜肴都要放上酸辣椒。为比,苗族家家户户种植辣椒。关于苗族喜好吃酸,在苗家民间曾有这样的说法:"三天不吃酸,走路打偏偏。"由此可见苗族对酸的依赖程度。在广大苗族地区,几乎家家户户自制酸汤、酸菜和酸辣。苗家酸汤鱼肉嫩汤鲜,清香可口,闻名遐迩。苗族喜好饮酒,劳动之余人们总是习惯性地喝上几杯,以此舒筋活血、消除疲劳。红白喜事、亲友来访,苗族人民必以酒相待。多数苗族家庭都有酿酒的技艺和习俗,酿酒原料为玉米、大米、红薯等粮食,酒水种类有烧酒、甜酒、泡酒等。苗族人民在春、夏、秋三季为一日三餐,冬季农闲时节为一日两餐。平常生活朴素,以吃饱为为宜。

四、手工业和商业

新中国成立前,苗族社会生产力水平低下,科学技术落后,当地苗族先民主要从事农耕生产,工商业尚未从农业中分离出来。工商业作为附属于苗族个体家庭的一种副业生产,其发展水平较为缓慢落后。苗族学者梁聚伍在《苗族人民在反清斗争中跃进》一书中指出:"苗族民族部落社会中的每个成员，差不多都懂得一点土、木、金、石的技术。尽管他们的技术水平不高，但他们在集体生活中曾创造了他们在生产上所需要的农具、手工用具、房屋、道路、沟渠、桥梁……和杀死野兽与敌人的一些犀利武器。"苗族发展工商业，其目的在于拓展个体家庭的经济来源，提高个体家庭的物质生活水平。

（一）手工业

新中国成立前，苗族手工业还没有从农业中分离出来，手工业只是苗族个体家庭的一种副业劳动。"苗族民族部落社会中的每个成员，差不多都懂得一点土、木、金、石的技术。尽管他们的技术水平不高，但他们在集体生活中曾创造了他们在生产上所需要的农具、手工用具、房屋、道路、沟渠、桥梁……和杀死野兽与敌人的一些犀利武器。"① 当时苗族人民从事的手工行业主要有木工、纺织、染布、缝纫、酿酒、铸造、银匠、石工、编织、粮油加工等，其中木工行业带来的经济收入较大。苗族乡村修建的房屋都是木质结构，建房时需要加工木材，木工成为苗族乡村一项重要的手工行业。木工技艺一般为父子相传或师徒传授。木工师傅不仅能够制作犁架、耙架、耙齿、锄柄、扁担等农用生产工具以及床、桌、凳、椅等日常生活用具，而且还能修建房屋、猪圈、牛棚和鸡舍。凡家有木工者，往往属于当地殷实家庭。在交通便利的地区，苗族工场手工业和作坊获得一定发展。例如在贵州省松桃县巴坳乡的生门、小河等地苗族村寨，靠织布销售为生的农户由抗战前的二三十户增加到130多户，从事纺织的妇女基本脱离了农业生产。在贵州省炉山县弯水乡岩寨一带苗族村寨，有300多户苗族以织布为生，在这些农户家庭中农业生产已经处于次要地位。1937年，在贵州省炉山县羊排寨一带苗族村寨仅有五六户从事打铁业，到1945年增加到100多户，铁炉由40座增加到82座，有的还雇用了工人。苗族地区的纺织、染布、缝纫、酿酒、铁器等手工业品，除了自给自足外，人们还将其拿到市场上销售，给农户家庭带来了一定的收益。

---

① 石朝江.苗学通论[M].贵阳：贵州民族出版社，2008：699.

(二)商业

新中国成立前,多数苗族地区没有专门从事商品买卖的商人。苗族人民为了满足生产生活所需,将少量口粮、蔬菜、瓜果、家禽、纺织品、山货等拿到市场上出售,换回所需钱币,用于购置锅碗瓢盆、油盐酱醋以及节日、婚庆、寿辰、丧葬等所必需的生活用品;添置犁、耙、斧头、锄头等农用工具;购买木材、石料、砖瓦等建房材料。可见,在传统苗族社会,人们的商业活动仅限于在市场上交换或出售自产的农副产品,商业活动完全是自给自足,商业发展十分缓慢。

综上,通过对苗族生产劳动伦理的考察,我们可以看出,在传统苗族社会,苗族先民自耕自食、自制自用,过着自给自足的生活;以自给性消费为主,食物消费结构单一。这种农耕生活状况彰显了苗族人民勤劳朴实、注重实惠的传统美德。

第二节 苗族传统婚姻家庭伦理

在远古时代,人类过着群居生活,男女之间没有婚姻观念,不存在婚姻关系,自然也就没有婚姻礼仪可言。婚姻是人类社会发展到文明时代的标志,是"依社会风俗和社会法律规范化了的人类个体的两性结合,是人类社会生活中的一种特殊社会关系、社会行为。婚姻的本质在于它的社会性,从根本上来说,婚姻是人们为了维持正常的社会生活而发生的一种社会行为"。[1]"婚姻不仅仅规定了男女之间的性交关系,它还是一种从各方面影响到双方财产权的经济制度。"[2] 婚姻是人生的转折点,结婚前人们生活在单纯、自由的环境中;结婚后人们在享受成人权利的同时,必然要承担相应的社会责任与义务。"婚姻在任何人类文化中,并不是单纯的两性结合或男女同居。它总是一

---

[1] 彭立荣.婚姻家庭大辞典[M].上海:上海社会科学出版社,1988:128.
[2] (芬兰)E·A·马斯特马克.人类婚姻史(第1卷)[M].李彬等译.北京:商务印书馆,2002:1.

种法律上的契约，规定着男女共同居住、经济负担、财产合作、夫妻间及双亲间的互助。"① 婚姻作为一种人类文明或文化形式，它随着人类社会的发展而变化，它在不同的社会历史时期和社会形态下存在着不同的婚礼形式。恩格斯指出，人类婚姻制度经历了三个主要阶段：群婚制、对偶婚制和专偶婚制。这三种婚姻形式大体上与人类发展的三个阶段相适应。"群婚制是与蒙昧时代相适应的，对偶婚制是与野蛮时代相适应的，以通奸和卖淫为补充的专偶制是与文明时代相适应的。"② 婚姻是一个历史范畴，它随着人类社会的进步而不断得到演化和发展。人类最早的婚姻形式是血缘氏族婚，其次是亚血缘氏族婚，这两种婚姻形态都属于群婚制；人类的第三种婚姻形式是对偶婚制，这种婚姻制度是由群婚制向个体婚制过渡的婚姻形态。一夫一妻制婚姻属于个体婚制，是专偶制婚姻的特殊表现形态。恩格斯认为，一夫一妻制不是自然条件的基础，而是以经济条件为基础，即私人所有制对原始的天然长成的共同所有制的胜利为基础的头一个家庭形式。③ 一夫一妻制婚姻是人类建立家庭的基础，它使男女双方为了满足自身生理需要以及人类繁衍需求而结合起来。因此，一夫一妻制婚姻的出现，是人类婚姻制度的巨大进步，它标志着人类对自身的两性关系有了严格的限制。这种婚姻制度拒斥了杂乱的两性交往，主张建立男女之间忠贞专一的婚姻生活，要求男女双方在生活中承担一定的家庭责任与义务。一夫一妻制婚姻是迄今人类历史上最具普遍意义的婚姻形式，男女两性关系确定后，人们为了庆祝自己的婚姻，便随之举行一定的活动与仪式，于是就产生了婚姻伦理。"婚姻亦总是一公开的仪式，它是一件关涉着当事男女之外一群人的社会事件。"④ 婚姻受到社会观念的制约，并反映和展示着既定社会的观念与习俗，因此，我们可以通过婚姻伦理关照人生、洞察社会。可见，婚姻伦理是人类进步的明证，是人类社会发展到文明时代的产物，体现着人们对婚恋的价值判断和价值要求。

---

① （英）马林诺斯基.文化论[M].费孝通译.北京：华夏出版社，2001：29.
② 恩格斯.家庭、私有制和国家的起源[M].北京：人民出版社，2006：76.
③ 马克思恩格斯选集（第4卷）[M].北京：人民出版社，1995：68-82.
④ （英）马林诺斯基.文化论[M].费孝通译.北京：华夏出版社，2001：29.

第二章 苗族传统伦理的主要内容

一、婚姻伦理

在我国古代苗族社会，苗族先民就已经形成了具有自身民族特色的婚姻伦理。《贵州通志·土民志》记载："青苗……婚姻较各种苗为早，年甫周岁即订婚，女家褓之婿，家宿三日迨长，需生育后而居住。"苗族婚姻伦理是苗族先民在既定的社会环境中形成并发展起来的一种特殊文化现象，是人类婚礼文化的一个组成部分，具有鲜明的地方文化特色。

（一）结婚

苗族将结婚视为人生中的一件大事，为其制定了一套礼俗，具体包括订婚、择期、迎亲、送亲、吃开头饭等过程。

订婚。男女双方确立婚恋关系后，女家或男家杀一只公鸡卜测婚姻吉凶。将鸡煮熟，如果鸡之双眼同时睁开或同时关闭，则认为婚后双方吉祥，可以成婚。确定婚姻关系后，随即邀请家族成员吃喜酒。先由女方邀请本家族成员带一只公鸡或一头小猪到男家吃订婚酒，男家杀鸡或杀猪招待双方客人。经过此仪式，婚姻关系正式成立，双方家庭开始往来。相反，如果将鸡煮熟后发现鸡眼一只挣开一只紧闭，则预示婚姻不祥：此时哪怕男女双方感情亲密，也得被迫放弃婚姻关系。

择期。苗族婚期不受月份限制，结婚日期只需选择在每月的子、丑、午、未四天即可。苗家人认为，这四天是好日子，选择在这四天结婚会人丁兴旺、发财致富、百年偕老。不过，多数苗族家庭习惯于将结婚日期选择在岁首时节的子、丑、午、未四天，这样可以增添节日气氛，让人们尽情享受婚姻和年节带来的快乐。

迎亲。男家邀约三至五人前往女家迎亲，迎亲人员没有辈分之别，但必须是父母双亲均健在或未死过妻子的青壮年男子。新郎或新郎家族中未成年女性一人扛着雨伞，迎亲人数必须是单数。当晚，由女家杀鸡招待迎亲人，邀请本家族成员陪同迎亲客人饮酒。前来陪客的人，除了随身携带一壶米酒外，还需带上几根棉条作为礼物送给迎亲客人。女方家庭富有者，新娘母亲还要送给每位迎亲客人一条布料作为礼物。"扛伞人"所得布料更多一些，至少可以制作一件衣服。反之，如果女方家庭贫困，则只需送给"扛伞人"一张包头帕即可。双方进餐时，要举行"脚客西"仪式，意为"吃新亲戚酒"。此时，男女两家各选派两名男子，称为"阿扭""阿兄"（意为种子），共同饮酒，每人喝三碗。喝至第三碗，主人和客人互相牵手交换酒碗，表示敬酒仪式结束。之后，男女双方各留下一人，代表男家的男青年称"树梢"，意即"扫尾"；代表女家的男青年称"九往"，意即"注酒者"。如果"树梢"在喝完三碗后没有醉意，"九往"便继续向其灌酒，直至灌到呕吐为止。"树梢"呕吐后，大家同声吆喝"呀油，啊嗯"，以此为快。此时，主家用米糠将呕吐之物覆盖，并异口同声地欢呼"这是好肥料"，可用于春耕前覆盖秧种。此时，"九往"自己也喝三碗，表示今后有吃有喝。"脚客西"仪式结束后，主客双方随意喝酒唱歌。当晚，新娘家族的姊妹们前来陪伴新娘，外姓家族男子则来到室外，借此良宵与姑娘们对唱情歌或"游方"，歌声悠扬起伏，老人们酗酒声接连不断，整个苗族村寨热闹非凡。

送亲。新娘家举行送亲仪式。送亲者分为两批：第一批由一至两个肩挑随嫁礼物的男子以及部分陪伴新娘的姑娘们与迎亲队伍先行；第二批送亲人是新娘的父母以及本家族中的部分中老年人。送亲路上，走在前面的是女家挑礼物的男子，其次是男家"扛伞人"，再次是女家为新娘打伞的"扛伞人"和新娘，最后是送亲的姑娘们。送亲路上有许多禁忌，如禁忌遇见死人、野鸡、老蛇和打雷，认为这是不祥之兆，婚后新郎新娘要么必死一方，要么生不出"好"孩子。同时，送亲路上还禁忌两位新娘相遇，一旦相遇则双方互换脸帕，表示各自回家，安家立业。送亲人员到达男家门口时，男家分派一位青年男子迎接礼物，一位小姑娘迎接新娘妹妹扛来的伞。在门前或门内燃烧稻草火把，让新娘踩着火把进门，意即除去邪恶。新娘进门时，须左脚跨进大门。苗家人认为，人的灵魂附在左边，左脚先进，新娘的灵魂才能进到男家，以后永远成为男家之人。新娘到达新郎家后，新郎避而不见。新娘家的随嫁礼物一般为一把伞、一捆棉花条、数十碗米、一头杀死但未去毛的猪。棉条用于赠送前来吃喜酒的亲友，其他食物用于招待新郎的家族亲友。

第二章 苗族传统伦理的主要内容

吃开头饭。吃开头饭,苗语称为"努改替"。新娘进家后,自己舂米和挑水,随后新娘及其送亲姐妹与新郎家的姊妹一起到田里捉鱼。吃开头饭时,将煮熟的鸡、肉、鱼、饭以及米酒等摆放在地上,双方家族的姑娘陪同新娘在火坑旁吃饭,每人给一条鱼、一块鸡肉。姑娘们要求新娘先吃鱼,表示今后像鱼产卵那样兴旺生育、多子多孙,其间彼此互邀吃菜喝酒。此时,新娘向所有参加婚礼的亲友逐一敬酒,而客人则向新娘送礼。婚礼当天晚上,双方亲友在男家喝酒、唱歌、通宵达旦,未婚男女则借此在男家室内外"游方"。次日,送亲人群陆续返家,男家其他客人也如期分散回家。如果新娘家路程较远,送亲人也可在男家住上两三天,尔后离去。至此,结婚仪式结束。

吃客饭和媳饭。此习俗在婚后第七天、第十三天或第二十天举行,也有到了岁首过苗年时才举行的情况。吃客饭,苗语称为"改客",在女家进行。男家杀一只小猪,同时备置一定数量的米酒、鱼、饭、糯米粑等酒宴必备物品,邀约数人将礼物送达女家。吃媳饭,苗语称为"改娘",在男家举行,有还礼的意思,在吃客饭之后的任何一个时间里举行。届时,女家准备礼物,邀约数人把礼物送至男家。男家收到礼物后,照例邀请家族或亲友前来陪同客人,大家一起吃饭喝酒。

坐家。苗语为"娘孟爸崽",即"不落夫家"的意思。按苗族惯例,新婚夫妇不居住在一起,婚后新娘在相当长的时期内仍然居住在娘家。至于坐家何时开始,各地苗族不尽相同。

(二)离婚

苗族多以协议离婚为主,很少有通过官府办理的诉讼离婚。夫妻双方或一方提出离婚,须由当地苗族"理老"根据习俗对婚姻双方的离婚请求进行裁决,通常以刻竹简、刻木或用汉文书写凭证等方式确定双方应当承担的责任。例如在贵州省黔东南苗族地区,理老在一根拇指大小、四至五厘米长的小木棒上刻写若干横纹,每道横纹表示清偿债务的期限为一天。赔偿完毕后将木棒破成两块,双方"理老"各执一块。这种离婚凭证称为"破木额",有了"破木额"则离婚生效。在贵州省中部地区惠水县一带,离婚凭证是将写好的"离婚证书"按对角分成两份,男女双方各执一半,意即离婚生效。在贵州省西南地区望谟县麻山一带,"理老"将婚姻当事人签字后的"离婚证书"揉成小纸团吞食下肚,离婚即刻生效。

一般而言,主动提出离婚的一方需要给予对方经济赔偿,限期13天至1个月付清,付清时离婚即刻生效。苗族离婚的赔偿标准通常有以下几种规定:其一,双方自愿离婚,结婚耗费双方均退还,双方支付给裁决人(理老)相当于半头牛的钱作为酬金。其二,男方提出离婚,男方支付给女方一头牛;离婚时发现男方已有情人,男方支付给女方两头牛;离婚前男方动手打过女方,加倍赔偿一头牛;女方已经怀孕,另行赔偿两头牛和30把禾谷;女方已有情人,另给男方一头牛。其三,女方提出离婚,女方支付给男方一定数量的"床板钱",价值相当于男家结婚时的费用。

(三)再婚

男子再婚的形式有半路亲和收继婚两种形式。半路亲,指妻子死亡一年后(部分地方规定三年)男子再娶的婚姻行为。男子再娶,如女方为寡妇者须支付给女方兄弟礼钱1000元。结婚仪式较为简单,男方派一至二人将女子接回,或女方派一至二人送女子到男家,随后男方邀请族人聚餐一次,婚礼即告结束。如果再娶女子为初婚,则根据当地婚姻习俗举行婚礼。收继婚,指父亲或兄弟死后,将庶母、后母或寡嫂、寡弟媳接受为妻的婚姻形式。收继婚有以下规定:一是贯彻"兄终弟即"和"弟终兄收"的原则。例如在贵州省中部地区惠水县摆金一带,妇女只有在亡夫家没有适合男子要求其转房,或虽有合适男子但不愿娶其为妻时,寡妇才能外嫁。又如在贵州省西南地区望谟县麻山一带,人们甚至将妇女转房的规定编成打油诗,"家里有伯伯,弟媳嫁不得,家里有叔叔,嫂嫂嫁不出"。二是对妇女转房时间和经济补偿的规定。如亡夫家族中无转房对象,经"理老"同意外嫁者,妇女须服丧二至三年。若服丧期满外嫁,须支付埋葬亡夫一半的棺材费,或后夫为其亡夫还清生前所欠债务。三是结婚程序的规定。男子收继寡妇的结婚仪式比较简单,男方选择一良辰吉日,请一人将妇女接到家中即可。四是彩礼的规定。男家支付给女方的彩礼数,相较于初婚而言亦为减少。例如在贵州省黔东南地区榕江县一带,收继方送给女方家一头牛和30元钱;又如在贵州省中部地区惠水县一带,收继方送给女方家一只公鸡和一只猪腿,杀一只鸡祭祀亡夫。

女子再婚的形式为改嫁、转房和招夫上门。改嫁是指丈夫死后妻子不愿转房或夫家无人收继,因而另嫁他人的婚姻形式。妇女改嫁时,男方派人将其接回,备置酒饭招待亲属一餐即可。对于已生育子女者,妇女改嫁后其子女仍属于原丈夫之家族成员,该子女的扶养方式由双方家庭商讨决定。一般来说,幼子跟随母亲生活,原丈夫家族支付抚养费,抚养费的支付方式表现为或划拨田地给继父耕种,或将谷物送往继父家。子女成年后回归故里,随母亲居住的现象较少。妇女改嫁后,原则上不得带走亡夫家中财产。例如在贵州省黔东南地区从江县一带,规定凡40岁以下妇女改嫁,亡夫家分给一头牛,以示断亲。转房是指姐(或妹)婚后死亡,同胞妹(或姐)与姐夫(或妹夫)重新联姻的婚姻形式。转房婚需男女双方自愿,其婚礼与初婚形式相同。招夫上门俗称入赘婚,即男到女家落户。在广大苗族地区,人们认为男人出嫁意味着背叛祖宗,因此很少出现妇女招夫上门的情形。特殊情况下妇女招夫上门,必须征得亡夫家族的同意,否则难以建立持久的婚姻关系。

二、家庭伦理

家庭是社会的细胞,苗族在其历史发展过程中经历了一个由母系氏族家庭到父系氏族家庭、再到个体家庭的演变和发展阶段,每一阶段都体现了不同的家庭伦理。

(一)母系氏族家庭伦理

恩格斯在《家庭、私有制和国家的起源》中指出:"氏族制度,在绝大多数场合下,都是从普那路亚家庭中直接发生的",而"只要存在着群婚,那么世界就只能从母亲方面来确定,因此,也只承认女系"。在这里,恩格斯给我们揭示出了人类最早的家庭形态是母系氏族家庭,即以母系血缘为纽带组成的大家庭。大量的资料表明,大约在公元前三四千年苗族曾经历了一个相当长的母系氏族阶段，建立过母系氏族家庭。例如广泛流传于贵州省黔东南苗族地区的苗族古歌《留姑娘》就反映了苗族社会"嫁男"的情景，歌词中唱道："远古的时候，人类的婚姻，儿子嫁出去，姑娘留下来，留下做哪样？留下讨新郎。""姑娘不出嫁，留下把家当，大小家务事，姑娘拿主张。"在苗族母系氏族家庭中，母亲被视为首领和英雄。凡涉及男女称呼时，往往把女性置于姓名前以示尊崇，如称"爸妈"为"妈爸"，称"男女"为"女男"，称"夫妻"为"妻夫"等。时至今日，部分苗族妇女生育小孩时仍需邀请舅父为其取名，家有婚姻、财产、丧葬等重大事宜亦须遵循舅父意见，这明显就是早期母系氏族家庭生活习俗的残余。在母系氏族社会晚期，原始农业和畜牧业逐渐发展起来并取代采集业和渔猎业。在农业和畜牧业的发展过程中，由于性别差异和体力差别等原因，妇女在家庭中的主导地位逐渐丧失，男子劳动成了家庭经济生活的主要来源，苗族母系氏族家庭日渐向父系氏族家庭转变。

（二）父系氏族家庭伦理

父系氏族家庭是以父系血缘关系为纽带组成的大家庭，恩格斯将其称为由"若干数目的自由人和非自由人在家庭的父权之下组成的一个家庭"。在父系氏族家庭中，所有家庭成员在一个男性家长的领导下共同生产，共同分配劳动产品。该男性家长要么是本宗族祖父或长兄，要么由本宗族成员推选。该男性家长对内指挥家庭生产劳动、组织分配家庭生活资料，对外代表家庭进行重大事宜的交往。从苗族古歌中我们能够窥视出苗族社会经历了一个父系氏族家庭的发展阶段，例如苗族《姊妹歌》中女方经常唱道：我们是同一个母亲所生，我们是同一个母亲所养。你们长大了父母亲要你们，我们长大了父母亲赶我们，像把鸭子赶到遥远的山谷，把我们赶到遥远的村庄。我们不走也得走，……可怜可怜我们啊！哥哥弟弟们，可怜就让我们回来，跟你们住一段时间也好。[①]

---

① 石朝江.苗学通论[M].贵阳：贵州民族出版社，2008：641.

第二章 苗族传统伦理的主要内容

苗族父系氏族家庭又称鼓社，每个鼓社都有一个共同的男性祖先。每个父系氏族家庭包括三四个或七八个一夫一妻制小家庭，成员少则三四十人，多达八九十人。这种形式的家庭采用子父连名的方式沿袭家庭世系：一是己名在前，父名在后，即由己名加上父名构成完整的名字；二是己名在前，父名居中，祖父名在后，即由己名加上父名和祖父名构成完整的名字。这种子父连名制可追溯至数十代人，例如在贵州省台江县巫脚交苗族村寨，张永昌老人能够背诵45代男性祖宗的名字，从"有打→信有→昂信→昌信"到"九客→送九（背诵者自己）→耶送"共计45代。直至新中国成立前，广大苗族地区几乎每个苗族村寨都有一名男性长者作为自然领袖，负责指挥本村寨的生产劳动与产品分配，负责裁定本村寨的民事纠纷，负责主持本村寨的婚丧嫁娶和祭祀活动等。在父系氏族社会晚期，随着社会生产力的发展，父系氏族家庭把土地分配给每个小家庭耕种。当每个家庭有了自己的生产生活资料后，家庭内部的私有财产就产生了。家庭私有制经济出现后，苗族父系氏族家庭逐渐向一夫一妻制的个体家庭模式发展。

（三）个体家庭伦理

个体家庭即一夫一妻制家庭。苗族个体家庭是按照"干基督"[①]来计算的，一个"干基督"就是一个家庭。一个完整的个体家庭须具备以下条件：一是房屋及财产。每个家庭都要有一定的房屋、衣物、耕牛、农具及土地，这是维系一个家庭生存和发展的基础。房屋由父母为儿子建造，有几个儿子就修建几栋房屋，谁先成婚谁就先住进新房。耕牛、农具、土地等生产资料根据家庭条件而定，家庭殷实者父母分给儿子一部分，家庭贫困者几个儿子共同使用旧有的生产工具；土地由父亲平均分配给儿子。二是家名。每个苗族家庭要有自己的名称，通常以父亲或丈夫的名字来命名，如父亲或丈夫的名字叫"雄久"，家名就叫"雄久基"[②]。三是家庭成员。一个苗族家庭由一对夫妻及其子女构成，缺损家庭都随父母居住而不单独成家。四是家庭成员须在一

---

① 干基督：指火坑。
② "基"：即家庭。

个火坑吃饭。如果已经分居，彼此间则不在一个火坑吃饭，即使是父子母子、骨肉同胞也不能视为一个家庭。儿子成家生育孩子后，都要与父母分开居住。如果父母年老不能单独维持生计，结了婚的儿子就得留在父母身边；如果有弟兄几人，父母常常与幼儿同住终老；如系独子往往不与父母分居。因此在传统苗族社会，三代同堂、四代同堂的家庭十分普遍。

在苗族个体家庭中，家长往往由成年男子担任。在小家庭中，丈夫便是家长；在大家庭中，如父亲年纪不大，即由其担任家长，如父亲年事已高，就由其儿子担任。如数兄弟同居，就由兄弟中经验丰富、做事公正者行使父亲职权。家长对外代表家庭出席家族会议，对内拥有买卖耕牛田地、借债放债、建造房屋、子女婚嫁、丧事办理等管理家庭事务的权力。家长与家庭成员之间地位平等，彼此共同劳动，共同享有劳动成果。在家庭事务分工上，男子主要承担工匠、编织、建筑、犁田等体力劳动，妇女除了承担翻耕旱地、插秧、锄草、施肥、收割等辅助性农耕生产外，还要从事家禽饲养、赶集交易、农副产品加工、针线纺织等家务劳动。在家庭生育上，苗族十分重视传宗接代和继承家世，具有明显的重男轻女倾向。许多家庭把拥有子女视为吉祥兴旺的标志，认为男孩多的人家是"发"了，没有子女或没有男孩的家庭被视为"绝户"，无儿无女或有女无儿者被认为低人一等。直至新中国成立前，每个苗族家庭都有四五个以上孩子，三个以下孩子的家庭比较少见。在家庭教育上，苗族十分重视对子女的培养教育。孩子年幼时，父母就用自己所见、所闻、所知的生活常识，以叙事聊天的方式将其传授给孩子；孩子稍大后，父母就教给他们为人处世的道理和基本的生存技能，教育孩子遵守本民族传统习俗。

（四）家庭亲属称谓伦理

亲属称谓，即家庭内部各亲属之间相互称呼时所遵循的制度体系。苗族是一个讲礼仪、遵民风的民族，通过亲属称谓来区别不同辈分、性别、年龄群体之间的伦理关系。概括起来，苗族亲属称谓伦理主要包括直系亲属称谓、旁系亲属称谓和长辈双亲连称三个方面的内容。

直系亲属称谓。广大苗族地区的直系亲属称谓和旁系亲属称谓区别较大。现仅以苗族聚居较为集中的贵州山区来举例加以说明。例如在贵州省中部方言区，称曾祖父为"告尝玩"，曾祖母为"务尝玩"；称祖父为"告"，祖母为"务"；称父为"把"，称母为"妹"；称儿子为"呆波"，女儿为"呆片"；称孙子、孙女为"呆挤"。在贵州省东部方言区，称祖父为"剖"，祖母为"娘"；称父为"玛"，母为"奶"；称儿为"代代"，女为"代扒"；称孙儿、孙女为"代街"。

旁系亲属称谓。在贵州省中部方言区，苗族称伯父为"把楼"，伯母为"妹楼"；称叔父为"把友"，叔母为"乃姆"；称兄为"波"，弟为"乌"；称姐为"阿"，妹为"妞"；称堂兄为"波流"，堂妹为"阿友"。在贵州省东部方言区，称姨妈为"阁"，小姑为"得目"；称小叔为"得约"；称兄为"浪"，弟为"沟你"，妹为"沟扒"。在贵州省台江县，男女与其姑舅表兄弟姐妹之间都互称为"戛莫丁"，意即有婚姻关系的表亲。

长辈双亲连称。长辈双亲连称时，苗族称谓与汉语称谓不同，汉语双亲连称为"父母"，苗语则称为"奶玛"即母父。以此类推，汉语中的公婆，苗语则为婆公。平辈男女称呼也有类似的现象。这种将女性置于男性之前的称呼，是母系氏族的一种遗风，反映了旧时苗族女性在社会中的地位。不论这种规定是否科学合理，它都是苗族家庭伦理的真实记录，是考察苗族历史极为珍贵的资料。

苗族是我国一个历史悠久的民族，苗族人民在长期历史发展过程中创造出了具有本民族特色的婚姻家庭伦理。考察苗族传统婚姻家庭伦理对于我们全面了解苗族传统文化，推动苗族传统文化的现代性发展具有现实意义。

第三节　苗族传统丧葬伦理

丧葬伦理不是与生俱来的，它同样是人类社会发展到一定历史阶段的产物。在远古时代，当人类对生、老、病、死等自然现象无法做出正确解释时，不可能存在丧葬观念，当然也就不会有丧葬伦理。在那时，人死后，人们直接将尸体抛于荒野沟壑，没有任何埋葬活动和吊唁仪式。据古文献《孟子·滕文公》记载："盖上世尝有不葬其亲者，其亲死，则举而委之壑。"经过数十万年漫长的历史发展，人类在征服自然和改造自然的过程中，对自然界的认识能力和思维能力得到提高。到旧石器时代，虽然原始人类对自己身体的构造仍然毫无所知，对人生疾病及其死亡现象还无法理解，但当他们在睡梦中看到死者肉体时，这种影像促使他们萌生出一种神奇的幻想，使他们认识到除了自己的身体之外，似乎还存在一个看不见、摸不着的幻影，这个幻影有活力、有生命、有超乎于肉体本身的力量。此时，灵魂观念在原始人群中萌芽并逐渐发展起来。正如英国人类学家爱德华·泰勒指出："处在低级文化阶段上的能独立思考的人……他们力求了解，第一，是什么构成生和死的肉体之间的差别，是什么引起清醒、梦、失神、疾病和死亡？第二，出现在梦幻中的人的形象究竟是怎么回事？看到这两类现象，古代的蒙昧人——哲学家们大概首先就自己做出了显而易见的推论，每个人都有生命，也有幽灵。"[1]灵魂观念产生后，古人认为人的灵魂依附于肉体，是人的"复身"，在做梦时灵魂离开人的肉体而活动，人死后灵魂变成鬼魂，脱离人的肉体而独立存在。在古人的心目中，死人的灵魂比活人的灵魂具有更强大的力量，它能祸福人类。《礼祭·祭发云》曾有记载："大凡生于天地之间者皆曰命，其万物死皆曰折，人死曰鬼。"《说文解字》也说："人归为鬼"。基于这种认识，蒙昧时代的原始人类为了取悦鬼魂以达至避灾求福之目的，于是他们改变了过去那种对死者尸体随意处置的态度。在人死后，他们根据自己对鬼魂力量的种种幻想妥善处理死者遗体，并举行各种简单的送走鬼魂的活动，这就是所谓早期人类的丧葬伦理。

随着社会生产力的发展，人们对死者有了足够的尊重。人们总是相信，人之生命的消亡并不会带来人的真正消亡，人之躯体可以陨灭，但人之魂灵却能永生。因此人死后，人们总是要为死者举行各种丧葬活动。可以看出，

---

[1] （英）爱德华·泰勒.原始文化[M].上海：上海文艺出版社，1992：416.

丧葬伦理体现了生者对死者的崇拜和尊敬，表达了人们对灵魂世界的朴素理解。丧葬伦理的出现，意味着人们已经开始认真思考人类生与死的问题。丧葬伦理的产生是人类文明的一大进步，是人类认知思维发展过程中的一次巨变。我国苗族在其长期的历史发展过程中创造出了具有本民族特色的丧葬伦理，这些伦理文化充分体现了苗族民众的生活习性和民情风俗，是我们研究苗族文化的经典样板。总体上看，苗族丧葬伦理主要区分为正常死亡者丧葬伦理和横死者丧葬伦理两种形式。

一、正常死亡者丧葬伦理

所谓正常死亡，是指因年老、疾病而死。凡是正常死亡者，丧家都要为死者举行隆重的祭奠仪式，其过程包括亲友送终、着衣守灵、择期吊唁等。

亲友送终。老人病危，子女通知兄弟姐妹和至亲好友前来看望老人。家人和亲友聚集在老人床前，聆听老人忠告。临终前，把老人移至堂屋或火塘边，搭铺护理。老人即将去世时，儿子将老人扶坐于铺上，儿女在旁侍候。去世后，放鞭炮或鸣枪为老人送终，为死者遗体整容，到井边挑清水给死者洗面、擦身、为死者剃发或梳头等。若是母亲病危，要向舅家通报。舅家携带一只鸡、一罐酒、一包米饭等前来探望，所带物品当面与病人同食。母亲去世后，向舅家交付一笔钱，苗语称"西奋"或"你奋"，也就是"人头钱"的意思。钱的多少视主家家境贫富状况而定，富者多拿，贫者少拿。"西奋"的议定，主要由舅家提出。届时舅家与其房族兄弟一起前往丧家，主人备酒招待，请家族成员数人作陪。在酒宴上舅家提出"西奋"数目，双方家族可从中议减，最后定数。在具体的"西奋"数目口，须从中扣除此次主人的招待费用，所剩部分归舅家所有。舅家得到这笔钱后，拿出一部分买酒肉，邀请家族成员聚餐，表示通知族内兄弟，从此与姑家结束这一辈的姻亲关系。

着衣、守灵。给死者着衣，即为死者穿衣，苗语称为"丢卧"。老人去世后，家人打来一盆清水为其洗脸、洗脚，然后请一位死者生前最喜欢的老人为其更衣。给死者穿的衣服称为寿衣，寿衣质量视主家经济条件而定，无一定标准。一般来说，家庭富有者都为死者准备新衣，且多为生前备制；家庭贫困者则让死者穿旧衣。无论新衣还是旧衣，衣服件数都有严格规定，裤子只穿一条，上衣穿一件或三件、五件，忌用偶数。富有家庭在死者上装穿长袍马褂，脚穿纸板布鞋，入棺时将死者的鞋脱下，安葬时将其放在墓穴里或墓外。贫困家庭给死者穿短衣，让死者跣足直至安葬完毕。老人死后，尸体停放在屋内的堂屋或火塘边，脚朝大门便于出丧。停尸期间，在灵床下点亮一盏"长眠灯"。死者灵床用一至二块木板制成，木板下面放两根横木，木板上放有垫草和一块兜单（垫尸体时所用的布料）。兜单用三块狭窄的布料连成，这些布料由负责赡养老人的儿媳和出嫁女儿共同备制。如有一位出嫁女者，儿媳备制两块，出嫁女备制一块；有两位出嫁女者，儿媳备制一块，两位出嫁女各备制一块。如果儿媳贫困，也可由出嫁女全部承担，反之亦然。通常情况下，出嫁女为了表示自己对父母的孝敬，即使家庭贫困也设法备制一块，意为给父母遮脸。治丧期间，孝子和至亲好友日夜守护在灵床边。出丧时，将兜单盖在死者脸上。

择期、吊唁。安葬死者需请巫师择日，即卜算入棺、出殡、安葬的具体日期和时间。安葬时间根据死者出生年月和去世时间而定，一般选择在"戌日"安葬。在确定具体的安葬日期后，丧家随即派人给亲友报丧。若老人在"寅""午""未""酉"等时辰过世，均属不吉利，安葬须避开这些日期和时辰。如果遇上此种情况，就认为是"犯双日"或"犯钩日"。"犯双日"就要为死者举行"秋庸"（即祭庸），此时丧家宰杀一只小猪作祭品，把猪的骨头（意指人的骨头）装在一个杉树皮制成的小匣（类似棺材形状）里，表示又死了一人，与死者成双，并将其与死者一起埋葬。"犯钩日"就要为死者举行"八嘎"（即破钩），即用一头小猪、六个小树钩以及一个铁秤钩来解除。出丧时，祭师用铁秤钩把所有的树钩一一拉破，表示铁钩胜过木钩，内钩胜过外钩，死者不能钩住家中的人同死。人们认为，进行"秋庸"与"八嘎"之后出丧，丧家就不会继续死人。反之，如果老人去世时既不"犯双日"也不"犯钩日"，出丧前也就不举行"秋庸"与"八嘎"两种仪式。吊唁是丧葬伦理的一个重要环节。在汉族地区，吊唁主要体现为祭师为死者做道场，孝子为死者磕头作揖等。苗族吊唁较为简单，其间没有特殊的礼节，没有磕头作

第二章 苗族传统伦理的主要内容

揖等仪式。在前来吊唁的亲朋好友中，普通亲友携带一只鸡、一壶酒、少数香纸和数碗米；至亲好友携带一只小猪、少许殉葬银子等厚礼。如果至亲好友家境贫寒，也可不送吊唁礼物。殉葬银子主要是碎银，包束在死者腰间。其中，死者家族送来的殉葬银子包在左边，亲戚送来的殉葬银子包在右边。苗族以碎银为殉葬品，据传是给死者在去与祖先跳芦笙的路上买水喝，也有传说是给死者在阴间买田地山水。

备办祭品。备办祭品时，其数量的多少视丧家贫富而定。一般家庭杀一只小猪；贫困者杀鸡鸭，或用几尾鱼作祭品；家庭殷实者杀牛作祭品。杀牛作祭品，苗语称其为为死者"堆居"，即"压棺"，意思是杀牛埋人。杀牛之后，先给舅家一腿肉，称"扛纽嘎及"（意为抬牛腿），由舅家拿去招待房族，剩余牛肉由丧家与其家族平分。丧家家族分到牛肉后，用于安葬后招待自己的亲友，苗语为"罕达"。丧家将自己得到的牛肉又分为两部分，一部分用于安葬后招待治丧人员和自己的亲友；另一部分用作礼物回赠给前来吊唁的至亲好友。丧家将牛肠割成小段，煮熟后让小孩子抢吃，使孩子们牢记死者名字；将牛肝和牛肺等内脏煮熟抬至墓地招待参加丧葬活动的人员，苗语称"努改通"，也就是吃"安埋饭"的意思。同时，丧家还带去一盆糯米饭，家族中死了父母的，其户主还须带去一簸箕粘米饭。人们将米饭摆放在棺材两边地下，表示请死者带给自己的父母。此时由一老人将丧家带去的部分糯米饭揉成饭团，与牛内脏一起分散摆在棺材盖上，其份数根据家族送去的簸箕数目确定，每簸箕一份。然后把木盆里剩余的糯米饭也捏成小团，分给在场人员食用。摆完祭品后，祭师手拿少许祭品投入墓穴，表示敬祭。随后祭师将棺材盖上摆放的饭、肉象征性地分给每个簸箕的主人，其余部分送给在场的亲朋好友，大家当场食用。最后，所有到场人员都有意留下一点剩饭互相打闹，表示吃食有余。凡举行"堆居"者，须在该仪式结束后，主家方能出丧。

挖墓穴、出丧。在广大苗族地区，每个苗族家族都有自己的公共墓地，这种墓地只能埋葬本家族成员。在挖墓穴之前，要举行"莫嘎差"（意为达谷）仪式。即由孝子或家族人员带一把谷穗到墓地，有的地方还需带上三把稻谷和少许食盐。在选好的墓穴处，人们每后退一步，挞谷穗一下，连退三步，挖三下，然后把谷穗（或米和盐）往前抛去。这种"莫嘎差"仪式，据说是为死者买地。"莫嘎差"仪式结束后，掘墓人用锄头在墓地上挖出一块泥土，将其远置一旁，待堆砌好坟墓后，将其覆盖到墓顶。随后治丧人员开始掘墓，墓穴的宽度和深度，根据棺材大小而定，没有特别固定的尺寸要求。在多数苗族地区，人死后临时制棺。棺材的形式与附近汉族地区无实质性差别。制棺时，由一长者划线，其他人动手削砍。棺材制好后，即刻举行出丧仪式。出丧仪式有两种情形：其一，如果死者在丧家入棺，出丧前将死者从灵床移至门外，放入棺内，然后镶棺，使用丧轿抬棺。丧轿用长约三米、粗如手臂的两根木柱制成，中间放一块杉木皮，绑成"担架"形式。木柱为栗木和枫木各一根，据说这两种树木容易腐烂，砍后发枝不多，表示今后丧家不再死人。丧轿也是临时制成，用后砍成两节丢掉。出丧时，一人在前面丢纸钱，意为买路钱，年幼孝子张雨伞，身背两个盛有糯米饭、鱼肉、辣椒和清水的竹筒，手持砍牛刀，刀上挂一双新草鞋，走在棺前开路，其他孝子紧随其后。抬棺人员分为主客两方，共八人，客方四人抬前扛，主方四人抬后扛，其他送葬人群紧随棺后缓缓前行。孝女由人搀扶于送葬人群后面哭泣，送灵柩至寨边即回。其二，如果死者不在丧家入棺，则二人在前、二人在后用绳子兜起垫尸板，将死者尸体运送到墓地。运送尸体之人多为死者家族中的男子及女婿，孝子不能参加，死者女儿、儿媳哭送到门外或村边。这种出丧仪式，除了轮流运送尸体和负责埋葬的人员外，一般再无其他送丧人员。如果死者家庭较为富有，出丧路上有一人沿途丢钱纸、放鞭炮等。

安葬。苗族与多数汉族地区一样，均实行土葬，主要有两种安葬方式：其一，如果死者在丧家入棺，人们将灵柩抬到墓地，孝子面向墓穴跪拜，旁人将灵柩放入墓穴，开棺整容，整容完毕即合棺。之后，孝子从小到大依次为死者坟墓垒土。孝子在右边垒土三锄，在左边垒土三锄，垒土一次呼喊死者一声，随后女婿及其他人员一起填土垒墓，最后将此前掘墓时挖出的第一锄土块填至墓顶。垒坟完毕，大家敲击墓脊，呼喊死者亡魂回家保佑子孙。孝子张伞执刀回家，其他人员紧随其后，祭师及其执葬者走在人群后面。第二，如果死者不在丧家入棺，把已经制好的棺材分成几部分抬到墓地，放入墓穴将其整合，随后将死者尸体运送至墓地举行入棺仪式。入棺前，由一年长者手持三根芭茅草在棺材口来回横扫几下，表示将活人灵魂驱赶出去，以免被埋葬。稍后将死者尸体放入灵柩，封上棺盖。将酒壶放在棺材一端，举行"堆居"者将"嘎差"（米谷）袋放在棺材一侧，叮嘱死者使用这些酒米招待阴间客人。之后，原来把持芭茅草的老人使用砍刀向棺材头部猛砍一下，对死者说"小门在这边"；向棺材尾部再猛砍一刀，对死者说"大门在这边"，即为死者开门。最后盖土垒坟，垒坟结束时，将原先掘墓时取出的第一块土覆盖于墓顶，同时将死者的草鞋（或纸底布鞋）摆在坟旁。举行杀牛"堆居"者，在墓地旁搭建一个牛圈模型，送给死者在阴间当作牛棚使用。筑墓完毕，人们返回时对死者齐声高喊"来，我们回家吃饭、喝酒去"，表示请死者一同回家。安葬当天，主家设宴招待前来吊唁和治丧的亲朋好友。主家在席旁摆放一盆清水，让亡魂洗手洗脸；摆放一张空凳，让亡魂安坐。在空凳前摆放一些死者生前喜用的器具，祭师、执葬者和孝子等人坐在空凳两旁陪伴，家人和亲友们一起围坐饮酒。开宴前，孝子焚香烧纸，祭师扔少许酒肉于地，意为敬祭祖先。同时在空凳前摆放酒碗和筷子，斟酒上菜。此时，由一位德高望重的老人对死者说："请你来洗脸洗手，与我们吃饭；以后就不再叫你了，以后见到我们吃饭时，你就来吃吧！……"老人话音刚落，便倾酒、掐肉、扔饭在地上给死者"吃"。稍后又叫死者"回家"（即回墓地），并将空凳子侧放，表示送死者远去，并叮嘱死者保佑家人平安。祭奠祖先和死者结束后，大家举起酒杯高喊——"干杯"，丧家餐宴开始。

复山走客。安葬死者后，举行"复山"和"走客"仪式。"复山"，即孝子和房族亲友到死者墓地填土垒坟，在安葬死者的当天或第二、第三天举行。举行"复山"时，焚香烧纸，用一猪头和少许米酒祭祀死者。安设墓门，垒土坟包。回家后宴请宾客，商量死者亡魂"走客"事宜。"走客"，即把亡魂引至舅家、女婿家或一些较亲近的亲戚家，在安葬死者的当天或第二、第三天时举行。丧家准备一坛酒、一只公鸡、一只鸭子、一块猪肉为礼物，邀请本家族男性青年数人，引着亡魂去"走客"。出发时，将鸭子拴在雨伞上，由一青年扛着鸭子引路，其他人员提着礼物尾随其后。抵达客家后，客家在堂屋安置一空凳，请亡魂就座，凳前放有亡魂专用的碗筷和酒杯等，随后请本家族成员前来陪伴客人饮酒吃饭。席间，丧家带去的礼物和客家的菜肴都摆在桌上，主人焚香烧纸，斟酒、掐肉劝导亡魂自行饮用。稍后掀翻空凳，意为"某公（奶）醉了"，把亡魂坐凳搁置一边，宾主双方继续吃饭喝酒。宴毕，"走客"人员把亡魂带回丧家。

送魂、骨肉团聚。安埋死者后，举行送魂仪式。所谓送魂，是指请祭师将死者灵魂送到天堂，在安葬当天晚上或"走客"回来之后举行。深夜，在堂屋安放一张长桌，摆上一只熟鸡、一只熟鸭、三碗米酒、一竹篓白米或稻谷，在竹篓口处盖上两张新白布，旁边放上一个木升子，桌下放置一个装满清水的木盆，盆口盖上一张白布巾。送魂时，祭师、丧家成员以及亲友围坐在一起，一长者邀请在座人员吟唱《焚巾曲》，不会唱者掏钱放在木升内请他人代唱，会唱者象征地吟唱几句，最后由祭师唱完。祭师唱词时音调深沉悲凉，感情真挚。唱完后焚烧水盆上的白布巾，祭师从灰烬落入盆中的纹样卜算吉凶和亡魂上天的情形。在场人员将竹篓口上的两张白布系在祭师手臂上，竹篓内的谷物用于酬谢祭师，木升内其他人投放的钱财分送给在场人员。焚巾过后，若死者是女性，丧家准备一只带尾的猪腿（或牛腿）、一块猪肉、一壶米酒回敬舅家，表示永远是亲戚。舅家带走猪腿和米酒，把猪肉留给丧家，表示互相敬重。最后，祭师将死者阴魂送至"嘎亮"家，意即到了天堂，与前世祖宗唱歌跳舞，团聚一处。安葬死者，举行骨肉团聚仪式。所谓骨肉团聚，是指丧家准备一桌酒席邀请同胞兄弟姊妹和家族成员聚餐一次，旨在感谢亲友协助办理丧事，共饮团圆酒，于"走客"和"送魂"之后的数日内举行。届时，出嫁姊妹带来一壶酒、一只鸡、一篮糯米饭等礼物赠给健在老人、哥嫂、弟妹等亲人。席间，女儿们用自己带来的酒敬奉在场老人、哥嫂、弟妹，把糯米饭分发给大家品尝，主人以同样方式回敬女儿。大家一边饮酒，一边谈话，互相安慰。出嫁女儿常常唱起《姊妹歌》倾吐感情，歌声凄凉忧伤。在场哥嫂和老人竭力劝慰，有时还用首饰等礼物予以赠送，叫其不要伤心，回去好好生活。

立墓碑。在安葬完毕后的一年或数年内为已故亲人举行立墓碑仪式，多在清明时节举行。届时，主家准备猪、羊、鹅、鸭等祭品，前往墓地为已故亲人立墓碑。立墓碑前，祭师用一只白公鸡招龙，并为新坟祭"嘎哈"。招龙后，人们在坟墓前安设墓碑，给新坟添土，大家就地会餐。家庭殷实者，回家后还继续设宴招待客人。到此，整个丧葬仪式结束。

二、横死者丧葬伦理

凡是被杀死、自缢死、溺死、跌死、难产死、浮肿死、服毒死，以及因某些不常见之病而死者，统称为"不干净的死"，即横死。对该类死者，一般不举行丧葬仪式。人死后，族人就近运往"鬼山"掩埋。对横死者，在抬去埋葬前，要打破一个碗。苗族民众认为，碗打破不能复原，表示与死者断绝关系，让死者灵魂一去不复返。有的苗族地方炒一包菜种给死者带去，意即炒熟的菜种不能再生，死者灵魂不能复原。妇女对此种死者极为恐惧，害怕死者会把人的灵魂带走，因而在安葬时极力避开。

在死者埋葬三年、五年或十一年后，一般都要掘尸火化进行迁葬。火化时，在坟墓旁燃烧一堆火，挖开墓穴，用钳子把尸骨夹出来，放在火堆里焚烧。在附近放一个木盆，盛着清水，盆上盖一只烂斗篷或一把破旧雨伞，表示给死者洗浴。待尸体化为灰烬时，往火堆喷洒酒和水，将尸骨残渣收拾起来，用一张兜单包裹后运至正常死者埋葬的墓地入棺安葬。棺材以木匣代替，通常只把逝者头颈、四肢摆放好，其他尸骨则任意放入匣内即可。

苗族丧葬伦理是苗族先民生活样态的表达，体现了苗族独特的生活习性和文化特质。探究苗族丧葬伦理有助于我们深刻了解苗族人民的传统价值观念和处世哲学，对我们全面把握苗族文化的整体脉络具有借鉴意义。

第四节 苗族传统宗教伦理

宗教伦理是人类历史上普遍存在的一种文化现象，是人类对超自然力量的膜拜。"一切宗教都不过是支配着人们的日常生活的外部力量在人们头脑中的幻想的反映。在这种幻想中，人间的力量采取了超人间的力量的方式。"[1]宗教伦理最初产生于自然界，后来扩展到人类的生活领域。我国的宗教伦理具有鲜明民间性的特点，是"融合了佛教以及更古老的许多传统信仰成分而成，因此我们无法像西方人称一民族的宗教为某某宗教来说明，只能称之为'民间信仰'"，它"与西方宗教有很大的差异。传统中国宗教的第一项特色表现在'普遍化的宗教'的形态，……所谓'普化的宗教'，则是指一个民族的宗教信仰并没有系统的教义，也没有成册的经典，更没有严格的教会组织，而且信仰的内容经常与一般日常生活混合，而没有明显的区别。例如我国的传统宗教信仰可包括祖先崇拜、神明崇拜、岁时祭祀、生命礼俗、符咒法术等等。"[2]我国苗族是一个具有多重信仰的民族，《汉书·地理志》载："苗人神巫，尤其余古。"苗族历史悠久，苗族先民在其历史发展过程中创造并形成了具有本民族特色的伦理观念以及与此相适应的伦理文化形态。由于苗族地区特殊的地理环境和落后的生产力条件，苗族宗教伦理自形成之后便较为完整的保存下来并影响至今。苗族宗教伦理带有"原始集体观念强烈、道德规范条理化、古理古规的权威性诸多特点"[3]。苗族宗教伦理的核心是神灵崇拜，这种宗教伦理不仅已经成为苗族地区的民风民俗，而且还代表着苗族人民对"自己本身的自然"和"周围的外部自然"的关注和理解。

一、祖先崇拜

祖先崇拜是人类古老的宗教信仰，许多国家和民族在过去、现在乃至未来都有祭祀祖灵的习俗。在我国，祖先崇拜也是远古居民最早的原始宗教伦理之一。例如我国古代典籍记载："郊社之礼，所以事上帝也；宗庙之礼，所以祀乎其先也。"[4]"以肆献祼享先王，以馈食享先王，以祠春享先王，以礿夏享先

---

[1] 马克思恩格斯选集（第1卷）[M].北京：人民出版社，1995：666-667.
[2] 李亦园.宗教与神话[M].桂林：广西师范大学出版社，2004：116.
[3] 郑英杰.苗族传统伦理文化特质略论[J].吉首大学学报（社会科学版），2009（6）：26-28.
[4] 李学勤.十三经注疏·礼记正义[M].北京：北京大学出版社，1999：1439.

王,以尝秋享先王,以烝冬享先王。"[1]在中华文明的早期,祖先崇拜专指人们对某一血缘亲族的特定人格的敬畏和崇拜。之后,祖先崇拜逐渐演化为人民大众日常生活中的祭祖风俗,成为中国家庭文化体系中的一个重要组成部分。苗族相信祖先神灵的存在,认为祖先"虽死犹生",因而对祖先神灵崇拜有加。苗族祭祖又称"吃鼓藏",以家族为单位每十三年举行一次,每次祭祖开始于子年、历经丑年、结束于寅年。这种祭祖习俗形成于清朝改土归流前,至新中国成立前已初具规模并日益规范化。

(一)子年祭祖:推选鼓头、购买牯牛

推选鼓头。祭祖由鼓头、执事人和唱歌郎组成。鼓头共五人,第一鼓头"嘎纽",即鼓的头子;第二鼓头"嘎雄",即发贩的头子;第三鼓头"嘎劳",即桌子的头子;第四鼓头"顶汪",即服侍的人;第五鼓头"顶播",即保王的人。执事人员四名,"嘎两",祭祖时接待"虐丙"[2];"嘎当",负责供给木头做长板凳;"嘎耶",祭祖时吹芦笙引路开道;"嘎抑",负责秘密保管"玉碗"。第一鼓头为已婚且为人朴实的青壮年男子,其父辈或祖辈须在上届祭祖活动后去世。第一鼓头确定后,人们结队吹芦笙上家庆贺,当场杀鸡看眼验证推选结果。如果鸡眼紧闭视为不吉利,可另选他人;如果双眼睁开意味着吉利,此人必须担任鼓头一职,不可推辞。此时,上届鼓头将保存在自家屋梁上的凉帽移交给新鼓头,并杀鸭一只为之祝贺。随后由第一鼓头确定第二、三、四、五鼓头和其他四名执事人员。唱歌郎四名,他们都是本家族成员,负责在祭祖过程中辅助鼓头念诵鼓藏经祭告祖先。祭祖人员确定后,大家集聚到第一鼓头家听取其对即将来临的祭祖活动的安排。

购买牯牛。鼓头家先买回牯牛,随后群众依次凑钱购买。牯牛以力大、身壮和善斗为基本标准。家庭殷实者每户购买一头,家庭贫困者可几户或十几户合资购买。牯牛买回后精心喂养,一般喂养三年,即到第三年杀牛祭祖为止。

---

[1] 陈戌国点校.周礼·仪礼·礼记[M].长沙:岳麓书社,1989:53.
[2] 虐丙:指女婿。

（二）丑年祭祖：接双鼓、翻鼓、制鼓

接双鼓。苗族祭祖使用的鼓有两种：一种是双鼓，苗语称为"牛朋"，即两面鼓。此鼓平时放在已婚未育的人家里，逢年过节须向木鼓敬酒。另一种是单鼓，苗语称为"牛操"。举行一次祭祖需要制作一个单鼓，祭祖完毕将其送到鼓山洞收藏。"接双鼓"于农历二月的某个辰日进行，人们将双鼓从上一届鼓头家搬送至新选任的鼓头家里。接鼓之日，五个鼓头、四位唱歌郎及部分群众十数人依次到五个鼓头家喝酒品茶，告诉鼓头的祖宗人们准备举行祭祖了。喝酒品茶完毕，大家一同到"嘎纽"家领取长衣和高帽，并前往藏双鼓者家里。藏鼓者用一只鸭、一盘糯米饭和一壶米酒敬祭祖先，将鸭分成头、翅、腿五个部分，"嘎纽""嘎雄"各取一腿，"嘎稍"取头，"顶往"和"顶播"取两翅。五位鼓头略吃一点，剩余部分由在旁人员分吃，大家互相敬酒，颇为热闹。五位鼓头穿长衣、戴高帽，唱歌郎唱歌祭告祖先，众人将双鼓接往"嘎纽"家，抬鼓者为有妻儿的青壮年。"嘎耶"吹奏芦笙引领五位鼓头、四位唱歌郎和抬双鼓者一同前行，一路上各户家庭或出来凑热闹、或参加到接鼓队伍中。安置双鼓后，鼓头脱衣回家，自带一只鸭子、一盘糯米饭和一壶泡酒前来祭祖，唱歌郎继续唱歌祭告祖先。鸭子和糯米饭平均分为两份，鼓头取一份，另一份大家分食。接鼓活动从上午持续到深夜，在大家充满醉意的欢笑声中结束。

翻鼓。翻鼓也就是到鼓山洞去翻单鼓，即祭鼓，意即告诉祖先子孙要杀牛祭祖了。翻鼓共进行两次，分别于祭祖当年和次年的十月子日下午举行。祭祖当年翻鼓，参加人员有五位鼓头、四个唱歌郎和本族男女老少。唱歌郎唱歌祭告祖先，五位鼓头各执一把砍牛刀在岩洞前晃动片刻，"顶往"走进鼓山洞翻鼓，群众将杉树皮蒙在鼓上敲击几下。祭鼓时不烧香纸，只需杀鸭一只并备制少许酒饭即可。将鸭分成头、翅、腿五个部分分别赠予五位鼓头，其余部分由大家分食。寅年祭祖前，还须按此方式到鼓山洞举行第二次翻鼓。

制鼓。苗族采用楠木、枫木或樟木制作木鼓。丑年五月寅日早上，人们上山将树砍倒并搬运到本村寨附近的山坳上。次日五位鼓头穿长衣、戴高帽

前往山坳,每人用砍牛刀在树上砍一下,将少许木屑带回家,此举象征吉祥如意。五位鼓头和喂有祭祖牯牛的家庭,每家准备一只鸭、一盘糯米饭、一壶米酒作为祭品。四位唱歌郎唱歌祭树,祭祀时不焚香化纸。祭毕人们就地分吃食物,随后将树制作成木鼓停放在山坳上。祭祖之年人们用皮蒙鼓,抬至新推选的第一鼓头家。

(三) 寅年祭祖:斗牛、杀牛、祭祖

斗牛。斗牛活动于寅年十月举行。斗牛前鼓头戴藤帽、穿长衣、张雨伞,与四位唱歌郎结队而行,迈着庄重的步伐缓缓走到斗牛坪。他们在斗牛坪看台前依次站好后,斗牛大赛开始。斗牛当天鼓头不开口说话、不随便行动、禁止吃喝、汗水鼻涕由"顶往"和"顶播"代为揩干,直到杀牛后才能解除该禁忌。

杀牛。杀牛前请审牛师审牛和扫牛。审牛,即看牛的毛旋是否符合祭牛标准,如眼角、眼下有毛旋者不能宰杀,否则会有悲伤失望之事发生。腹下或生殖器附近有毛旋者亦不宜宰杀,否则主家会死人破财。与此同时,审牛师还根据祭祖牯牛的毛旋情况决定鸡、鸭、鱼、小猪等供物。扫牛时,审牛师在牛背上放一团棉花,将一碗凉水、一碗酒倒在牛鼻任其舔食。用一把青草扫牛角,念诵扫牛经,窃取供物的毛或鳞片贴在牛头上。当场宰杀供物,将其煮熟后各取一点给牛吃,扫牛仪式结束。杀牛在祭祖当年农历十月乙、亥两日凌晨举行,其地点选择在本村寨附近的河沟边或平坝上。杀牛者除了自带牛刀外,还需另备一只小猪、一定数量的鞭炮、米酒、糯米粑、一段红布、一块银圆、两三只鸡等礼品送给牛主。前来参加祝贺者,于斗牛之日或杀牛前夕带上礼物来到牛主家。鼓头家先杀牛,然后群众逐一宰杀自己饲养的牯牛。鼓头家的牛由鼓头本人砍杀,一刀砍死为佳。杀牛时不烧香纸,但可放爆竹。群众的牛由牛主女婿或舅父砍杀,合购之牛由出资最多者的亲戚砍杀,牛角由出资最多者保存。杀牛者除了获得牛肉一腿外,还与掌杆者平分牛胸脯肉一块。审牛师和四个唱歌郎各获得牛肉一斤。杀牛当天并未向祖宗献牛,人们将牛头、牛尾和牛腿摆放到牛圈里,在牛口处放三根草,表示牛仍然活着。当天主家不能款待客人，前来祝贺的客人及亲友随意休息、喝酒、踩芦笙或"游方"等。

祭祖。祭祖是苗族"吃鼓藏"的主要内容，也是苗族祖先崇拜中最具特色的部分，历时十四天方能完成。

第一天，子日。早晨各家各户例行祭祖，将牛肝、肺、心、腰、肚、肠、肉切成小块，包成七包或用竹条串成七串，连同糯米饭、茶、酒等敬祭祖先，祭毕宴请客人吃早饭。中午，第一鼓头迎接每家祖宗到自家陪鼓，每家选派一人到第一鼓头家聚餐。第二、第三、第四、第五鼓头依次以此方式宴请客人。亲友提前一至二日携带礼物前来祝贺，路途近者早来晚回，远者多在戌日和亥日留宿。至亲好友送重礼，普通客人送一只鸭子、一壶酒、几斤糯米粑等。客人在主家聚餐后陆续回家，返回时可得到主家回礼肉一至三斤。

第二天，丑日。清晨，唱歌郎轮流在五个鼓头家唱歌祭祖，从第二鼓头家起唱，五位鼓头和本村寨老人均须到场聚餐一天。前来参加聚餐的亲友，每人携带一壶米酒与主人一起进餐。当天下午各家各户砍牛头、烧牛脚炖食，牛主将牛角安放在自己家中。

第三天，寅日。早上在第三鼓头家唱歌祭祖，情况与第二天相同。下午，唱歌郎唱歌祭牛角。第一、第二鼓头家的牛角分别放在自家门前闲置的木桩上，第三、第四鼓头家的牛角放在第一鼓头家门前，第五鼓头的牛角放在第二鼓头家门前，群众的牛角随意摆放在自家门口。唱歌郎依次到各户牛角前唱歌祝贺牛主多子多孙，六畜兴旺。牛主赠送一两角钱给唱歌郎作为酬礼。

第四天，卯日。在第四鼓头家唱歌祭祖。青年男女踩芦笙和"游方"，老人小孩上山砍柴、背猪草等。

第五天，辰日。上午在第五鼓头家唱歌祭祖，下午分"角形排骨"。杀牛后主家留下与牛角相似且带有牛皮的角形排骨一块，从第一鼓头家开始每户依次将角形排骨摆放在芦笙坪上。两位唱歌郎手持牛角酒站在桌上念诵鼓藏经，念毕将所有角形排骨砍成两段。牛主一段；另一段分成三份，鼓头、唱歌郎和群众各分一份，群众的一份当即在芦笙坪上煮吃。

第六天，巳日。上午在第一鼓头家唱歌祭祖。下午各位牛主将放置在第

第二章　苗族传统伦理的主要内容

一、第二鼓头家门前的牛角取回，唱歌郎到各牛主家唱歌祈祷祖宗保佑家宅平安、世代清吉。

第七天，午日。迎接"修一康"，"修一康"指的是用竹条编成的鸟窝。鸟窝事前编好放在坡上，午日"嘎耶"带着鼓头、唱歌郎吹芦笙前往迎取鸟窝。"嘎耶"将一个煮熟的鸡蛋摆放在鸟窝边，用掷挪动鸡蛋围着鸟窝旋转三圈，随后把鸡蛋踢向本寨方向；用破衣布包一块四五斤重的岩石放在鸟窝内带到第一鼓头家，安放在事前预制好的一棵叉木树上；将鸟窝内岩石取出，放入四五斤糯谷。晚上，青年男女从本村寨神树下手持火把跑到第一鼓头家，一进门便将火把投入鸟窝内。旁人随即用水将火扑灭，这种投掷火把的活动连续进行三晚。每次投掷火把后，青年男女可以随意去邻里索取肉、米酒、盐、辣椒等食物，该活动也要连续举行三晚。晚饭后唱歌郎到第一鼓头家唱歌，唱歌也要连续进行三晚，五位鼓头送给唱歌郎一定的酒肉等食品。

第八天，未日。除晚间唱歌郎在第一鼓头家唱歌外，没有其他特别的祭祖活动，人们如同往常一样生活。

第九天，申日。早饭后"嘎当"将一高一矮两条长凳安放在第一鼓头家中，高凳上摆放供物，夜间唱歌郎继续唱歌。

第十天，酉日。上午，将五位鼓头筹备的糯米做成糯米粑，先做五斤重的糯米粑三个，其中一个糯米粑的中部留一个洞以便挂在颈上，这个糯米粑主要送给第一鼓头的女婿；另外两个糯米粑送给两个"背水"的已婚女儿。然后将剩下的糯米做成两性生殖器模型的糯米粑，贴在第一鼓头家堂屋中柱和墙壁上。同时另做两个木质的两性生殖器摆放在第一鼓头家的鼓房里，第一鼓头家杀一只小猪放在长凳上敬供祖先，众人搓草绳把第一鼓头家的房子捆一圈。晚上唱歌郎装扮成客人唱鼓藏歌，歌词中常常提到人们搓绳捆房的故事。下午举行接女婿仪式，第一鼓头的女婿携带一两斤炒米，连同随行人员共九人前来做客。其中一人抬一个木桶，木桶内放着七只已杀好的鸭子；另一人挑着一只活鸭、一壶酒和一篮米饭，其余六人分别携带一棵有根的竹子。五位鼓头和"嘎两"的妻子来到村寨前的路口迎接，"顶汪""顶播"之妻敬茶，其他鼓头之妻敬酒，大家把客人迎接到"嘎两"家。当天所有客人在五位鼓头家里轮流吃饭喝酒。

第十一天，戌日。这一天的祭祖活动最多最复杂。

早上：凡家有亲人在上一次祭祖活动中去世者，由其子孙将逝者头巾、衣服按其生前的穿戴样式摆放在河边，用瓦片和树皮搭建一个小屋邀请已故亲人洗头、换衣和进屋就座。稍后，第一鼓头女婿将一只木桶捆在中柱上，鼓头之妻用木棒在女婿臀部打一下便跑开。女婿照例要骂一声："鼓藏头的婆娘，为啥要打我，我嘈你的妈！"据说这样辱骂全家族成员都会发财。

中午：五位鼓头之妻分别穿着其丈夫的长衣、提着篮子，从一个门走进第一鼓头家，依次从矮凳上走过，然后从另一个门出去。在走过凳子时，第一鼓头邀请一人拿着葫芦向她们洒酒，唱歌郎附和着唱歌以引起围观群众阵阵欢笑。鼓头妻子出门后，一妇女带领她们到"嘎两"家。该妇女将女婿送来的木桶打开，取出七只鸭，五位鼓头的妻子各拿一只鸭放在篮子里，妇女本人自取一只，最后一只留给主人"嘎两"。"嘎两"宰杀自家一只鸭宴请在场人员喝酒。喝酒完毕，鼓头妻子沿路返回第一鼓头家，按相反方向从原来的出口进门，走过一次矮凳后从原来入口走出，脱去长衣。随后举行"背水喂鱼"和"竹战抹花脸"仪式。"背水喂鱼"由第一鼓头已婚女儿一人背水，第二鼓头已婚女儿一人取水，从河边用水桶背水三次，依次将水倒在第一鼓头家装有五条鱼的水缸内。每次取水三瓢，妇女在前，第一鼓头女婿在后，五位鼓头穿衣、戴帽、张伞，跟随其后三趟，背水完毕将水桶安放在第一鼓头家的堂屋中柱下。"竹战抹花脸"游戏的双方是第一鼓头女婿的六个客人与鼓头家人。主客双方每人拿着带根的竹子打架嬉戏，双方用锅烟互相涂抹脸部三次，随后用锅烟往旁人脸上涂抹，不断引起旁人欢笑。

下午：举行"放狗牵寨"仪式。一男子拿着木制的两性生殖器从第一鼓头家跑出，第一鼓头手持弓箭在后尾追，一前一后围绕村寨跑一圈，回到第一鼓头家后该男子躲藏到双鼓后面。第一鼓头即问："你要生男还是生女？"该男子回答："生男。"又问："你想吃什么？"该男子回答："想吃鸡？"回答完毕，该男子将木质生殖器放在木鼓下并走出鼓房。

晚上：上一届祭祖期间已故亲人的家庭，将摆放在河坝上的逝者衣服和头巾取回，拿到第一鼓头家火炕上晃动片刻后带回家中保存。随后用牛肝、肺、心、腰、肚、肠、肉与大米混合煮成稀饭带到第一鼓头家高凳上祭祖，不烧香纸不念经。接着举行"藏单鼓"仪式，主人将单鼓藏在本村寨附近较为隐蔽的地方，次日由女婿家的人去寻找。如果找不到，惩罚女婿十五斤稻谷；如果找到了，由女婿藏鼓，主人次日去找鼓，奖惩方法相同。晚饭后在"嘎仰"家举行捧"玉碗"饮酒仪式，"嘎仰"和唱歌郎捧起玉碗，唱歌并饮酒一碗。随后他们来到第一鼓头家继续饮酒，"嘎仰"手捧玉碗，第二、三、四、五、一鼓头的手依次紧握在他的手下。唱歌郎吟唱鼓藏歌，每人用玉碗喝一碗酒，把玉碗交给"嘎两"保存。唱歌郎装扮成两位亲戚带着鸡和猪腿敲击第一鼓头家的门，第一鼓头随声问道："你们是哪里来的？"客人回答："从七十二寨①来。"主人问："你们来干什么？"客人说："我们来吃鼓藏。"主人说："我们来参加好不好？"客人说："欢迎、欢迎。"客人进门吟唱鼓藏歌，唱毕"客人"告辞出门。尔后"嘎耶"邀请人们到第一鼓头家吹芦笙给祖先听，连续吹奏两天三夜，至子日晚间停止。

第十二天，亥日。在第一鼓头家日夜吹芦笙。女婿等人去找鼓，如果找到了，他们晚间藏鼓让主人次日寻找。大家都对藏鼓颇感兴趣，往往藏得十分巧妙，使对方难于发现。

第十三天，子日。在第一鼓头家继续吹芦笙。上午主人找鼓，下午用牛皮蒙住单鼓，半夜人们将单鼓抬到鼓山洞收藏起来，此后停止吹奏芦笙。

第十四天，丑日。早上每家每户如同过年一般敬鼓。四位鼓头穿衣戴帽来到第一鼓头家踩鼓、吹木叶和唱歌，随后全村寨青年男女自由踩鼓、吹木叶和唱歌，场景极为热闹。踩鼓时，未生育妇女趁人不备将挂在第一鼓头家墙壁上形如男性生殖器的糯米粑取下，带回家煮给自己和丈夫吃，期望自己能够生儿育女。最后人们将双鼓存放在第一鼓头家，整个鼓藏祭祖活动结束。

---

① 七十二寨：旧时指贵州省黔东南州榕江县。

二、图腾崇拜

"图腾"一词最早来源于北美印第安阿尔哥昆恩部落的语言（Akjonguian），即Totem，意即"它的亲属"或"它的标记"。在许多原始民族的图腾神话中，他们认为其自身来源于某种特定物种，并与该种物种具有亲缘关系，于是该种物种就成了他们最古老的崇拜对象。人类早期的图腾崇拜具有两个鲜明的特点：一是氏族成员认为自身与动植物之间存在血缘关系；二是人们围绕图腾设立各种禁忌。由此可知，与许多原始宗教一样，图腾崇拜作为人类生活中的一种文化形态，蕴含着人们在恶劣环境条件下与自然和谐共处的合理因素，对落后生产力条件下的社会发展产生过重要影响。例如在非洲，中非的班布蒂人将豹、黑猩猩、蛇、猿猴、羚羊和蚂蚁等动物视为近亲，称之为祖父或父亲[1]，"南非的贝专纳人称鳄鱼为'父亲'"[2]。在大洋洲，"澳大利亚土著居民相信与某种动物、植物或无生物存在亲属关系，并用'父亲'或其他称谓称呼"[3]。"中国的图腾文化丰富多彩，源远流长，……无论在考古学资料中，还是在历史学资料中，也无论在文字学资料中，还是在民族学资料中，都随处可见。"[4]在古代中国，古商族认为他们出自玄鸟，如《诗经·商颂》中关于"天命玄鸟，降而生商"的记载，于是玄鸟成为古代商族的象征并受到膜拜。据《后汉书·西南夷传》记载，南蛮人认为其祖父是犬；《周书·突厥传》记载，古突厥人认为自己的始祖母是母狼；《魏书·高车传》云，高车族的图腾物是狼。"在仰韶文化的陶器上，时常可以看到绘有鸟、鱼、鹿、蛙、人面虫身等图案。这些图案可能就是氏族图腾。"[5]在中国东北，"鄂伦春族称公熊为'雅亚'（祖父），称母熊为'太帖'（祖母）"[6]。可见在中

---

[1] （苏）谢·亚·托卡列夫.世界各民族历史上的宗教[M].北京：中国社会科学出版社，1985：153.
[2] （英）弗雷泽.金枝[M].北京：中国民间文艺出版社，1987：685.
[3] （苏）C·A·托卡列夫等.澳大利亚和大洋洲各族人民（上册）[M].北京：三联书店，1980：273-274.
[4] 何星亮.中国图腾文化[M].北京：中国社会科学出版社，1992：33.
[5] 张岂之.中国思想史[M].西安：西北大学出版社，1989：7.
[6] 秋浦.鄂伦春社会的发展[M].上海：上海人民出版社，1978：163.

第二章　苗族传统伦理的主要内容

国古代社会，在人们的现实生活中广泛流传着各种图腾崇拜现象。苗族社会生产力水平低下，苗族先民在其既定的社会环境中也形成了具有自身民族特色的图腾崇拜体系。

（一）动物神灵崇拜

祭祀龙神。祭祀龙被称为"董勇必"，意为'聚山神"，即招龙，这是一项以家族或村社为单位而举行的大型祭祀活动。苗族认为龙是吉祥幸福的象征，龙能给人们带来好运和安宁。祭祀龙神的活动既可以单独举行，也可以在逢年过节或其他祭祀活动中举行。如单独举行，时间为农历每年二月初二；如在祭祖之年举行，时间为祭祖第一年（子年）的农历二月初二；如在龙船节期间举行，须在龙舟下水之前进行。由于祭祀龙神是一项集体性活动，其祭品由公众筹集，一般为一头牛（猪）、一只白公鸡、五条鲤鱼、数十斤米酒、若干纸人和三角彩旗等。祭祀龙神当天，全家族或全村寨成年男子分成若干小组，在夜间鸡鸣时带上祭品、芦笙、木鼓分走村寨附近的山峰上举行祭祀龙神的活动。祭祀主峰由祭师主持，祭祀其他山峰由理老主持。到达祭祀地点后，人们将牛（猪）、白公鸡和鱼杀死煮熟，与其他祭品一道分成十二等分摆放在地上，由祭师和理老举行祭祀仪式。祭毕，留出一部分祭品分给各户带回家继续祭祀自己的祖先外，其余祭品供在场人员就地食用。用餐完毕，在场青年男子分成若干小组吹笙击鼓，结队来到附近的水塘边和山峰上高声呼喊龙神和山神，并在山坳和岔路口处插上三角彩旗给龙神和山神引路，将龙神和山神引回寨中。若遇祭祖之年，则把龙神和山神带到鼓头家或停鼓坪，场面非常热闹。

祭祀鸟神。苗族对鸟类的崇拜，主要源于人类祖先的传说，据说蝴蝶妈妈是人类始祖。基于这一古老传说，苗族先民认为人类祖先与蝴蝶和继尾鸟等鸟类动物有亲缘关系，因而他们对蝴蝶和继尾鸟格外崇敬。虽然苗族人民对于继尾鸟究竟是何种鸟类说法不一，但多数人普遍认为继尾鸟就是燕子或燕类中的一种。因而在广大苗族地区，人们始终相信自己是燕子的后代，禁止捕捉或捕杀燕子。家家户户都在屋梁下留出地方给燕子筑巢。同时，苗族民众还将蝴蝶比喻为祖先灵魂的形化物，不准捕杀蝴蝶，蜂蝶进家便视为祖先来了。在苗族服饰上，妇女的许多刺绣品和花衣裙、青少年女孩穿戴的专制衣帽等都绣有各种花样的蝴蝶图案，这些图案预示着苗族人民与蝴蝶之间的有着深厚的亲缘关系。

（二）植物神灵崇拜

祭祀枫树。大量史实记载了苗族有祭祀枫树的历史，《云籍七剑》卷一百《轩辕本纪》记载："黄帝杀蚩尤于黎山之丘，掷械于大荒之中，送山之上，后化为枫木之林。"《山海经·大荒南经》云："枫木，蚩尤所弃之桎梏，是为枫木。"《南方草木状》说："五岭之间多枫木，岁久则生瘿瘤，一夕遇暴雷骤雨，其树赘暗长三五尺，谓之枫树。越巫取之作术，有通神之验，取之不以法，则能化去。"上述论断表明，枫树是苗族先祖蚩尤的精气所化身，具有通晓神灵之功能，因而苗族格外崇拜枫树。从苗族古歌《枫木歌》中我们也能窥视出苗族自古就有祭祀枫树的习俗，《枫木歌》中唱道："枫树生妹榜，枫树生妹留……榜留河水泡，……成双十二夜，怀十二个蛋，生十二个宝。"最后孵化出苗族祖先——姜央。由于这一传说，苗族认为自身与枫树有着血缘关系。他们坚信天地生出枫木，枫木变为蝴蝶妈妈，蝴蝶妈妈生出祖先姜央，然后才有了苗族和人类。苗族称枫树为"道莽"，"道"即树，"莽"即妈妈。在广大苗族村寨，人们十分崇敬枫树，祭祖木鼓要用枫树制成，修建房屋要用枫木做成中柱，水井边、村寨旁亦种植有苍劲挺拔的枫树。逢年过节，人们纷纷到树下焚香烧纸，供奉酒肉，祈求树神保佑。家有病人或遭遇不幸，邀请祭师携带祭品到枫树下祭奠，希望树神赐福消灾。

祭祀岩石。在石器时代，岩石是人们铸造生产工具和武器的重要原料，一旦人们寻找到适于制造工具的岩石并将其加工为工具后，该岩石就被当作神物加以崇拜。因此，祭祀岩石是世界各古老民族较为普遍的现象。苗族迁徙西南后，傍山而居，山区岩石体积巨大，形状怪异。尤其是那些被风化后形成的具有各种人和动物形象的岩石，当地苗族更是对其产生神秘之感。平日人们走到该类岩石跟前，不敢放声喧哗，唯恐惊动上天。有的苗族人将岩石当作孩子的保护神，小孩生病须邀请祭师祭祀岩石以消除灾难，甚至用岩石给孩子命名；有的将孩子拜寄于奇山异石下，称其为"岩妈"，逢年过节，人们到村边巨石下烧香燃烛祭供，祈求"岩妈"保佑。

祭祀竹子。祭祀竹子是苗族地区普遍流行的一种祭祀植物神灵的现象。例如在贵州省南部地区，苗族家庭中若有体弱多病者，主家为其举行保健康、促增寿的"祭竹"活动，当地苗族人称为"栽花杯"。祭祀竹子，主家挖取两棵连根带叶的金竹作为"祭竹"，自备米酒、鱼、糯米饭、小猪、鸡鸭等祭品。当天，宾客携带谷穗、大米、钱币等"添寿"赠礼如约而来；傍晚，祭师用黏土将"祭竹"栽种在主家堂屋东方的中柱下，将客人送来的"添寿"礼物和主家备置的祭祀食品一齐堆放在"祭竹"下。晚饭后，祭师用黑色包头帕盖住面部，口念祭词，双脚平放并不断抖动，在其"阴崽"的"护送"下"直奔天宇"，专程来到天庭请求掌管人寿的天神"嘎里嘎对"降临人间领受祭品。请到天神后，祭师将竹卦站立在一个装满大米的碗中，在竹卦上方放置一只碗，向碗中缓缓倒酒，俗称"讨寿"。祭师向碗中倒入多少酒就意味着"讨"到了多少"寿"，同时将"寿酒"递给被添寿之人当场喝下。此时在场人员齐声欢呼"讨得啦"，祭师随即封赠延寿词。随后祭师在装满大米的碗中放置一个鸡蛋，让宾客逐一在鸡蛋上添米，一旦鸡蛋上粘有米粒即意味着"添寿"成功。祭师将鸡蛋上的米粒倒入一个事先缝制好的布袋内，代替主人逐一向来宾敬酒三杯。喝酒完毕，祭师把米袋挂在"祭竹"上，祭祀活动结束。事后，主家将宾客送来的钱、米等赠礼兑换成白银，请当地银匠打制一只寿"银手镯"或寿"银项链"佩戴在"讨寿者"身上，将"祭竹"直立在堂屋中柱旁永久保存下来。

祭祀五谷。祭祀五谷，苗语称为"略弄"，于春耕播种前举行。祭祀地点设置在主家中堂大门处，门外悬挂一串纸花，门内横放一张方桌，桌上陈列酒、肉、豆腐、糖果、糯米粑等祭品。桌子旁边摆放锄头、镰刀、撮箕等农用工具，象征农耕生产源远流长。祭祀时，祭师燃烧纸钱，焚香点烛，念诵祭词，迎接五谷神祇，追述往古先人辛勤劳作、教育后人如何播种五谷等事迹。祭祀完毕，在场人员集体聚餐与神同乐。

三、其他鬼神崇拜

苗族相信神灵的存在，信仰鬼神的力量，"太阳、月亮、雨水、雷电、土地等，对生产和生活起着非常重要的作用，但由于它们具有神秘和缺稀的特点，自然就成了古代苗族崇拜的对象。"①一旦遭遇灾祸或不幸，苗族民众便宴请祭师祭神驱鬼，以祈求平安。

祭祀桥神。祭祀桥神，苗语称为"拖久"，"久"即桥，"拖久"直译为"热桥"，于农历每年二月初二举行。祭祀桥神前，主家首先要架桥，即由父亲或祖父用三根杉木或一块石头架在溪沟上供人行走。如无水沟，亦可在路中央或自己房屋大门内挖一个坑，用三根三尺长、三厘米宽的杉木铺嵌在坑内，意为架桥。在架桥后的三年内，每年都要举行祭祀桥神的活动。祭桥既有全寨共同祭祀的"寨桥"、各家族共同祭祀的"家族桥"，亦有各家各户为求子架设的"家桥"，以及个人为祈求发财所架设的"阴桥"，祭祀桥神需要用鸭蛋和香纸作供品。祭祀桥神时，全村寨或全家族携带祭品到桥边，向本村寨或自家方向抛食倾酒，用石头把部分"纸钱"压在桥上。若所祭之桥是新桥，需要杀一只鸭或一头猪做祭品，请祭师念咒祭词。参加祭祀桥神的人员在桥边就地聚餐，遇上行人请其食之。若祭祀桥神的三年内某家生了男孩，主家便取名为"桥生"或"桥保"。在小孩出生后三年内到桥边举行"啥九"即谢桥仪式，意为感谢桥神送子。祭祀桥神当天，小村寨踩鼓、吹笙跳舞三至五天，大村寨七到九天。部分家庭在祭祀桥神的同时，还要祭祀自家设立的木凳、石凳或村边寨旁的水井、岩石、岩洞、大树等。

祭祀太阳神。这种祭祀鬼神的活动主要流行于贵州西北部苗族地区。当地苗族称太阳为"天神"，认为太阳是世界之主，创造出了天地、山川、河流、树木、虫鸟等，因此对太阳神格外崇拜。当地苗族还认为，刮大风、下冰雹、打雷、山体滑坡、河水暴涨等自然现象和灾难都是冒犯了太阳神的结果。遇此情况，人们都要宰鸡杀鸭、焚香化纸，虔诚地祭祀太阳神，祈求太

---

① 文新宇.少数民族乡村治理的本土资源问题研究：以贵州苗族传统法文化为例[M].贵阳：贵州人民出版社，2007：104.

第二章 苗族传统伦理的主要内容

阳神的保佑。

祭祀雨神。在广大苗族地区，如遇久旱无雨或田块干枯，人们便以村寨为单位按户集资捐米，请祭师主持祭祀雨神的活动。祭祀开始前，由一男子倒背蓑衣、头戴斗笠、手持鸡粪撒向被人们视为邪恶的山洞里。据说洞神喜好干净，向洞内抛撒鸡粪，洞神唯有请求天上雷公降雨冲洗。如果此举未能达到降雨目的，人们随后便举行祭祀雨神活动。祭祀雨神前，祭师在每家每户的屋外搭建一个雨台（一张八仙桌），桌上陈列雷神、五方、龙神、三园洞等神灵牌位和一碗"净水"，用羊肉、糯米粑及豆腐等供品祭祀神灵。祭毕，祭师选举一位忠厚男子为"童子"，用黑布蒙其头部，祭师在锣鼓声中"施法"，当看到"童子"浑身颤抖几近昏迷时，令人用红布拴住"童子"腰部。此时该"童子"突然起身向外狂奔，在场人员与祭师一道手持农具、鸟枪、土炮等紧随其后，一同向某一石洞进发，一路上呐喊声、鞭炮声震耳欲聋。走进洞口时，该"童子"抓少许鱼、鳖等水生动物放进装有清水的牛角内，意即捉龙。随后人们回到雨台，将"龙"放到陶缸内饲养。祭师向该"童子"喷水，使其恢复神智，名曰"退车"。在场人员集中聚餐，祭品留出一部分献给祭师，剩余部分当即食用。尔后某天降雨，众人便捐资购买一头猪及相应供品，请祭师主持酬谢雷公、洞公和雨神的仪式，并将陶缸内的水生动物放到河里，意即放龙。同时拆掉雨台，祭祀雨神仪式结束。

祭祀土地神。在苗族地区，凡家中有人生病，常常邀请祭师上门占卜，在得知是自家某处土地神作祟后，主家便邀请祭师进行祭拜，祭品有鸡、鸭、猪肉、糯米饭、香烛、三包碎碗片和一把木质简易秤。祭祀时，祭师口念祭词，将碎碗片称给土地神；用白纸做成三角旗子给土地神插界，把界内庄稼砍掉，祭祀土地神的仪式结束。

祭祀土地菩萨。广大苗族地区都盛行着祭祀土地菩萨的习俗。在每个苗族村寨的村边寨脚、桥头、三岔路口等处，人们用石块或砖头堆砌成一个简陋的土地庙，庙内放着奇形怪状的岩石，即为土地菩萨。逢年过节，人们带上酒、肉、鱼、米饭等祭品到土地庙敬祭，祈求土地菩萨保佑人畜平安。

祭嘎哈。嘎哈是一种善神，神通广大，能祛除恶鬼、庇护人畜平安。嘎哈有"相达"①和"独呆"②两种善神随从。"相达"嗓门高，能呼唤神门；"独呆"飞得快，能驮驾"嘎哈"。祭嘎哈由祭师主持，多在夜晚或凌晨举行，地点设在家中、野外或固定祭祀鬼神之场所均可。祭物为一只白公鸡、三杯米酒、三个纸人、三条鱼、一棵带枝丫的五倍子树、一束茅草、一把雨伞、一碗大米、一元二角钱、一张桌子和少许米饭。祭祀完毕，人们将祭品当场煮熟食用，表示神灵保佑，灾难消除。

洗寨。洗寨流行于广大苗族地区，是苗族为清除火灾火警、防范盗窃和惩治奸淫等而举行的一种祭神活动，祭物为黄牛或猪。洗寨前按惯例举行祭龙仪式，派人把守村寨路口不许外人进寨。当天，家家户户提前做好早饭，中午全寨扑灭火种。洗寨地点为本村寨的议榔坪，参与人群为全村寨十三四岁以上的青年男子。若是清除火灾火警的洗寨，人们把猪牵至河边，由祭师行祭祀仪式，表示送走"灾星"，随后将猪杀死，让血流入河中。用稻草扎成船，由两人抬至寨中，祭师跟随其后念诵祭词。每到一户门前，户主舀出少许火灰放于船中。串寨完毕，祭师将草船丢进河里，表示"灾星"随波飘走。若是防范盗窃及惩治奸淫的洗寨，将祭牛牵至议榔坪，祭师扫牛，念诵榔规。随后杀牛，用盆盛酒接血，将"血酒"分装于若干酒碗中。参加祭祀的所有男子轮流饮用血酒，以示牢记榔规，不许随意逾犯。无论是何种类型的洗寨，祭品均就地煮熟食用。聚餐完毕，在场人员洗手漱口，洗净器具后各自带回家中，洗寨活动结束。

祭祀傩头。祭祀傩头，苗族称为"朝傩"，即还愿之意。该活动祭祀的主神为东南二圣，即傩公傩母。在苗族村寨，凡人们运气不佳、灾祸频繁，或家人久病不愈、缺孙少子，或家庭五谷不丰、六畜不旺等，都要向傩神许愿，祈求免灾赐福。一旦愿望实现，人们便大摆祭品敬奉傩公傩母还愿。祭祀前，须邀请祭师择吉日良辰，祭期为三、五或七天不等，多数情况为三天。第一天早上，祭师来到主家设坛、剪纸、撰写疏文装点傩公傩母画像。子夜时分举行迎神仪式，祭师身披法衣、头戴冠扎、肩挞绺巾，右手执牛角、左手舞

---

① 相达：指土地神。
② 独呆：指天神。

司刀，毕恭毕敬地恭迎诸神。祭堂灯烛辉煌，香烟缭绕，锣鼓响起。随后举行"行坛隔界""安营扎寨"和"交牲"仪式。交牲时，除宰杀、鸡、鱼外，有的地方还要宰杀两头猪，有的地方另杀一猪一羊。第二天，祭师代替主人向玉皇大帝请愿，祈求消灾赐福，家道中兴，人丁兴旺。第三天，主家亲朋云集庆贺，晚上举行"讨告""开洞"及"上熟"仪式。"讨告"，即祭师为主家卜求东南二圣护佑，确保主人生活清洁、五谷丰登、万事如意。"开洞"，即祭师打开桃园山洞请出洞中诸神，此时在场苗族青年乔装为"先锋""开山""花匠""师娘""琴童""八郎""和尚"等一系列傩神，有的戴面具、有的化浓妆，美丑俱全，动作滑稽可笑。"上熟"，即祭师将煮熟的猪肉、羊肉、鸡肉、鱼肉及米酒等祭品陈列在堂屋桌上，敬请傩公傩母品尝佳肴美酒，领受主人供奉心意。最后，祭师带领众人到村外烧烛化纸辞神送鬼，祭祀傩神的仪式结束。

跳神。跳神，苗语称为"布勾"，是一种与凶神恶鬼搏战的祭神活动。在广大苗族地区，凡家中有人患病，人们便认为是凶神恶鬼摄取魂魄所致，于是宴请祭师与凶神恶鬼搏斗，以重新夺回魂魄，使病人恢复健康。祭场设在主家院坝，祭祀前主人在院坝内插一面红色战旗，邀请数名青壮年男子手持长矛、马刀、鸟枪等站立场内，准备酒、肉、香纸等祭品，听候祭师调用。祭祀时，祭师敲响锣鼓，口念祭词，调遣一位手持木勾的青年男子站到祭场中央。祭师口含神水喷洒在男子身上，男子浑身颤抖、神志恍惚地在场内旋转几圈，意为检阅在场兵将。随后该男子跑出院坝，朝向岩山荒坎狂奔。祭场内一人拔起战旗大喊一声，与祭师一道沿着男子奔跑的路线追去，不论翻山越岭还是跳沟跨涧均无所惧怕。尽管祭师气喘吁吁，但仍念诵祭词、指挥手持武器者向凶神恶鬼居所冲杀。一路上锣鼓喧天，喊杀声响彻山谷，犹如一场真实的决战。祭师在途中捉到蜘蛛、蚂蚁等昆虫或小动物，即意味着打败了凶神恶鬼，为病患者夺回了魂魄，众人与祭师满怀喜悦地回到祭场，跳神仪式结束。随后主家邀请众人聚餐，大家酒足饭饱后各自返家。

祭祀树神与山神。苗族人民普遍居住于边远山区，当地自然生态良好，树神与山神自然成了崇拜和祭祀的对象。祭祀树神于农历每年的龙月龙日举行。每个村寨甚至每个家庭都供奉有自己的神树。这样的神树生长旺盛、材身较好,人们认为它能保佑家庭出"能人",能维护村寨人畜平安。平日里人们不能擅自拍打和砍伐神树,不能进入神树山林拾取柴火,违者轻则遭到责难、重则受到惩罚。祭祀当天,人们在寨老的带领下来到山林中祭祀树神。到达山林后,大家在神树前点燃香烛,作揖祭拜,在神树上捆上一个稻草人。杀鸡,用鸡毛蘸取少许鸡血沾在神树和稻草人上,并将白酒、米饭、鸡蛋、肉等祭品摆放在神树前,表示给神树食用。祭祀当天大家停止干活,如同过节一般。如今尽管广大苗族村寨余存的神树林已不多见,但是许多苗族地区仍十分流行龙日祭祀神树的习俗。祭祀山神多以村寨为单位,于农历每年三月初三举行。苗族将山神分为鸡山和狗山,祭祀鸡山杀鸡作为祭品,祭祀狗山杀狗作为祭品。经过祭祀的鸡山和狗山,山上树木不能随意砍伐。祭祀前,两名男性于正月初五到各户搜集谷米,一部分用于酿酒,另一部分用于交换一头猪。祭祀当天,本村寨男女老少聚集在山脚下架锅煮肉。祭师烧香点烛,把酒、肉、饭等摆放在地上,宰杀一只公鸡和母鸡,将鸡血洒在山林中。祭师将麻绳拴在一棵树上,手执燃香和酒碗绕树祝告:"山王神王请听,酒已供上,肉饭已煮熟,请您吃完,不让白雨和灾难降临,保佑苗家人畜兴旺,庄稼丰收。"如此绕树正三圈、反三圈后,泼洒少许酒水于地,祭祀山神仪式完毕。随后,大家席地而坐分食酒肉,孩子们互相嬉戏,有的捉迷藏,有的摔跤,有的翻筋斗,热闹非凡。聚餐过程中大家商议第二年祭祀山神的地点和筹办人,筹办地点确定后,人们在该处栽上茅草禁止人畜践踏,违者受到惩罚;筹办人确定后,理老当即赠予猪头,整个祭祀山神活动结束。散场后人们走村串寨,各自探亲访友。

四、占卜

从汉文献记载中考察苗族文化,我们可以看到,从蚩尤时代《国语·楚语下》所记载的"民神杂糅""家为巫史"到"三苗"时期《尚书·吕刑》刊录的"相尚听于鬼神",再到汉朝王逸《楚辞章句》中的"其俗信巫而好祠"等,都充分体现了我国苗族自古就有巫文化的民俗和传统。我国苗族巫文化

第二章 苗族传统伦理的主要内容

不仅体现在苗族祭祀鬼神的过程中，还表现在苗族的卜算习俗上。

人卜。春耕时节，活路头上坡动土或人们出门求财、捞鱼狩猎时，如在路上首次遇见女性则被视为不吉利，回家后邀请祭师卜算驱鬼。

饭卜。饭卜主要用于预测凶吉。老人久病不思茶饭，如果突然在某个时候暴食，则被视为凶兆，意思是回光返照之像，表示该老人将不久离世。逢年过节或婚嫁等重大节庆活动，主家蒸饭不熟代表不吉利，遇此情况须邀请祭师及时敬祭祖宗，化凶为吉。

狗卜。如遇天气干旱必须举行狗卜。届时两位年轻人抬着狗走在前面，祭师头戴稻草编制的倒立三脚架，身披倒立蓑衣，手持巴茅草，紧随其后念诵咒语。人群围绕本村寨挨家挨户转一圈，每过一户门前，户主便舀出一瓢清水泼在狗身上，直到走完村寨为止。每户参加泼水的人，尾随祭师把狗抬到寨中最高的山头上，杀狗祭祀，向天求雨。几天后，如果天降大雨为吉兆，反之则为凶兆。

竹卜。竹卜多用于预测雨水。在除夕之夜，祭师将标有月份标记的十二颗黄豆放入一节竹筒中，然后给竹筒灌水。到元宵节时，依次将竹筒内黄豆取出观察，发胀的豆粒代表该月份雨水好，反之必定干旱。

蛋卜。苗语称为"卧娄嘎"。孩子生病时需请祭师做蛋卜。届时，祭师将鸭蛋较大的一端置于火灰中，用谷草芯引火焚烧小的一端，并念诵咒语。烧后不久，如果鸭蛋迅速炸裂为大吉，认为该孩子灵魂已赎回，孩子病情将很快好转。若久烧不炸，则表征孩子灵魂已被鬼魂带到别处投胎去了。遇此情况，祭师采用"辟蛋"之术，把孩子灵魂召回。辟蛋时，取主家鸭蛋一个，用木炭或烟灰在蛋壳上划线，使其一分为二，把蛋放到锅内煮熟后将其取出。祭师用刀按照划线处剖开，将蛋黄取出，观察蛋白的变化情况，倘大的一端黑影模糊，则认为病情已投胎转世，无法解救。若小的一端有黑影，则认为此人还可以救治。此时主家需要杀鸭一只，宴请祭师为病孩赎魂。

草卜。又称"比草"，也是用来预测疾病的。届时，祭师手执一根茅草和病人衣物的少许布巾，向草呵气三下。用布巾在草上比试一下，依次撕去茅草的三片叶子，每片叶子折为三节，口念咒语，呼唤各种妖魔鬼怪的名字。

将折叠起来的草叶并拢，折成三角形状放在地上，根据三角形草叶在地上偏倒的方向来判断病人病情的吉凶，然后根据卜算结果决定采用何种药物或畜生祭祀驱鬼。

草鞋卜。草鞋卜用来预测疾病。届时，祭师用几根糯米草芯拴住病人的一只鞋（男左女右），取病人衣服上的少许布巾夹在草鞋和草芯结头处，向草鞋哈三口气。合掌夹住草芯，将鞋往上提悬，口念咒语，看鞋摆动的方向或方位来判定是何种恶鬼作祟。祭师根据卜算情况，确定采用何种畜生进行祭祀驱鬼。

卦卜。苗族称为"嘎之"，即卜卦预测凶吉。卦卜工具有两种：一是"巴狄熊"，用"雷公稿"的木料制成。将一节长约16.6厘米、直径3.33厘米的木料划破为二等分，打磨抛光刻上神秘字符，用桐油煎炸，可防虫蚀，永葆光色，即为卦卜。二是"巴狄扎"，将楠竹或金竹的疙蔸一分为二，形状如牛角，干枯定形后打磨抛光，即可卦卜。在多数苗族地区，凡建屋、婚丧、治病等均请祭师做卦卜。卜卦时，如卦呈现出一翻一伏，为顺卦，表示一切如意；如呈现出伏地状，为阴卦；如呈现出翻状，为阳卦。阴、阳卦均表示凶邪，大事不吉。遇此情况，主家须请祭师施术解灾。

苗族宗教伦理之蕴意在于祈求各类神灵的保佑，以期获得人畜平安、五谷丰登、子孙繁盛，实现人间美好生活，而不是构筑一个所谓的"彼岸世界"。拨开苗族宗教伦理的神秘面纱，我们不难发现，几乎所有信仰仪式都与苗族社会生产生活息息相关，是苗族人民生活方式的反映和体现。正是在这个意义上，我们认为苗族宗教伦理与西方世界的宗教信仰有着本质的区别。在传统苗族社会，宗教伦理是苗族人民对人与自然、人与人关系的原始表达，它承载着苗族文化的血脉，维系着苗族文化的记忆，是苗族民众追求幸福生活和憧憬美好未来的精神动力。因此，从学理上讲，研究苗族宗教伦理对全面了解我们苗族文化具有重要意义。

第五节　苗族传统社会伦理

在传统苗族社会，苗族先民在长期生产劳动中也形成了具有自身民族特色的社会伦理思想，这种伦理思想主要体现在社会制度伦理和社会行为伦理两个方面。

一、社会制度伦理

苗族社会制度伦理体现为议榔制，议榔制是一个由议榔立法、理老司法、鼓社执法的三位一体的社会制度伦理体系。

（一）议榔立法

在苗族社会发展的初期，苗族先民生产生活都在鼓社内部进行，鼓社对保证人们生产生活发挥了巨大作用。随着社会生产的发展，苗族氏族内部产生私有制。私有制的出现使集体生产被以家庭为单位的个体劳动所代替，氏族成员对鼓社组织的依赖性削弱。随着个体经济的发展，同一鼓社成员可以根据自身实际生活需要迁居到异村异地，苗族地区开始出现杂居村落。于是，苗族社会以血缘关系为纽带组成的鼓社组织逐渐演变为以地域关系为纽带的议榔组织。

议榔，苗族称为Ghed Hlangb（音"构榔"），构是议定的意思，榔是公约或社会契约，汉译为议榔。议榔是不同宗的家庭组成的地域性组织，一个议榔实质上就是一个农村公社。议榔在各地苗族中称谓不同，在贵州省黔东南苗族地区，当地民众将议榔称为"构榔"或"勾夯"，也叫"议榔会议"；在广西苗族地区，当地民众将议榔称为"栽岩会议"或"埋岩会议"；在湖北省湘西大部分苗族地区，当地民众将议榔称为"合款"，其中凤凰县苗族将议榔称为"春酒会"；在云南省金平县一带苗族地区，当地民众将议榔称为"丛会"或"里社会议"。尽管各地称呼不一，但议榔组织的性质基本相同，都是苗族社会中一种议定公约的制度，是一种地区性的社会经济组织。议榔与鼓社的区别在于，议榔组织中存在鼓社组织，但鼓社不能控制议榔，议榔则可以控制鼓社；鼓社只在宗族内起作用，议榔则突破了血缘关系、以村寨和地域为基础。议榔组织在近现代苗族社会中一直存在，它是维护苗族社会秩序的基本单元。

议榔组织大小不一，最小的由一个村寨组成，几个或十几个村寨组成的较为普遍，最大的甚至由整个地区的苗族村寨组成。以一个村寨为单位的议榔，其组织结构比较单一，一个村寨往往有一至两位寨老。寨老无须群众推选，多为自然形成。如某个村寨由同宗的家族组成，其鼓头就是寨老；如某个村寨由不同宗的家族组成，其寨老则由本村寨中德高望重者担任，一般是大宗族或最先迁居到该村寨的宗族之长老担任。如果议榔是由几个、十几个甚至整片地区组成，一般以一个大村寨为中心，集若干村寨为一榔。地区性的议榔组织设有榔头一人，副榔头若干人，副榔头由各个村寨的鼓头和寨老担任。议榔组织内部设有政治首领、作为宗教领袖的祭司以及专门组织司法的"行头"和"理老"各若干人。榔头和政治首领由群众或寨老集体推选产生，有一定任期。榔头必须符合以下条件：①办事公正；②有说服力；③年龄须而立之年以上。榔头一般不脱离生产，但随着社会的发展，在阶级分化较大的地区，榔头和寨老的身份和地位也发生了一定变化。例如在民国时期，苗族地区的一些榔头和寨老还兼任甲长、保长、联保主任，成为地主阶级，利用议榔来维护本宗族的利益，使议榔的性质产生了变化。榔头和政治首领在任期内不称职，要进行撤换。"行头"和"理老"不须选举，一般由为人公正、能言善辩、熟悉榔规款约、德高望重、群众公认者担任。作为宗教领袖的祭司亦是自然形成，但需熟悉各种司仪，乐于为群众服务。在同一地区内，各议榔之间互不统属，没有统一的榔规款约，唯有在紧急需要时各议榔才会联合起来，共同推选"大榔头"统一行动。

议榔的最高权力机关是议榔大会，由榔头或德高望重的理老主持，各户家长参加。议榔大会的主要任务是讨论议榔组织内部的有关大事，制定榔规款约，选举执事首领。议榔即议定维系社会秩序的榔规款约。由于历史原因，苗族没有形成统一的组织来管理社会，因而各地苗族通过"议榔""合款""丛社"等来制定习惯去管理社会。在苗族地区，有的民众将习惯法称为"理录""理告"；有的民众将习惯法称为"榔规""榔约""团规""款条"；还有的民众将习惯法称为"里社规约""栽岩会议规约"等。《议榔词》中说道："年年有人议榔，岁岁有人议榔。议榔防盗，议榔防贼。议榔不准偷柴，议榔不准偷菜，议榔不准烧山，议榔封山育林。谁要起恶意，谁要起歪心，烧寨里房子，砍地方树子，在山坳抢劫，在半路杀人，我们就齐集河边榔寨，团拢山上榔村。我们撵他越高山，赶他翻大岭，杀他的身，要他的命，教乖十五寨，警告十六村。"又说："为保护圈里的牛而议榔，为保护圈里的猪而议榔。有牛才能干活，有牛才有饭吃，牛等于半边房子；有猪才有肉，有肉才能开亲结戚，猪等于半个灶房。哪个都不能拉别人圈里的牛，偷别人圈里的猪。"①制定规约时，榔头手持代表权威的芭茅和梭镖向群众宣布新的榔规，在议榔大会上通过并施行。在宣布新的榔规前，榔头背诵历史上流传下来的规约，讲述本次新规约的内容，让大家更好地遵守规约的各项规定。在贵州、广西边界地区，苗族民众通过"栽岩"的形式制定规约，即把群众召集到某个地方进行栽岩，将一块石头的一半埋在地下，另一半露在地面，通过举行一定的仪式重申古理古规，并结合实际对古理古规进行修改、补充和完善，从而形成新的规约，用以约束人们的日常生活行为。在议榔时，人们都要杀牛，然后将牛肉分给每家每户，表示大家都要牢记议榔规约，参加者以吃血酒的方式宣誓遵从规约。由于苗族没有形成记事的文字，苗族地区的议榔规约系世代口头相传。

议榔大会一般在农历三月初三或六月初六祭祀社神时举行，为每年召开一次，也有两至三年举行一次的。这一天杀猪、牛祭祀社神，祭毕分食，随后由榔头宣布"榔规"。议榔规约一经群众通过，便成为不成文的法律，上自榔头，下至群众，人人遵守，无一例外。如有违反，依据榔规进行处理。榔

---

① 石朝江.中国苗学[M].贵阳：贵州大学出版社，2009：88.

头根据"议榔规约"维持一方社会秩序,榔头的主要职责包括:①调解和处理田、土、山林所有权纠纷;②调解和处理婚姻、偷盗、违反禁忌等事件;③组织议榔成员共同反对敌人、抗击外辱。近代以来,有的苗族地区出现了用汉字书写的榔规,人们将榔规写在纸上、雕刻在石碑上;或者写在木牌上后,将其挂在榔树上。议榔规约经过年年修改、岁岁补充,逐步形成了苗族社会内部一套较为系统的"法典"。在国家行政机构尚未深入苗族社会内的情况下,苗族人民都是通过议榔组织来管理社会,议榔规约在维护苗族社会秩序方面发挥了重要作用。

(二)理老司法

理老,苗语称为nfud lul(音"棒禄"),即"智者"或"师长"之意。在苗族传统社会,理老熟悉古理古规,主持公道,办事认真,能言善辩,受到当地民众尊敬。理老系自然形成,谁懂得古理古规、办事公正、乐于为公众服务,谁就自然成为大家公认的理老。理老分为三类:一是村寨理老,称为"寨老"或"勾往",负责调解发生在本村寨内的纠纷。本村寨成员与其他村寨民众发生纠纷,村寨理老便代表本村寨与对方村寨理老协商解决。二是鼓社理老,称为"鼓公"或"娄方",负责调解发生在本氏族内的纠纷。本氏族成员与其他氏族成员发生纠纷,鼓社理老便代表本氏族与其他氏族理老协商解决。三是片区理老,称为"勾咖"或"大理头",负责调解发生在本片区内部的复杂重大纠纷案件。

人们因财产、婚姻等发生纠纷时,诉讼双方向理老申辩。理老多以劝和为主,劝和不成,便引经据典、朗诵"理歌""理词"进行裁决。念完理词,理老拿出事前准备好的一根一尺二寸长的竹筒,对着要求离婚的夫妻双方说道:"你们情不投来意不合,怎样规劝也不依;男人穿不得女人裤,女人着不得男人衣,只有各走各的路,男走荣华富贵,女走富贵荣华。"把竹筒划作两半,男女双方各执一半,视为解除婚姻关系。为求得评判合理,理老对杀人放火、打架斗殴、偷盗拐卖等重大案件的调解和评判尤为慎重。对于案情不清、是非不明,当事双方存在根本分歧的疑难案件,理老则使用"神判"的方法加以判决。"神判"是一种假借神灵力量进行裁决的方式，主要有砍鸡头、捞稀饭、踩犁铧、看鸡眼、捞油锅、赌咒、占卜等。理老在人们心目中享有崇高的信誉和威望，被视为苗族地区的自然领袖，对处理社会纠纷、维护社会和谐发挥重要作用。

（三）鼓社执法

鼓社，苗语称为Jang Niel（音"江略"），是苗族社会进入父系个体家庭后的社会组织，一般由同宗的一个村落或几个村落组成。[①]可以看出，鼓社是由同源于一个男性祖先的成员结合起来的氏族外婚制共同体，是一个父系家族公社。据传说，苗族先民在西迁时，每一个宗支都置有一个木鼓，敲鼓前进以作联络，迁移到一个新地方又按宗支"立鼓为社"。[②]每一个鼓社都有自己共同的宗教节日、共同的地域观念和共同的习惯法规，穿戴统一的服饰，操共同的方言。一个宗族就是一个大鼓社，随着人口的发展，每个宗族又分为若干支，因而在一个宗教内部往往会出现若干分社，这些分社苗语称为Jia Dax Jang Niel（音"记打江略"，即兄弟鼓社）。大宗族鼓社称为"黑社"，由"黑社"分出来的兄弟鼓社称为"白社"。每个鼓社内部都包括四类人群：①出生于本氏族的人员。这类人员的资格最为牢固，即便是出嫁女也被认为得到本氏族祖灵的守护。②出生于其他氏族，但与本氏族男子结婚的妇女。这类妇女往往不被看作真正的氏族成员，她们在一定程度上被限制参加氏族议事会。③不同宗族的人员经过举行某种仪式后视为同宗族，这在传统苗族社会是极为普遍的现象。④本氏族收养和接纳的人员。有的小氏族为了获得大氏族保护，集体加入另一氏族，成为该氏族的成员，同祭一个鼓；有的两姓家主结拜为兄弟，虽不同宗，但带有象征性的宗族关系，也同祭一个鼓。凡被收养或接纳者，在两三代人以内不被视为真正的氏族成员。在苗族地区，一个鼓社由同宗的一个或数个自然村寨组成，小鼓社几十户或百余户，大鼓社几百户甚至上千户。在苗族社会内部，鼓社是集血缘、族缘和地缘为一体

---

① 李廷贵，酒素.苗族"习惯法"概论[J].贵州社会科学，1981（5）：11-12.
② 李廷贵.苗族简史[M].贵阳：贵州民族出版社，1935：31.

的政治、经济联盟。鼓社内部拥有政治、经济、文化等各种权利，每个鼓社相当于一个机构俱全的小社会，鼓社内部成员一律平等。鼓社与鼓社之间很少往来，如有重要事情，由鼓头出面解决。

在社会动荡时期，鼓头组织本鼓社成员进行反抗斗争。例如中国历史上著名的咸同、同治年间的张秀梅起义，就是以鼓社杀牛祭祖的形式进行宣誓、聚齐抗敌。这次起义历时18年，震惊朝廷，名垂青史。雍正年间苗族首领包利、红银等领导的农民起义，曾动员到"上久鼓"（贵州省雷山县一带）33寨，"下久鼓"（贵州省台江县一带）42寨、高地30余寨。乾隆年间石柳邓、吴八月领导的苗族大起义以及民国时期贵州省黔东南的"西江事变"，也都是由氏族组织发起的。

在社会安定时期，鼓头组织本鼓社成员从事生产劳动和民间娱乐活动。一是组织和发展生产。在鼓社中具体负责生产劳动的是活路头，他对鼓社内部每天的生产劳动进行安排，自己每天第一个出工完成劳动任务。活路头负责购买食物种子和新增牲口数，保证鼓社内部全体成员食用粮。鼓社迁移时，由活路头寻找新的处所举族而迁。春耕前，没有活路头"起活路"，任何人不能犁田挖土；未经活路头"开秧门"，任何人不得提前插秧。活路头开挖第一锄土、开播第一粒种子后，大家便按照鼓社的规约犁田挖土和播种插秧。二是组织鼓社祭祖。鼓社祭祖是苗族最为隆重的家族式祭祀活动，每隔十二年举行一次。鼓社祭祖由鼓头发起，全族男女老少参加。鼓社祭祖活动的内容包括：①杀牛或猪祭祖，这是鼓社祭祖主要的内容；②推选鼓头；③讨论和决定规约；④决定鼓社内部的其他重大事项。早在江汉时期，苗族就开始了鼓社祭祖的活动，每个鼓社设立一个鼓专用于祭祖。在封闭落后的苗族社会，鼓头在农闲时节组织本鼓社成员参加各种节日活动，以此缓解人们终年劳作疲劳、扩大人们交往、丰富人们精神文化生活。

二、社会行为伦理

社会行为伦理是以一定的善恶观念为评价标准的社会上层建筑和意识形态，它通过社会舆论、日常习俗以及内心信念来调整人们之间的关系。苗族先民在长期的生活实践中形成了自己独特的社会行为伦理，这些伦理规范对调节苗族社会内部各成员之间关系、维系苗族社会内部秩序起到了至关重要的作用。

（一）勤劳与忠诚的美德

在中国历史上，苗族遭受过长期的压迫和歧视。自涿鹿战败以后，苗族人民不断流徙，长期过着流离失所的生活。他们从中原流徙到中南地区，又从中南地区流徙到西南山区，1976年之后部分苗族甚至迁徙到东南亚等国。每到一处，他们开山辟土、艰苦劳作，辛勤建立自己的家园。在许多苗族古歌、神话、民间故事以及谚语中，都对苗族先民的辛勤劳动进行了颂扬与讴歌，例如《苗族古歌》种关于苗族开天辟地、运金运银、打柱撑天、铸日造月、犁东耙西、砍枫香树、洪水滔天、跋山涉水等的记载。苗族民间也流传着这样的谚语："长节方成树，勤快才致富""勤快钱粮足，懒汉肚皮空""要想穿好勤纺织，要想吃好勤耕种""兄弟勤劳亲友赞扬，兄弟懒惰地方耻笑""贪心不发财，为贼不会富""耕作要劳苦，干活要出力。人不哄地皮，地不哄肚皮"等，以此勉励人们秉承和弘扬本民族的勤劳美德。费孝通先生在《勤劳的苗家，悠久的历史》一文中写道："一到苗族地区，我感受最深的是劳动。……在苗族中，几乎找不到吃闲饭的人。……苗家男女都热爱劳动，视劳动为光荣。"可以看出，世代苗族人民褒扬劳动致富，鞭挞懒惰贫穷，倡导勤劳光荣、懒惰可耻的积极人生观和价值观。

在长期的劳动过程中，苗族人民养成了生性纯朴、与人为善的民族品质，他们正直、有礼、诚实、热情的民族道德自古为人们所称道。据《炎缴纪闻》记载：苗人"与其曹耦善厚者曰同年，同年之好踰于亲串，与汉人稳者亦曰同年"。苗族人民倡导"成树要有心，为人要真诚"，强调"做人要像萤火虫发光，处事要像蜘蛛结网"；对待他人至诚至善，无欺诈之心；认为只有为人公平正直才能健康长寿，只有办事稳重求实才能村寨安定。苗族人民将"公平正直""真诚朴实"的传统美德渗透于社会生活的各个领域，并使之成为处理人们之间关系的基本准则和苗族伦理文化的特有内容。

（二）孝道与和睦的美德

苗族人民自古崇尚礼仪，由此形成了尊老爱幼、家庭和睦、邻里互敬等社会风尚。苗族民间谚语常言道："逢老要尊老，逢小要爱小，老爱小，小爱老，敬老得寿，爱小得福，处处讲礼貌，才成好世道。"苗族老人在村寨中十分受人尊重，人们在路上遇见老人，不论认识与否都要亲切地称呼爷或奶，并让道给老人先走。如果老人是本家族成员或亲戚，人们必须依照辈分称呼，否则被视为失礼而受到斥责。若老人背负东西，青年人要主动给老人送一程，或将东西送到老人家门口。老人进屋做客，人们要给老人让座，然后敬茶、点烟，问寒问暖，并以美味佳肴盛情款待，让老人感受到如同在自己家中一样。

在宴会和公共场合，长辈及老人先入席落座后，小辈方可入席。婚嫁庆典长者先开杯，好酒必敬长者，佳肴必让老人先吃。逢年过节，宴席中的鸡肝、鸡头、鸡翅和鸡爪，必敬席上长者或尊贵客人。平日里，年轻人在长辈面前总是恭恭敬敬、彬彬有礼，说话语气和顺。对于鳏寡孤独或身患残疾之老者，人们不得取笑或侮辱，邻里纠纷往往邀请本村寨老人前来调停和劝解。与此同时，苗族老人也十分尊爱自己的子女，他们不仅要把幼年子女抚养成人，而且还要教导孩子遵守民族传统和习惯。在路上遇到小孩过河或上坡，大人们总要扶上一把或背上一程。因此，孝道老人、尊爱孩童成了苗族人民世代相传的传统美德。

苗族人民深知和睦相处之于家庭团结、村寨和谐的重要性。在家庭生活中，夫妻子女和睦与共，平等对待，互尊互敬，少有吵架斗殴、打骂孩子和虐待老人的现象发生。苗族民间俗语："杨竹、金竹同是篾，儿子、姑娘一样好""和睦相处一辈子也嫌短，吵吵闹闹半天也难熬""良言比金子贵，恶语比锤打还疼"。在对待邻里关系上，大家都将帮助别人视为自己应尽的义务，深信"坐在一方土，便是一家人"。一家建房，全村出动；一家有婚丧大事，全村人有钱出钱、有米出米、有力出力，全力支援；本村寨中老弱病残或鳏寡孤独者生活困难，人们都会根据自身经济状况赠送一定的钱粮和衣物，以帮助其渡过难关。但凡经济宽裕而不给予援助者，将受到人们的舆论谴责。在社会交往中，苗族人民深信善待他人必得到他人善待，作恶他人必将招来厄运和灾祸。因此，苗族人民倡导文明善待、相互帮助、禁止互相争斗与残杀。苗族人民这种社会交往伦理具有极强的教化功能，有利于维护苗族社会内部秩序、调整苗族社会内部人与人之间的基本人伦关系。

（三）行善与积德的美德

为了维护良好的生活秩序，苗族人民在千百年来的生活实践中形成了一套系统的鼓励大家行善积德的公共生活准则。据苗族《议榔词》记载："要想长远富，就开仓济贫；要多儿多女，就要扶贫济困"，"我们团结地方，我们团结村寨"，"我们转头在一起，立足在一起"，"穿衣同匹布，做活同一处，地方才繁荣，人口才兴旺"。在广大苗族地区，苗族民众都积极参与村寨的公益事业。无论是本村寨构筑水坝、水沟、水井，修建凉亭、道路、桥梁、祠堂，还是购买牯牛、制造芦笙等，只要寨老议定后，大家都会有钱出钱、有力出力，各自尽己所能。走在苗乡小道上，道路上摆设的一张张木条凳、山谷里架起的一座座简易木桥、山道岔路旁竖起的一个个指路排，都是当地苗族民众自发修建而成。在苗族同胞看来，奉献公益事业就是为人们办好事，为自己修阴功、积善德。无论是谁，只要遇见路面被雨水冲塌、道路被牲口踩坏，都会积极主动修复完整。从古至今，苗族社会这种先公后私、先人后己、争做好事的风尚世代传承，成为苗族人民坚贞不渝的道德信念。

（四）和平与团结的美德

在中国历史上，每一个民族都或多或少地受到部落战争和民族战争的影响，苗族先民在长达数千年的历史发展中也经历着战争的洗礼，其所受战事之频繁、时间之长久、规模之巨大，实为罕见。例如清朝廷残酷镇压苗族人民，杀死、烧死苗族同胞上百万人，把苗族民众驱逐至祖国边疆和国外。苗族人民到达云南省文山州后，非但没有向侵略者投降，反而奋起抗击法国入侵者。通过与法国侵略者展开殊死搏斗，从法国侵略者手中夺回了失去的疆土，守住了祖国南大门。这一历史事件彰显了苗族人民崇高的爱国主义传统，表明了苗族人民为了祖国和平统一大业勇于牺牲、甘于贡献的和平团结精神。

苗族人民在反抗清政府和外国侵略者的战争中，他们非但没有萌生出民族仇恨和民族隔阂的文化心理，相反，他们却在数千年的战乱中保持着与其他民族的友好和平相处。历史发展证明，无论在任何时期任何年代，苗族人民都始终致力于追求民族平等与民族团结；都始终秉持着热爱祖国、热爱和平的高贵情操；都始终以祖国利益为重、以团结精神为贵，自觉捍卫国家利益与民族尊严。

第六节　苗族传统生态伦理

保罗·泰勒认为，生态伦理包括三个要素："一种信仰体系，即关于自然的世界观；一种尊重自然的态度；一套对道德代理人有普遍约束力的规范和准则。"[①]那么，什么是生态伦理？生态伦理是指"人与自然之间的价值关系中价值主体之间的伦理，它是以人与人之间的伦理关系来解决人与生态环境间出现的问题的伦理"[②]，是人类处理自身与生态环境之间的关系所遵循的道德规范和原则的总称。生态伦理作为一种文化形态，将道德关怀从社会领域扩展到自然领域，主张自然存在物也是道德关怀的对象，为人类提供了一种以非人类中心主义观念为核心的敬畏自然、同情万物生命的价值体系。[③]苗族是我国一个有悠久历史的民族，在其长期的生活实践中创造出了具有自身民族特色的生态伦理思想。

---

① Paul W Taylor. The Ethics of Respect for Nature[J]. Environment Ethics，1981（3）:33-35.
② 徐晓光.苗族习惯法研究[M].北京：华夏文化艺术出版社，2000：96.
③ 陈炎，赵玉，李琳.儒、释、道的生态智慧与艺术诉求[M].北京：人民文学出版社，2012：179.

第二章 苗族传统伦理的主要内容

一、人与自然和谐共生的生态伦理观

对自然物的崇拜是人类最古老的崇拜方式之一,"一切宗教,不是别的,正是人们日常生活中支配着人们的那种外界力量在人们头脑中的幻想的反映。……被反映的,首先是自然的力量。"① 自然崇拜是世界各民族普遍存在的一种传统习俗,它源于人类发展的早期。在《楚辞》《礼记》《诗经》《左传》《淮南子》等中国古典文献中,均有关于中国先民对自然物崇拜的相关记载。中国传统生态伦理思想中的"天人合一""道法自然"等思想,把人类与自然看作一个不可分割的整体。人与自然和谐共生成了中国传统生态伦理思想的核心内容。苗族是我国主要的民族之一,经历了长期迁徙的历史过程,湖北省湘西州等地苗族先民经常唱道:"灾难想压垮我们,我们如蜡烟飘散,想飘多高就飘多高,想去往多远就去往多远,因为伟大的神灵在我们心中。"② 许多苗族古歌都描述了苗族迁徙的艰辛历程,如贵州省东南部地区的苗族古歌《跋山涉水》、西北部地区的苗族古歌《杨鲁话》、中部地区的苗族古歌《格罗格桑》;湖北省湘西州的苗族古歌《果聂》、广西大苗山区的苗族古歌《龙乌支离》以及云南省东北部一带的苗族古歌《格自爷老·爷觉比考歌》等。在不断迁徙过程中,苗族先民通过开发自然和利用自然,形成了自己独特的自然崇拜体系和人与自然和谐共的生态伦理思想。在不断迁徙过程中,苗族先民通过开发自然、利用自然创造出了以自然崇拜体系为核心的人与自然和谐共的生态伦理思想。

(一)万物生命起源于自然神灵

在远古时代,当天地、花鸟、虫鱼以及各种物种尚未诞生时,苗族史诗《亚鲁王》就记述了一个苗族大神董冬穹创造天地的故事。董冬穹"造了哇哼哇哆(树木名)树木,遮挡太阳撑起土丘山陵;造了哇哼哇哆树木,蓄住雨水浇灌山陵土丘;造玛许珥项,为土丘山陵拴衣带;造蕨草,为土丘山陵搭头

---

① 恩格斯.反杜林论[M].北京:人民出版社,1977:25.
② 石启贵.民国时期湘西苗族调查实录[M].贵阳:贵州人民出版社,1985:55.

巾；用刺蓬为土丘山陵包头帕；董冬穹创造的土坡才安稳。"①之后，董冬穹继续创造草木和生灵，"董冬穹在大地造了一千种草木，董冬穹在地上造出一百样生灵"。⑤有了草木、生灵，人类便开始繁衍。贵州省紫云县麻山苗族古歌《开路经》唱道："有了天，才有地。有了太阳，才有月亮。有了种子，就有枝丫，有了女人，才有男人。有了天外，就有旷野，有了大地，才有人烟。有了太阳，就有白天，有了月亮，才有黑夜。有了种子，就有生灵，有了根脉，才有枝丫。"②麻山苗族对人与自然关系的独特认知，向人们揭示出了这样一个朴素的生态观：人是自然之子，是自然演化的结果。

马克思在论述神话的产生时指出："想象力，这个十分强烈地促进人类发展的伟大天赋"，使人类"开始创造出了还不是用文字来记载的神话、传奇和传说的文学"。③人生活在世界上"不仅处于一定的空间中，而且描述了他的结构，正是这个结构才使他有可能思考这个世界"。④湖北省湘西一带的《苗族古歌·开天辟地》，从远到近、从有姓氏的人类到模糊的祖先，对其进行一一追问，拷问是谁出生得最早，是谁创造天地万物，生动形象地为我们描绘出了一幅由"雾→泥→天地→万物"演化而来的宇宙图。⑤在人与自然之生命起源问题上，苗族先民认为，雾化育万物，无形的气起源于有形的雾；有了"气"才能生成天地，人类才能自由幸福地生活在天地之中。苗族先民深信雾气是通向人间与天空的桥梁："天上和人间，没有梯子下，宝翁福仙郎，用啥作梯架？雾罩做梯子，作天梯搭架。"⑥"气"在苗族民间文化中具有重要地位。一方面，苗族丧葬强调"气"和"龙脉"，千里来龙归此地，谓之"有气"，有"气"的地方，"龙"降"虎"伏，护佑亡人升天。另一方面，苗族人民利用"聚气"的原理对其所生活于其中的生态环境进行恢复和改造。例如在贵州

---

① 中国民间文艺家协会.亚鲁王[M].北京：中华书局，2012：8-9.
② 中国民间文艺家协会.亚鲁王[M].北京：中华书局，2012：45-46.
③ 马克思，恩格斯.马克思恩格斯论艺术（第19卷）[M].北京：人民文学出版社，1972：119.
④ 周宪.二十世纪西方美学[M].南京：南京大学出版社，2004：302.
⑤ 罗义群.中国苗族诗学[M].贵阳：贵州民族出版社，1997：24.
⑥ 燕宝.中国民间文学集成：贵州省苗族歌谣选[M].北京：中国民间文艺出版社，1989：262.

省望谟县麻山苗族地区,当地苗族民众在石漠化灾害救治过程中,就是通过"聚气"的方式寻找植被立地存活的位置,然后在这一位置种上树木,使其树木得到成活并茁壮成长的。①即在石漠化山地的石缝中找到竖缝与横缝的交叉点,这一位置既能聚"气",又不会走"气",在该位置栽种树木更容易成活。苗族人民正式采用这种简易的栽种方式,使当地植被得到了极大恢复、生态环境得到了极大改善。苗族人民深信"气"与万物的产生与发展有着密切关系,认为包括人类在内的所有事物都是有灵魂有生命的,天地间的河流、山川、花草、林木等都是孕育一切自然生命的母体。

上述关于万物生命起源于自然神灵的传说,是苗族先民在生产力水平低下条件下通过观察天地自然借以解释人与自然之间关系的朴素认知。在苗族人民看来,时空尺度混沌模糊,物性与神性之间没有绝对分明的界限,人类只有依傍在自然神灵身边,极力去感悟"神灵"、崇敬"神灵"、与天地"神灵"沟通和对话,这样自然"神性"的光环才能普照人类,才能让人类与自然和谐相处,使人类诗意般地栖居在大地上。"神圣可以在任何形式,甚至在最为陌生的形式中被看见。"②千百年来,苗族人民便生活在这个"幻想的世界"中,这种"幻想的世界"深深地渗透到每个苗族个体内心深处并深刻地影响着每个苗族民众的伦理观念。苗族人民这种关于万物生命起源于自然神话的传说与生态哲学观一样,担负着对人世间万物生命存在意义的价值构建。它告诉我们:为了不在重蹈覆辙、走出现代生存危机,人类需要构建起一个人类与自然、社会平等对话的价值体系,以更好维护生态系统的有序运行以及人类与自然生态环境的和谐相处。

(二)人与自然同源同生

在人类社会发展的早期,由于认识能力的局限,人们对洪水、旱灾等自然现象难以做出合理解释,于是将某种自然现象神秘化,当这种自然现象被赋予神灵的力量时,人与自然之间的关系也就随之赋予了神秘的色彩。这样,

---

① 杨庭硕.文化视角:苗族地方性知识与石漠化灾变救治[J].黔南民族.2007(1):29-30.
② 伊利亚德.神圣的存在[M].晏可佳译.桂林:广西师范大学出版社,2008:25.

山水、植物、动物乃至自然，就成了最为普遍而持久的自然崇拜对象。①在贵州省中部方言区、湖北省湘西州等地，苗族民众普遍认为枫树是天地万物的生命之根，是通向上天的生命神树。枫树孕育了蝴蝶妈妈，蝴蝶妈妈生下12个蛋，人世间所有的生命现象都来自这一生命之蛋，人类始祖姜央就是其中之一。

在湖北湘西等地的《苗族古歌·枫木歌》中唱道：枫树砍倒了，化作千万物，树根变泥鳅，树桩变铜鼓，树疙瘩变成猫头鹰，树叶变燕子，树梢变鹊宇，树心变成蝴蝶妈妈，蝴蝶妈妈生下十二个蛋，孵出了龙、虎、蛇等生物以及人类的始祖姜央。②湖北湘西州《苗族古歌·枫木生人》记载："屋前要栽枫木树，屋后要栽枫木树；枫木茂盛，人丁兴旺风水好；枫木树枝飘荡，病虫旱涝无处逃"；"天上飞鸟啊地上的人，是同一个母鸡孵化的不同的蛋"。有关枫木是人类祖先的古歌神话，至今仍在湘西州苗族地区广为流传。在湘西州苗族人民的心目中，枫树就是人类的祖先，当地苗族特别崇敬枫木。小孩生病要祭拜枫树，庄稼招致病虫害、天气出现旱涝要摘取枫树枝条插在田中，以示免除灾害。贵州苗族《枫木歌·十二个蛋》中唱道："枫树干上生出妹榜，枫树干上生出妹留。""妹榜妹留"，苗语称为"花蝴蝶妈妈"，意即人类的始祖母。"榜留和水泡，游方十二天，成双十二夜，怀十二个蛋，生十二个宝。"③与蝴蝶妈妈有血缘关系的巨型鸟把十二个蛋孵化出来，于是就产生了人类。贵州"三大方言区都崇拜枫树，尤以黔东南为甚"。④苗族关于枫树生出蝴蝶妈妈、蝴蝶妈妈生出人类以及一切动物的传说是，生动形象地反映出了苗族对人类祖先与枫树和蝴蝶之间是同源关系的认同心理，体现出了早期人类崇拜自然以及追溯万物生命由来的朴素见解。在贵州广大苗族地区，寨前寨后都要种植枫树，这些枫树被称为'风景树'或'神树'，人们不得随意

---

① 张桥贵，陈麟书.宗教人类学·云南少数民族原始宗教考察研究[M].成都：四川大学出版社，1993：40.
② 参见潘定智，杨培德，张寒梅编.苗族古歌[M].贵阳：贵州人民出版社，1997：87.
③ 肖万源.中国少数民族哲学·宗教·儒学[M].北京：当代中国出版社，1995：16.
④ （英）汤因比，（日）池田大作.展望21世纪[M].荀春生等译，北京：国际文化出版公司，1984：13.

第二章　苗族传统伦理的主要内容

砍伐枫树上的枯枝残叶作柴火之用。在苗族民众眼里，"秃杉不是树而是神，它如影随形，陪着村民一起上山干活，一起进城赶场，保佑着村民和顺平安！"①除了枫树崇拜，苗族先民对稻穗、棉花和水资源等自然物也有着特殊的崇敬之情。例如，苗族先民将稻穗和棉花视为窈窕貌美的姑娘。苗族古歌《"酷酒婴"歌》中唱道："有个大闺女，打扮最稀奇：头插八层针，层粗一层细。哪位大闺女？莫说大闺女，误将稻穗比。稻穗八层须，层粗一层细。田头随风摆，窈窕又美丽。"②苗族古歌《种棉歌》中提道："良辰吉日，种点棉花。棉花姑娘，这里安家……佑棉姑娘，免受糟蹋。快快成长，早早开花。"③将稻穗和棉花比作姑娘，显示出了苗族人民对未来美好生活的向往，表达出了苗族人民对自然美景的热爱。与此同时，苗族民众还将水资源比作生命之水，《苗族史诗撒播种子》中记述道：苗族先民在很久以前就知道掘井饮水和灌溉池塘，为了保护井水的清洁和圣洁，人们不得向水晶里倾洒污物，路人饮用井中之水须结草谢意神灵。

苗族在崇拜枫树的同时，将"村寨树"和"风水林"看作保护神。在广大苗族地区，高大的枫树成了"神树"的象征，几乎每个苗族村寨都有自己的"村寨树"和"风水林"。"村寨树"主要是枫树、松树、楠木、秃杉等古木，"风水林"象征着整个村寨的风水，任何人不得破坏和砍伐。"村寨树"和"风水林"的干枯掉落，村民不得拾取；"村寨树"意外断枝或死亡，人们要杀鸡宰鸭祭奠。苗族人民认为这些"村寨树"和"风水林"能够保佑本村寨群众生活安康、六畜兴旺。为此，许多苗族村寨都规定有禁止滥砍滥伐"村寨树"和"风水林"的村规民约。例如贵州省《雷山县也利村村规民约》就明确规定：村民要依法自觉管理好山上的林木、林果和柴草，有计划地栽种、采伐和开发利用，但凡偷砍或采折他人自留地、保管山、房前屋后之杉

---

① 张桥贵.少数民族自然崇拜与生态保护[J].生态经济，2000（6）23-25.
② 燕宝.中国民间文学集成：贵州省苗族歌谣选[M].北京：中国民间文艺出版社，1989：4.
③ 燕宝.中国民间文学集成：贵州省苗族歌谣选[M].北京：中国民间文艺出版社，1989：11-12.

木、松柴草者，将依议榔款约或村规民约予以处罚。①贵州苗族情歌经常唱道："封山的树木不许砍，乡规民约里已说清，谁违背规约就要遭非议。"②广大苗族民众在保护"村寨树"和"风水林"的过程中形成了一套完整的种植林木的技术，据《苗族古歌·栽枫香树》记载：枫树要栽山坡旁，枫树长得白生生，枝枝都长得平直；杉树要栽在西冲，株株树干一样直；松树要栽在山弯，株株松梢都平直；还有柏杨和麻栎，随便丢在山冲口，送给孩子拾柴火。③苗族民众在枫树崇拜过程中形成了封山育林的良好意识，这在客观上对防护当地风沙泛滥、减少当地水土流失、促进当地林业事业发展和保护当地自然生态环境起到了积极作用。

湖北省湘西州一带《苗族古歌》中还唱道："我们看古时，哪个生最早？哪个算最老？他来把天开，他来把地造，造山生野菜，造水生浮藻，造坡生蚱蜢，造井生刚蝌，造狗来撵山，造鸡来报晓，造牛来拉犁，造田来种稻，才生下你我，做活养老小？"④从湘西州苗族古歌中我们可以看出，人与自然在生命价值上是平等的，二者是同源同根的关系。苗族古经《焚巾曲》以"山岭是主人，人是过路客，生命极短暂"⑤的诗句进一步说明了人与自然虽为主客二分，但地位平等；进一步回答了生命从何而来、又将使向何处的问题。苗族儿歌《蝌蚪》篇唱道："你为什么浑，水，水？蝌蚪跑动我才浑，浑。你为啥跑动蝌蚪，蝌蚪？石头滚落我才跑，跑。你为啥滚动，石头，石头？野鸡刨我才滚动，滚动。你为啥刨，野鸡，野鸡？我刨栗子吃，吃。你为啥掉落，栗子，栗子？风吹我才落，落。你为啥要吹，风，风？不吹就没有好气候，气候。就没有好收成，收成。娃娃没饭吃要哭，哭。"在苗族人民的生命观中，人与自然万物都是有灵魂的，二者的生命都具有神圣性。人与土地、

---

① 文新宇.少数民族乡村治理的本土资源问题研究：以贵州苗族传统法文化为例[M].贵阳：贵州人民出版社，2007：225.
② 燕宝.中国民间文学集成：贵州省苗族歌谣选[M].北京：中国民间文艺出版社，1989：11-12.
③ 贵州省少数民族古籍整理出版规划小组办公室.苗族古歌[M].贵阳：贵州民族出版社，1993：275-276.
④ 田兵编选.苗族古歌[M].贵阳：贵州人民出版社，1979：1.
⑤ 中国民研会贵州分会、贵州民族学院编印.苗族焚巾曲（内部）[Z].1982：121.

山岭、石头、树木、风雨、河流、鸟虫、野兽等自然物体是一种神圣的同源一体的关系。

总之，在对待人与自然的关系问题上，苗族人民认为自然万物皆有灵性，都具有生命的体征；人与自然都是一母所生，二者是"子"与"母"的关系，是"过客"与"永存"的关系。相对于自然界，人的生命存在是短暂的一瞬间，即"过客"而已！在对待生命的态度上，苗族人民认为人与自然的生命意义与价值是平等的，并以此倡导人们要尊重自然、感恩养育人类生命的自然界。因为人们只有尊重自然、善待自然，自然界才能回报人类以丰富的食源和美丽的生活家园。正是在这种对待人与自然关系的特殊态度中，苗族人民建立起了一个人人都要敬畏自然生命的生态伦理思想。苗族人民的这种伦理观，彰显了苗族对于自己远古祖先以及人类生命本源的考问，虽然我们至今难以用科学理性的方法来对其进行诠释。但抛开迷信活动和巫术鬼神成分，这种对人与自然关系的初步理解与生态文明中人与自然和谐共生之主题具有一致性，可以为人们深刻认识人与自然平等共存之生态伦理提供丰富的思想源泉。生活在大山深处的苗族人民至今仍然遵照这一传统的乡土伦理，有序地维系着人与自然的和谐共处。

（三）尊重自然和感恩自然

伦理与人的生命活动息息相关，"只有当人认为所有生命，包括人的生命和一切生物的生命都是神圣的时候，他才是伦理的"[①]。受到地理环境和生产力发展水平的影响，苗族先民长期依赖于自然界进行生产生活。他们在感恩自然馈赠给人类丰富食物的同时，也要接受来自自然界的挑战。在无法抗拒、不能摆脱自然力量的情形下，苗族先民便转而求助自然神灵的庇护。在苗族先民的心目中，自然是人之母亲，人是自然之子，人的一切都是自然界给予的。因此，苗族先民把自然物种神化，对各种自然神灵加以崇拜。"自然崇拜主要是先民以神灵的名义进行积极主动的一项行之有效的生态保护方式，"[②]苗

---

① （法）史怀泽.敬畏生命[M].陈泽环译.上海：上海社会科学院出版社，1995：9.
② 张桥贵.少数民族自然崇拜与生态保护[J].生态经济，2000（4）：22-25.

族自然崇拜以天地、森林、树木、河流、山石等自然物为对象。苗族崇拜林木，认为祖先灵魂依附在林木上，小孩出生时主家要种上一棵树，老人去世后人们同样在其坟墓旁种上一棵树。在早期人类社会，苗族先民筑巢于树上，后来以树为材修房建屋，将古树视为自己的原始祖宗。逢年过节，人们都要祭拜古树，让后人牢记尊重自然的古训。节日期间，男女青年相邀至山林深处荡秋千，唱歌声、欢笑声、嬉戏声久久回荡在幽谷中。苗族青年谈恋爱时，以青山作证、以古树为媒，从相识、相知、相恋直至终成眷属都是在青山树林里完成。家里小孩体弱多病，人们便在农历二月备制酒、肉、米饭，带着孩子拜祭大树，希望大树保护孩子健康成长。婚后未育之家庭，户主带上食物祭拜大树，祈求树神赐予其儿女。在贵州省从江县雍里乡敖里村流传着这样一个传说：一个苗族老人把一棵老树砍下时，古树流下了鲜红的液体，如鲜血一般；树木倒下后，弹出了几里之外，把两个村民活活砸死。这个故事在当地八里十村广泛盛传，让村里人心存敬畏，从此不敢藐视树木生命、不敢随意砍伐树木。在如今的部分偏远苗族山区，一些较大的古树仍然被人们视为神树，本村寨小孩都要祭拜古树为干爹，并于农历每年二月初二带上酒、肉、鸡等礼物到树前焚香祭拜，希望得到神树的保佑。

在祭拜神树的基础上，苗族先民还形成了诸多保护生态的习俗。例如在明清之前，苗族先民盛行树葬，将死者遗体安放在古树上，期望逝者像古树一般亘古长青，保佑其后代子孙繁荣兴旺。清中叶之后，受汉文化的影响，苗族树葬被土葬取而代之，但苗族土葬依然深受树葬习俗的影响。苗族老人去世后，当天砍树制棺，葬后不垒坟，在坟墓周围栽种树木，日后这些树木成为坟山树林。本家族成员对坟山树林充满敬畏之心，自觉保护并不敢砍伐。在许多苗族地区，枫树、杨柳树、青冈树、杉树、松树、柏树、樟树等都是具有神性的树，都成了保护各苗族村寨的神树。在清水江流域一带的苗族村寨旁，随处可见到风景林、寺庙林、桥头林、护寨林、祭祀林等。对于此类树木，人们不能随意砍伐、折枝、剥皮、挖根，违者被视为杀戮自己的祖先。如有违反，责令备办猪肉、大米、米酒各120斤、爆竹12000个，全村寨祭祀树木一天以示谢罪。

第二章　苗族传统伦理的主要内容

在日常生活中，树木既是苗族民众的精神寄托，同时又成了他们评判正义的象征。例如在贵州省东南部、湖北省湘西州等地，本村寨成员遇到民事纠纷，在无法依据村规民约裁决或者没有确凿事实证据予以裁决的情况下，当事双方便聚集到树前诅咒发誓，以证明自己的清白，要求树神给予裁决。由于对神树的敬畏，理亏一方便不敢应诉或自然败诉。虽然树神判决并无科学依据，但树神判决的结果却能得到人们的遵守，败诉一方更是心悦诚服。苗族人民这种对树木的深厚情感，与他们傍山而居的独特地理环境和生活习俗密不可分。

在敬畏自然、感恩自然的生态伦理思想之影响下，保护生态环境成了苗族人民世代相传的优良传统。当"城市世界已滑向堕落异端的危险境地"[①]、"人在今天的此一地球上——不再诗性地栖居"[②]时，在如今的广大苗族地区，依然呈现出一片"青山隐隐，绿水荫荫""山花开遍野，鱼儿游满涧，鸟声响满寨"的生活场景，成为人们能够真正诗意栖居的好去处。

（四）人与自然共融共存

古代苗族社会有"重男轻女"的思想，例如在贵州省从江县岜沙苗寨，谁家出生了男孩，必须到本村寨旁的巨石、溶洞或风水林中选择一棵参天古木，将其祭拜为孩子的"保爷"。适逢年节，父母带着孩子到巨石、溶洞或树下磕头作揖、添肉烧纸、披红挂彩祭拜，祈求神灵保佑孩子像巨石、溶洞和古树那样历经风雨、顶天立地。

自然是苗族人民的生命之源，苗族民众不仅在活着时敬畏自然、感恩自然，就连离世时也要向自然话别。例如苗族《焚巾曲》中唱道："妈妈辞别了亲人，……辞别了房屋，辞别了水牛黄牛，辞别了锄头与钉耙，猪狗呵请坐了，柴刀斧子呵请坐了，……池塘呵请坐了，大田坝呵请坐了，……弯田坎呵你请坐了。"[③]在贵州省从江县岜沙苗寨，当地民众认为自己的祖先住在山

---

① 海德格尔.思的经验[M].陈春文译.北京：人民出版社，2008：9.
② 海德格尔.思的经验[M].陈春文译.北京：人民出版社，2008：194.
③ 中国民研会贵州分会、贵州民族学院编印.苗族焚巾曲（内部）[Z].1982：85.

里，树是他们的亲人，每一棵树都有灵魂，树是人的化身。因此，岜沙苗族有一套特别的习俗，自小孩出生之日起，父母就为孩子种下"出生树"，长大成年时为孩子种下"成人树"，结婚时为孩子种下"婚姻树"。人老去世时丧事从俭，棺木用出生时种下的树木备制。不垒坟，后人在坟地上种植纪念树。在岜沙苗族看来，人从出生之日起便与树一同成长、变老，死后与树一起埋入地下。这样的丧葬习俗消除了当地民众乱葬的现象，田间地头没有坟墓、没有墓碑，岜沙苗寨变成了一个苍翠碧绿、古木参天的生态林园。岜沙苗族将人与树看成是一个"一体两身"的统一体，成为迄今为止人类处置生命的最佳方式之一。这种思维模式包含着中国传统天人合一思想的独特的生命哲学观，对于引领21世纪人们如何处理人与自然之间的和谐共生关系具有极其重要的示范性意义。

苗族是一个典型的山地民族，常年生活在苍翠碧绿的山岭中。苗族人民在保护自然环境、爱惜自然资源的基础上，形成了亲近自然、与自然融为一体的生态伦理观。这种生态伦理观不仅铸就了苗族地区密林环绕、森林覆盖率高、自然资源丰富的优美生态环境，而且彰显了苗族人民自觉保护自然生态、自觉追求人与自然和谐共生的崇高生态情怀。

二、敬畏动物生命的生态伦理观

澳大利亚哲学家辛格认为，人与动物在生命价值上是平等的，二者都有趋避痛苦、渴求幸福的权利，善待动物与善待人类具有相同的伦理要求。人们只有认为一切生命都是神圣的，他才是有伦理，才能将敬畏生命的命令与关爱生命的原则统一起来，才能把爱扩展到一切动物。[①]法国著名哲学家施韦兹指出，所有生物都具有"生存意识"，所有生命均无高低之别，人们应当像敬畏自己的生命一样敬畏自然界的所有生命；当人把动物的生命看成与其自身的生命同样重要的时候，人才能成其为一个真正有道德的人。[②]1956年，阿

[①] 任俊华，刘晓华.环境伦理的文化阐释：中国古代生态智慧探考[M].长沙：湖南师范大学出版社，2004：189.

[②] 白葆莉.中国少数民族生态伦理研究[D].中央民族大学博士学位论文，2007：31.

尔贝特·史怀泽（Albert Schweitzer）从神学角度出发提出了敬畏生命的伦理原则，强调人类要尽可能尊重生命。"只有当人认为所有生命，包括人的生命和一切生物的生命都是神圣的时候，他才是伦理的。""敬畏生命的伦理促使任何人，关怀他周围的所有人和生物的命运，给予需要他的人真正人道的帮助。"[①]生态伦理学者普遍认为，一切生命都是神圣的，生命没有高低之分和贵贱之别，要"尊重生物的生存权利"，要把对人的关爱扩展到动物世界。在我国苗族地区，许多苗族的生活习俗和伦理禁忌都体现了人们对动物生命的敬畏与关爱。

（一）保护动物繁育生长

禁忌，即为了避免遭到惩罚，禁止使用某种"神圣"的东西，禁止触犯某些"不洁"的人和事。禁忌对人们的社会生活具有一定的约束力，成为人类社会习惯法的范畴。苗族人民在生活实践中形成了诸多伦理禁忌。例如在贵州苗族地区，苗族民众从"趋吉避凶"的禁忌心理出发来认识和处理人与动物之间的关系，他们认为在牛、猪、羊怀胎产仔前数日，用青冈树叶遍插畜舍四周，可以避免一切鬼魅对家禽生命体的纷扰，以保护母畜和幼仔的平安生长。幼畜生产后，在门前悬挂"草标"，禁止外人入宅。据说"外人脚步重，唯恐踩死幼畜（不是真的去踩，怕其魂影踩着幼畜）"。为便于与邻舍来往，幼畜生产后即请"脚步轻"的人进入主家踩第一次门，之后任何人都可以进屋了。[②]虽然这种处理人与动物关系的观念和行为较为原始落后，甚至带有一定的迷信色彩。但在严重缺乏牲畜生育知识的情况下，苗族人民这种借助神灵护佑幼小动物生命的禁忌思维对于保护动物繁育生长具有一定的积极意义。

（二）禁止扑杀动物

苗族先民认为燕子与自己的祖先有血缘关系，禁止扑杀或打击燕子。时

---

① （法）阿尔贝特·史怀泽.敬畏生命[M].陈泽环译.上海：上海社会科学院出版社，1995：35.
② 贵州省编辑组.苗族社会历史调查（二）[M].贵阳：贵州人民出版社，1987：142.

至今日,"禁止捕杀到家筑窝的燕子"之习俗一直在苗族地区盛行着。许多苗族人家的门楼、堂屋或屋檐下,都为燕子筑窝留有固定位置,每年春耕时节燕子都会飞回南方筑窝繁殖。据苗族老人传言,燕子是发达兴旺的标志与吉祥如意的象征,谁家来了燕子,就表明谁家人善良和谐。相反,如果谁家连续数年没有燕子筑窝,则说明该住户心存恶意,认为这是不吉利的征兆。正式在这种朴素意识的支配下,许多苗族群众不会随意伤害燕子、不会驱逐到家筑窝的燕子,他们纷纷在自家门楼、堂屋或屋檐下搭建木板,期待燕子前来筑巢繁衍后代。《苗族史诗溯河西迁》记述道:"射死岩鹰落地上。叫谁来审判,数说了它的罪状,才能剖来吃?……'你住你的地方,我们造我们的船。跟你往天没有仇,近日没有冤。你却要吃我们爹娘,箭才射到你身上。'"[①]人们为了保护爹娘的生命射死岩鹰,在将岩鹰煮食前推举燕子对岩鹰进行审判。尽管这种处置动物的方式毫无科学依据,但它却在客观上起到了保护动物生命、维系人与动物和谐相处的作用。

我国部分苗族地区仍保留着禁止扑杀蛇类动物的习俗。例如在贵州省部分苗族地区,人们认为蛇有灵魂,扑杀蛇将会受到其灵魂的缠扰,或者将会招致其他蛇类的报复。人们一旦伤害到蛇,需要拾起两块石头(第一块代表蛇,第二块代表自己)先后抛向空中,第二块要抛得比第一块高,认为这样才能避免厄运。在这种观念的影响下,我国部分苗族地区的民众对蛇怀有敬畏之心,他们不敢轻易伤害蛇类动物。很显然,这些禁忌习俗对保护蛇类动物的自然繁衍具有积极作用。另据湖北省湘西州苗族典籍《苗族图腾与神化》记载:"候鸟可以报告时间,且不会像野兽那样踩踏禾苗,但野兽能帮助他们耕耘天地,因此两者都应该得到保护,不能随意杀害";"鸭子的嘴巴可以为土壤松土,荷塘里的小鱼能吃光禾苗上的虫子,应该好好养起来,不要杀害"。上述事例表明,在落后的农耕生活时代,苗族人民在心灵上敬畏动物生命,在行动上善待动物生命,从而使动物获得了与人类平等生存的地位。

此外,苗族先民还禁止打杀癞蛤蟆和蝴蝶,禁止在深潭处打捞鱼类超过

---

① 马学良,今旦.苗族史诗[M].北京:中国民间文艺出版社,1983:275-276.

一定的数量；禁止食用狗肉。上山打猎，不能滥杀无度；不能随意追杀进入村寨的野山羊；甚至将老鹰、青蛙、蜜蜂、黄牛等视为家庭成员，并与之和谐相处。苗族先民在敬畏生命、善待动物生命的基础上形成的各种禁止捕杀动物、亲近自然的伦理观念，集中体现了苗族人民敬畏自然、顺从自然、追求人与自然和谐共存的高尚生态智慧，在客观上对保护生态、维护生态平衡发挥了重要作用。

（三）人与动物和谐共生

苗族社会生产力水平低下，苗族先民依据四时节气和自然规律从事农耕生产，因而形成了苗族独特的"兽耕鸟耘"的传统农耕生态意识。例如湖北省湘西州苗族认为，鸟类和野兽对于人类种植庄稼具有重要贡献，候鸟报农时，不会踩坏禾苗；野兽踩坏禾苗，但起到帮助耕耘的作用。鸟类和野兽对农业生产具有不可替代的作用，二者应当得到人类的保护。在湘西州苗族古歌《枫木歌·十二个蛋》中，苗族先民提出了人、神、兽共祖的传说，认为龙、蛇、虎、牛、大象等动物以及天上的雷公神和地上的人，都是同一个母亲下的蛋，由同一母亲在同一个早上孵化出来的兄弟。因为人类有算计，因而人类较之其他动物而言高明一些。因此在湘西州苗族看来，人、神、兽都是生而平等的，人们应当对各种动物生命给予应有尊重。

在苗族歌谣中，我们也能够看到人与各类动物和谐共生的状况。例如《苗族史诗》讴歌了苗族先祖姜央与各种动物踩鼓跳舞的欢快场面：姜央丢开犁，把牛放在田中央，跑上田坎来踩鼓。鼓声咚咚响，往前跳三步；鼓声响咚咚，往后跳三步，他会跳不会转身，会转身不会转调，畅游的瓢虫来教他转身，飞舞的蜜蜂来教他转调。……啄木鸟敲鼓，咚咚又咚咚，姜央在田坎上跳，水牛在田里面跳，牛尾巴跳在两脚间，跳累了都不知道。牛鞭听见鼓响，它把牛背当舞场；蚊子一群群，围着牛头转，踩鼓踩得更欢。[①]可见，苗族先民把人与动物视为亲情般的兄弟关系。苗族古歌中还唱道："爷兹力瑭卸

---

① 马学良，今旦.苗族史诗[M].北京：中国民间文学出版社，1983：200.

下犁索,抱牛跳下河,给牛洗了个澡,抱牛跳上河岸,放牛自去吃草。"① "平常的耕牛,过年过节时,必先于人之前将酒、饭以供之后人再食用。有的地区,凡长相独特或叫声奇异的牛,被称为'保家牛',不得屠宰,不准买卖,让牛自然老病死后葬于人迹罕至之处。"② 在平日里,苗族人民用牛角装酒,将房屋中门枢削成牛角状,牛所受到的崇敬远高于一般家畜。贵州省、湖北省湘西州等地苗族古歌《早鱼古歌》记述道:远古的时候,鱼儿一直生长在旱处,人们天天劈开柴取鱼烧吃,鱼种将被吃绝。是谁好主意?他把鱼儿放进江;是谁帮助鱼儿在水中学换气?是谁帮助鱼儿造鳞甲?他帮鱼儿制尾巴,鱼儿从此在水中游,在水中生活上万年,从此不愿回旱处;"定仙"他有好主意,他拿鱼儿放入海;"五香"去造鱼鳞甲,补制鱼尾让鱼行,鱼才在水中游;"登幽"去教鱼换气,教鱼入海求生存,鱼在水中活万年,从此不愿上岸来。③ 苗族人民种植水稻时,常常将鸭子和鱼一同放入水田中,鸭子和鱼可以吃掉禾苗上的虫子,可以对稻田起到松动土壤的作用。因此在许多苗族乡村,人们在稻田种植中形成了"稻→鸭→鱼"共同生存的耕作模式。这样的耕作方式,至今仍是贵州以及湖北省湘西州等地苗族发展现代生态农业的一种基本样态。

上述苗族关于人与动物和谐共生的事例表明,人类只有敬畏自然生命、尊重自然生命,才能更好地维持自然生态系统的平衡,才能促进人类与自然生物的和谐可持续发展。

三、关爱人居环境的生态伦理观

苗族依山而居,其居住的楼房多为木质结构的吊脚楼,他们十分珍视和爱护自己的居住环境,因而形成了自己独特的关于人居环境的伦理思想。

---

① 燕宝.中国民间文学集成:贵州省苗族歌谣选[M].北京:中国民间文艺出版社,1989:258.
② 雷秀武.试论黔东南苗族图腾问题[J].贵州民族研究,1996(2):123-131.
③ 吴正彪.乡土知识中的"自然中心主义":岜沙苗族的生态伦理观[C].人类生存与生态环境人类学高级论坛,2004:183.

第二章 苗族传统伦理的主要内容

（一）精心选择居住地

苗族多生活于山区，在建设村寨和房屋建造上苗族人民极为重视风水问题。选址建寨前，人们常常以"树卜"的方式向神灵祈求居住地址的吉凶，若祭师占得"吉卦"，预示着可以在该处建村设寨。建设村寨时，人们往往将村寨建立在山林或水塘边，认为靠近山林、水塘即为"风水"宝地。例如在贵州省从江县岜沙苗寨，苗族民众将房屋顺山势而建，并在建好的木质吊脚楼上加盖青色瓦片或杉树支。村寨建好后，村寨前小溪流水，村寨后古树参天，整个村庄人与自然浑然一体，犹如人造之景和天造之景的完美结合。这种在建设村寨和房屋建造中形成的朴素生态意识，深刻地表达出了苗族人民对自然神灵的敬畏以及严格遵守自然秩序的生态自觉。

苗族建构房屋尤为讲究"龙脉"。苗族民众认为，山土是龙的肌肉，石山是龙的骨头，起伏的小山是龙之鳞甲，山崩树倒和地震是龙翻身，川流不息的河水是龙水，水源地是龙泉，这些要素综合起来就是苗族先民普遍信仰的"龙脉"。房屋建好后，人们既可以在山土上栽植树木为龙脉穿衣戴伞；也可以通过禁伐的方式使山土变成树林，以养护龙脉和培育龙身鳞甲。与此同时，在许多苗族聚居区，人们禁止过度开垦林地种植农作物，以免触犯龙脉、败坏风水。在清代，在地处西南腹地的贵州省东南部各县境内，诸多苗族村寨都有后龙山、公山作为本村寨风水林。一方面，苗族认识到种树可以引雨，有了雨水不仅可以免遭干旱，使一切瘟疫无从沾染；而且还能促使自然万物茁壮成长，使自然界生气勃然。另一方面，苗族有着"蓄禁古木，以配风水"的信仰。他们认为"风水林"是"龙脉"的衣服，没有苍翠碧绿的山林，龙王就没有衣服遮体蔽肤，这种无衣无伞的龙王就会无威无势，难以庇佑苗族村寨"人人清泰，户户安康"。

苗族关于选址建房的观念对世代苗族民众生活行为的影响较大。苗族人民为了村寨清洁和子孙后代的兴旺发达，纷纷在建房时种植风水树、维护风水林，时至今日苗族地区处处呈现出绿树成荫的风貌，每个苗族村寨犹如一个个依靠自然崇拜和村规民约建立起来的"自然保护区"。在某种程度上讲，苗族村寨中的"风水林"体现了苗族社会伦理与生态伦理的有机结合，彰显了苗族社会人伦善美观与生态观的有机统一。

（二）重视保护村寨建筑

苗族居住的木质吊脚楼分为三层，底层用于饲养牲畜和堆放杂物，中间一层供主人生活起居之用，顶层用于储备粮食，整个建筑体现了人与家畜和谐共居的场景。修建房屋之初，人们上山砍树时要在树下举行祭祀仪式，由一人扮演成树的模样并念念有词道："别砍我，留我护山岭。"建房主人回答："你枝繁叶茂，求求你赐福我家，到我家去做保家神。"演毕，众人摆设酒肉、焚香化纸祭祀树木。在湖北省湘西州苗族民居中，人们将房屋中柱视为祖先的安身之处，在建房时选择枫木做成中柱，以示能够保佑子孙发达、六畜兴旺；在迁居新房时，要事先在选取的新居地址前栽种枫木，若枫树存活下来则认为此处是吉祥之地，于是便决定就此安居；反之，则重新选址举家迁离。

苗族建设村寨要看"风水"，认为居住在"风水"好的地方会带来好运。因此苗族民众在建造房屋时，首先要选择良辰吉日和"风水"好的宅基地。宅基地选择有诸多讲究：如不侵占良田耕地、不破坏山林植被、朝阳避荫、与周边自然环境相适应等，以实现人居环境与自然生态的和谐。为了保持村寨容貌美观，苗族民众设立村规民约，禁止用刀、斧、锯等锐器在村寨建筑物上刻画；禁止在村寨建筑物上张贴、涂写；禁止蓄意破坏村寨内民居及其公共设施，违者给予罚款乃至强制其修复。经调查，在广大苗族地区，越是重视利用村规民约保护村寨民居的地方，其当地的村寨容貌就越是优美和整洁。

（三）严禁砍伐村寨风景树

在苗族地区，村边寨旁的古树被人们视为保护神，神圣而不可侵犯。苗族村规民约规定，村寨周围的风水林、"鼓山林"不准砍伐。唯有在鼓社祭祖时，人们才能砍伐古树作为制鼓之用。凡是生长于本村寨附近的古树，人们均以"神树"供祭，若有随意砍伐者，轻者招致谴责、重者则受到经济上的处罚。例如在2009年农历一月二日贵州省从江县摆垭山议榔大会上，就表决通过了《摆垭山地区苗族习俗改革榔规》，该榔规规定：爱护人居环境，严格保护村寨前后及道路两旁之古树，严禁人为破坏和砍伐，违者除追究法律责任外，另处当事人200—500元不等的罚款。在贵州省从江县、榕江县交界地的88个苗族村寨，也议定了《榔党爽、格能秋苗族习俗改革榔规》，强调要保护村寨居住环境的优美雅净，禁止破坏四周风景古树，违者按照榔规处罚120斤肉、责令按照毁一栽五的比例种植幼树并保证存活。正是在这些民族习惯法的规制下，许多苗族村寨至今古树参天，风景迷人。

（四）注重居住环境清洁卫生

苗族认为水是生命之源，苗族民众非常重视保护和管理村边寨旁的水井。他们或在水井处搭建亭子以防止树木的枯枝落叶掉入井内；或在井内用青色石头围护水井四壁，禁止人们在井内洗涤，以保证饮用水源的清洁。与此同时，苗族民众还重视本村寨垃圾废物的处理以及整个村寨的村容村貌和环境卫生。例如贵州省《雷山县也利村村规民约》规定："村民要讲究清洁卫生，保持室内外整洁和良好的村容寨貌，柴草要定点堆放整洁，房前屋后及通道要负责打扫干净，垃圾要定点处理，对乱倒垃圾、猪牛粪水污染不及时处理的，罚款30元。"①雷山县《摆垭山地区苗族习俗改革榔规》规定：每家每户房前屋后不准乱堆乱放柴草、不准乱倒生活垃圾，违者责令消除安全和卫生隐患，不服从管理者惩罚200—500元不等的罚款。在民族习惯法的严格规制下，苗族民众保护生态环境的自觉性不断提高，如今的广大苗族地区仍广泛留存着原生态的人居建筑和优美的村寨容貌。

四、保护自然与合理开发利用自然的生态伦理观

勤俭节约是中国民族的传统美德，这一传统美德也体现在生态伦理思想中，"在中国传统生态伦理思想上则体现为一种对物质享受的节制和对自然资

---

① 徐晓光，文新宇.法律多元视角下的苗族习惯法与国家法[M].贵阳：贵州民族出版社，2006：242.

源的珍惜与爱护"[①]。由于自然环境的不可选择性,"各少数民族在与当地自然环境长期交互影响中自发遵循生态系统的自我调节、循环再生、生态平衡等生态规律安排本民族的生产生活"[②],从而形成了尊崇自然、合理开发利用自然以及主张绿色消费的生态伦理思想。苗族在长期开发自然、利用自然的实践中积累了丰富的生产生活经验,形成了一套尊重自然生态规律、合理开发利用自然生态资源和适度消费自然生态产品的可持续发展生态伦理观。

(一)有效保护自然

苗族身居于边远山区,常年过着"人在山中,家在山中,劳作在山中"的山地农业生活,因而在长期开发自然和利用自然的实践中形成了一套"靠山吃山,靠山养山"的生产生活习俗和独特的林地保护规则。例如在贵州省锦屏县文斗苗寨树立有1773年雕刻的保护自然环境的"六禁碑",碑石上刻文为:一禁不俱远近杉木,吾等所靠不许大人小孩砍削,违者罚银十两;二禁各甲之阶分落,日后颓坏者自己修补,不遵者罚银五两,与众修补,留传后世子孙遵照;三禁四至油山,不许乱伐乱捡,违者罚银五两;四禁今后龙之阶,不许放六畜践踏,违者罚银三两并修补;五禁不许赶瘟猪牛进寨,恐有不法之徒宰杀、不遵禁者,送官治罪;六禁逐年放鸭,不许众妇女挖阶前后左右锄膳,违者罚银三两。[③]在贵州省麻江县宣威镇比户村苗寨,改革开放后的1982年订立了8条乡规民约:禁止人们到封山育林区砍柴,如违反被抓获,所砍木材15公斤者罚100元钱、100斤肉、100斤酒、100斤大米,请本村寨内各户男性代表吃饭。外村人进山砍柴,按每斤木材3元钱的价格计算罚款;割草按每挑10元钱的价格处罚;用马车进山割草,按每车罚款50元计算。[④]

另据贵州省黎平县坝寨乡青寨苗寨的村规民约规定:外地商贩在本村区

---

① 王树义,黄莎.中国传统生态伦理思想的现代价值[J].法学评论,2005(5):88.
② 李永皇.岜沙苗族传统生态伦理思想及其现代意义[J].贵州民族研究,2012(12):34-38.
③ 徐晓光.我国西南山地民族传统生态观研究[J].中央民族大学学报(自然科学版),2015(11):15-17.
④ 黔东南苗族侗族自治州地方志编纂委员会.黔东南苗族侗族自治州志·林业志[M].北京:中国林业出版社,1990:35.

域内非法经营木材、药材的处以50—100元的罚款,可并处没收非法经营的木材、药材;盗伐林木、经济林者,除退回林木或赔偿损失外,另按照盗窃林木价格的10—20倍予以罚款,并责令栽种10倍数量的相应林木;禁止砍伐风景树、古树、护路树、水源树,违者除没收树木外,并按照被砍树木所占地面积每寸5元的价格给予罚款;严禁在幼林区内放牧,违者按照每头牲畜10—20元的价格处罚,并赔偿损失和另行栽种3倍数量的树木;偷砍他人自留山、责任山柴火者,每挑柴火处以20-50元、每扛柴火处以5—20元的罚款,并没收柴火。①

几百年来,苗族人民在生产生活实践中形成的保护自然的诸多律令和规矩,对维护苗族地区人与自然生态的平衡发展起到了十分重要的作用。

(二)合理开发自然

苗族人民认为:"靠山吃山,莫伤其本;靠水吃水,莫损其源。"人源于自然,归于自然,应当合理开发自然资源。在贵州省东南部苗族传统村寨,若需开荒造田,人们首先在"活路人"的指引下选择所要开荒的地方,然后由祭师主持对所要开荒之地进行祭奠。届时每家每户备制酒肉、焚烧香纸,祭师念念有词:"蚯蚓毛虫退开点,山龙水龙让开路。今天是平定日,今天是吉日,我要挖山坑田了,田坎坚如石,硬如崖,随砌随紧。"苗族民众将山上的植物视为山体神灵的一部分,认为在开荒播种前只有告知山体神灵,才能避免开垦和耕种带来的各种灾难与不祥。

苗族崇拜枫树,从古到今人们不乱砍滥伐枫树以及其他林木。因此在苗族地区,敬树、爱树、种树成了人们的一种普遍的生活习惯,苗族民众常常"正月栽树二月栽竹,山不丢荒水满田塘"。苗族人民意识到,开发自然资源必须遵循自然物种的生长规律和生长周期,不能超过自然界的承受力对自然资源进行过度开发,否则必将遭到大自然的报复。正是基于这种认识,苗族人民对自然资源采取了适度开发的态度,在一定程度上确保了当地自然资源

---

① 徐晓光.我国西南山地民族传统生态观研究[J].中央民族大学学报(自然科学版),2015(11):15-18.

的内部自我循环。例如生活在高山丛林中的贵州省从江县岜沙苗寨，因耕地稀少，岜沙人依靠卖柴为生，为了维持自身的生存与发展，岜沙人制定了严格的规矩：人们不能使用大型机动车外运木柴销售，不许汽车进寨收购木柴；村里人只能肩挑木材徒步进城销售，销售所得限于解决油盐之困，禁止以营利为目的买卖木材；必须均衡砍伐山林树木，保证山上树木常青和自然生态平衡。①在岜沙人看来，"人生来不带一寸土，死去不带一根木，"人如同自然界一样有生有灭，人的离去是一个回归自然的过程。因此，岜沙苗族坦然对待死亡，人们从不在生前为自己预先备制棺材和坟地。人去世后，临时叫人砍伐杉木制成简易灵柩，逝者当天下葬，从简办理丧葬，葬后不筑坟。人们在墓地上栽种一棵树，保持墓地生态环境免遭破坏。走进岜沙苗寨，人们总能看到村边寨旁建立有各式各样内容相同的《警示碑》：禁止在水源地最高水位线以下的滩地和岸坡堆放固体污染物；禁止在饮用水源地清洗盛装农药化肥的包装袋及各种油类容器；禁止在饮用水源地电鱼、毒鱼、炸鱼；禁止在饮用水源地放牧和乱砍滥伐；禁止向饮用水源地排放工业废渣；禁止向饮用水源地排放酸液、碱液、剧毒等废物；禁止向饮用水源地排放人畜粪便及其动物尸体等污物。违反规定者，按照有关法律法规及村规民约追究当事人责任。

此外，在贵州省东南部多数苗族地区，人们也规定了严格的开发自然林木的各种制度。例如在贵州省雷山县丹江镇1943年的护林"榔规"就规定："偷砍盗伐他人杉木或偷摘桐、茶果者，罚大洋12元；偷剥他人木皮或砍劈油柴者，罚大洋13元；偷砍桐、茶树者罚大洋4.80元。"②民国时期，贵州省榕江县平阳乡阳社村为保护地方风景林木亦做出了如此规定："凡盗伐禁山内的一株林木，罚100斤猪肉、100斤大米、100斤水酒，归本寨人'打平伙'，并捆绑游街（寨）示众。""如失火烧山者，除接受钱、米等处罚外，还要罚栽松、

---

① 李永皇.岜沙苗族传统生态伦理思想及其现代意义[J].贵州民族研究，2012（12）：34-37.
② 贵州省雷山县志编纂委员会.雷山县志[M].贵阳：贵州人民出版社，1992：436.

杉等树苗。"①贵州省凯里市三棵树镇南花村《乡规民约》规定:"凡是乱砍滥伐风景树、杉木、经济幼木,每棵树处以五元以上的罚款","盗窃林产品(桐籽、茶籽)水果,按市场价处以10倍罚款"。②在国家法律法规尚未完全普及到边远苗族山区的情况下,这些乡规民约在规制苗族民众生活行为、保护苗族地区生态平衡等方面发挥着重大的作用与功能。

(三)节约利用自然资源

苗族是一个典型的山地民族,其物质生活来源与当地自然资源息息相关,因而在长期的山地生活中形成了节约自然资源、适度利用资源的良好生活方式。

在种植农作物上,苗族地处山区、土地稀少,为做到物尽其用,苗族民众在马路边和田埂上种植香料、蔬菜等各类植物。人们食用的韭菜,苗族人称为"长命草",苗族民众根据韭菜的生长特点,摘取叶部食之,让其根茎持续生长,以实现农作物的循环利用。在采集草药和野菜上,苗族民众只攫取尖部、叶部等部位,禁止整株拔取的做法。在保持水土流失上,苗族民众根据竹子生长迅速的特点,在村边寨旁栽种麻竹、楠竹、苦竹等各种竹类植物。竹子繁生出来的幼嫩竹笋不仅可以满足人们日常的食用需要,而且成年竹子还有助于防止当地的水土流失。

在开田修屋上,由于苗族深居山间,地陡路窄,苗族人民只能开垦梯田耕种庄稼。苗族制定了诸多严格保护田土资源的规定:"未经许可擅自乱挖别人田、土,或因干活不慎弄垮田坎压坏别人田土者,罚肉55斤给田主。"③苗族将梯田开挖在与山泉出水位置略低的地方,保证山泉水能够自流灌溉田地。梯田上方为翠绿的森林,水泉长流。苗族将村寨修建在梯田上方,村寨周围种上各种树木,由此形成了一个"林、水、田"融为一体的农业生态模

---

① 政协榕江县文史资料研究委员会,榕江县林业局.榕江文史资料第五辑(林业专辑)[C].1990:49.
② 徐晓光.苗族习惯法研究[M].北京:华夏文化艺术出版社,2000:96.
③ 贵州省民族事务委员会.贵州省民族研究所.贵州"六山六水"民族调查资料选编.苗族卷[M].贵阳:贵州民族出版社,2008:34.

式，向人们展示出了"村在林中现、房在树中隐、水在寨中流、人在绿中行"的人与自然和谐共生的优美画卷。在森林开发和管理上，苗族人砍树建房时，对于处于生长期的树木，以"砍小留大，砍弯留直，砍密留疏，去病留好"为原则，在树木休止期进行砍伐；对于年轮越长、趋近成熟的树木，则"砍大留小"。若需要利用树皮盖房，则选择在立秋之后、立冬之前的时段砍树，此时树皮水分多、易被剥下且不生虫蛀。砍伐树木后，树干用于建房，树皮、树枝则根据实际需要则其所用，力争做到不浪费林木资源。苗族人民深知，只有留得青山在，才会有柴烧；只有禁止不必要的砍伐，才能确保生态的良性发展，造福于后代。

另外，苗族还有营造"儿女林"的习俗，即在儿女出生的当年，父母为儿女栽种一片杉树。待儿女长大成人，杉树也随之长大成材，成材的杉木刚好能够满足儿女的婚姻费用和建房材料。过去苗族儿女多在18岁成家立业，故"儿女林"亦被称为"十八年杉"。[1]曾如苗族民间歌谣记载："十八杉、十八杉，姑娘生下就栽它，姑娘长到十八岁，跟随姑娘去婆家。"[2]在贵州省从江县岜沙苗寨，还保存有"树葬"的习俗。男婴出生时，父母为其栽下一棵树，该树在家人的呵护下与男孩一同成长。当该男孩长大成人、结婚立家，最后归于死亡时，便用此树制成棺材进行安葬。树木象征生命的延续，苗族对树木的崇敬不仅既表达了苗族人民对自然生命的尊重，而且体现了苗族人民视树木之生命与人之生命同等重要、平等对待的生态自然观。

苗族人民把自然万物置于与人类平等的地位，认为二者是相互依存、互惠互利的关系，人类生活在世界中要尊敬自然、崇尚自然，与自然和谐共处。苗族人民试图通过这种对人与自然关系的朴素认识，构建起一个生命轮回的宇宙观，以更好地维护人与自然的和谐共存。

（四）依季节变化理性捕鱼和狩猎

夏季是野生动物繁殖和生育的关键时期。在立夏后的很长一段时间里，

---

[1] 中国民间文艺家协会.亚鲁王[M].北京：中华书局，2012：45-46.
[2] 刘毓荣.锦屏县林业志[M].贵阳：贵州人民出版社，2002：38.

苗族民众禁止从事各种捕鱼和狩猎的活动。秋收后，动物的繁殖和生育期已基本结束，此时人们才开始进行大量的渔猎行为。

苗族对捕鱼和狩猎的对象十分讲究，不能大量扑杀野兽，不能过度浪费猎物。例如在贵州省锦屏县隆里镇的偶里苗寨，就有关于捕鱼和狩猎的相关规定：进入他人田间"赶鱼"，扑到鲤鱼时只能带走雄鱼，不能带走雌鱼，尤其是即将产卵的雌鱼更不能扑杀，违者处以罚款或要求赔礼道歉并没收所得。在贵州省东南部很多苗寨也有诸如此类的规定：在扑鱼方面，田鱼和河鱼只能勾钓或网捞，一律严禁电触或药毒药炸，违者处以重罚；在捕猎方面，禁止追杀进入村寨的野生动物，严格限制上山打猎的数量，不能滥杀无度等。与此同时，苗族民众上山采摘草药时，要随身带上少许大米和酒水，采集前在草药植物周围撒米敬酒并请求道："你是神药，请你去救治有病之人，我向你感恩了！"

苗族上述关于渔猎的规定和禁忌，体现了苗族人民对动植物生存所给予的伦理关怀，在一定程度上起到了维护动植物生命持续繁衍的良好功效。

第三章
苗族传统伦理的基本特征与社会功能

文化是"一种最内在地理解的、最深层次地共有的、由我们所有人分享的信念、价值、习俗,是构成我们生活体系的一切概念细节之总和"。①从起源上讲,文化是人类劳动实践的结果,它一旦形成,就像日月星辰一样现成地、给定地支配着人们的日常生活。"文化一经产生,它便以一种客观性形式成为外在于人的规范力量,以稳定的形式按照自己特有的方式运动。"②人类难以摆脱传统文化的束缚,不仅人们的语言构成了经验的内容、人们习以为常的传统和习俗在某种程度上决定了经验的形式,甚至建立在理性基础之上的人类自觉的科学、艺术、哲学等活动也都是从人的日常生活习俗中分化出来。"一个民族的传统文化或一个地区民间的传统文化,大都是这个民族和地区的群众所共有的,在整个民族或区域内广为流行,有广泛的群众基础和自我认同性,为群众所喜闻乐见,并深植于群众生活中。"③我国是一个多民族国家,每一个民族在自己的历史发展过程中都创造出了光辉灿烂的文化。由于各个民族所处的地理环境、社会发展阶段等存在差异,因而各民族所创造出来的文化必然具有自身的民族性特点和社会价值,这一点是得到人们普遍认同的。苗族伦理是苗族先民在特定的社会历史条件下创造出来的一种精神文化现象,它具有与其他民族文化不同的基本特征和社会功能。

---

① 伽达默尔.真理与方法[M].沈阳:辽宁人民出版社,1987:15.
② 邹广文.当代文化哲学[M].北京:人民出版社,2007:104.
③ 张术麟.加强保护民族民间传统文化的意义及法律保护现状[J].前沿,2004(4):23-25.

第一节　苗族传统伦理的基本特征

中华民族是一个多元一体的民族，中华文化是一种多元一体的文化，每一种民族文化，哪怕是弱小民族的文化，都蕴含着特殊的文化背景和历史传统，都有自身独特的文化类型，"一个民族特殊的生活、生产实践塑造了相应的特殊的民族心理、民族性格、思维方式、价值观念、即文化类型"[①]。只有每个民族都维系着自己的民族文化特点，中华民族文化的丰富多样性才有可能形成。苗族伦理是苗族先民在特定的社会历史条件下创造出来的一种典型的农耕文化，它具有与其他民族文化不同的基本特征。归纳起来，我国苗族伦理的基本特点主要体现在民族性、祭祀性、群体性、自发风俗性以及地域性五个方面。

一、民族性特征

"民族是人们在历史上形成的有共同语言、共同地域、共同经济生活以及表现于共同的民族文化特点的共同心理素质这四个基本特征的稳定共同体。"[②] 斯大林对民族概念的界定，深刻地反映出了民族的本质属性。在我国，苗族呈现出大杂居、小聚居的居住特点，苗族先民在共同的时空范围、共同的经济生活以及共同的地域环境下生存并世代繁衍，在这既定的生活环境中形成的苗族伦理必然具有自身鲜明的民族性特征。

（一）苗族伦理是一种典型的农耕文化

费孝通先生在分析我国汉民族的性格时指出："我们的民族确是和泥土分不开的了。从土里长出过光荣的历史，自然也受到土的束缚，现在很有些飞

---

① 刘进田.文化哲学导论[M].北京：法律出版社：1999：327.
② 斯大林全集（第11卷）[M].北京：人民出版社，1979：64.

不上天的样子。""农业和游牧或工业不同，它是直接取资于土地的。游牧的人可逐水草而居，飘忽不定，做工业的人可以选地而居，迁移无碍；而种地的人却搬不动地，长在土里的庄稼行动不得，侍候庄稼的老农也因之像是半生插入了土里，土气是因为它流动而产生的。"①我国苗族是一个典型的农耕民族，苗族伦理从形成到发展、从盛行方式到活动内容都体现出了鲜明的农耕特色，尤以生产劳动伦理最为显著。从内容上讲，生产劳动伦理记述了苗族先民在生产力落后条件下从事简单农业生产以及在劳动过程中互助互帮的过程。在宗教伦理、婚丧伦理和生态伦理中，苗族民众在举行祭祖仪式时喜用糯米饭、米酒、鸡、鸭、鱼等原生态农产品作为祭品，充分体现了苗族伦理的深厚农耕文化特色。苗族喜吃糯米饭，说明在社会生产力水平低下条件下，粘稻等各种粮食作物在苗族地区还未得到普遍种植；苗族喜好米酒，说明在精神文化生活极为贫乏条件下苗族人民平时借酒消愁，遇事借酒取乐；苗族喜用鸡、鸭、鱼作为祭祖佳肴，证实了在饲养业还不发达的苗族社会，鸡、鸭、鱼是农户家庭唯一能够自给自足的农户产品；苗族把鱼当作婚丧嫁娶或逢年过节的必备美食，表明苗族民众认识自然和改造自然的能力有限，他们常年过着衣不蔽体、食不果腹的贫困生活，吃鱼寄希望于年年有余、未来生活富足美满。这些生活习俗不仅彰显了苗族伦理极其深厚的农耕文化底蕴，而且有力地反映了苗族伦理本质上就是一种充满乡土气息的传统农耕文化。

（二）苗族伦理具有浓厚的巫文化传统

苗族伦理充满着浓厚的巫文化传统。从汉文献记载中考察苗族文化，我们可以看到，从《国语·楚语下》所记载的"民神杂糅""家为巫史"，到"三苗"时期《尚书·吕刑》的"相尚听于鬼神"，再到汉朝王逸《楚辞章句》中的"其俗信巫而好祠"等，都充分体现了苗族自古以来就有巫文化的历史传统。在近代以来的苗族伦理中，我们也能体会到其中浓郁的巫文化内涵。在生产劳动伦理、婚丧伦理、宗教伦理、生态伦理中，苗族人民依据本民族习

---

① 费孝通.乡土中国[M].北京：生活·读书·新知三联书店，1985：1-2.

俗宴请祭师举行一定的祭祖仪式。尤其是宗教伦理，人们除了在年节期间举行隆重的祭祖仪式外，平日里还要举行大量的祭祀动植物神灵以及招龙、祭嘎哈、洗寨等各种祭神驱鬼的活动，这些巫术活动均呈现出了苗族伦理鲜明的巫文化特色。与此同时，苗族社会伦理所体现出来的巫文化特征也较为明显，例如遇久旱不雨，人们为了求雨，常常组织本村寨年轻人倒背蓑衣、手持铅桓，抬着木鼓到山顶踩鼓，苗语称"珠穆"；有的村寨为求雨，给一只狗穿上妇女盛装，用轿子抬着狗走村串寨，接受外村人撒稀泥、泼水等，以此祈求老天爷同情其"不幸"而降雨洗刷。由于居住环境的封闭性和交通条件的落后性，无论过去、现在还是未来，苗族伦理的巫文化传统都将长期存在并贯穿于苗族社会发展过程的始终。

（三）苗族伦理以语言和仪式的方式传承

苗族伦理自产生之日起，都是以语言为唯一载体表达出来，以言传身教的方式进行传承和发展。由于苗族有语言无文字，苗族先民在生产生活中创造出来的传统文化无法通过本民族文字加以记述。因此，苗族的生产劳动伦理、婚姻伦理、宗教伦理、社会伦理、生态伦理等伦理文化都是通过语言形式传承，并以口耳相传的方式延续下来，这是苗族伦理文化最基本的民族性特征之一。例如苗族在祭祖时使用的各种祭祀隐语，都是由苗族语言、谚语等组成；苗族在年节祭祖跳芦笙时使用的芦笙曲，都是由苗族语言词汇汇编而成，其中一个词就是一个芦笙音符，这些芦笙曲同样是通过语言和仪式的方式展示出来。因此，以语言和仪式为手段传承民族文化，是苗族与其他民族不同的根本性特点。

二、祭祀性特征

我国苗族是一个具有浓厚巫文化传统的民族，苗族人民普遍崇拜祖神和各类神灵。苗族人民敬畏祖神、尊重神灵，因而祭祀神灵成了苗族伦理文化的重要特征。

（一）鼓社祭祖

苗族伦理祭祀性特征的典型表现是鼓社祭祖。鼓社祭祖是苗族社会规模最大、最隆重、耗时最长的祭祖形式，是苗族宗教伦理的突出体现。鼓社祭祖期间，各地苗族以鼓社为单位举行全家族的祭祖仪式。根据1995年贵州省台江县人民政府初步统计：中华人民共和国成立初期，在台江县覃膏、孝弟、德条三个乡镇的1552户家庭中，人们在举行鼓社祭祖期间就杀去393头鼓藏牛，以当时每头牛平均100元（按旧币折合）计算，共计39300元。此外，杀鼓藏牛时，每家亲友前来送礼祝贺，估计每头鼓藏牛平均礼物15元，393头年约计5895元。杀牛祭祖的第二年，举行杀鼓藏猪祭祖，几乎每户杀一头，也有一户杀两头的。据估计杀去的鼓藏猪大约400头以上，以每头平均15元计算，累计6000元，以上共计达22万余元。①在台江县交汪苗寨，总户数有196户，1955年用48头牛吃黑鼓藏祭祖，附近村寨有5000余人到场参观，虽经主事者在斗牛完毕后宣布接受党的教育，厉行节约，不再宰杀牲牛，不按旧例招待亲友，以免浪费。但还是有800多人在交汪苗寨吃住一晚，仅酒饭就耗去8000多斤谷子。如果按照原有旧俗，至少将有三四千人在交汪苗寨吃喝通宵。②例如贵州省台江县1956年第一次过苗年祭祖时，巫脚交、巫脚南、巫梭、反排四个村寨在其交界地"松岔由"斗牛场举行斗牛比赛，前来参加的观众就有一千多人。四个苗寨共440户，平均每户约有3人参加。第二次和第三次的苗年斗牛赛分别在番召乡附近的覃膏堡和九龙乡的交汪举行，仅交汪斗牛当天就有近三千人观战。③

（二）其他祭祀活动

在婚丧伦理中，餐宴前人们要举行简单的祭祖仪式。届时，由主人备好酒菜，在自家堂屋中间祭祀祖宗。祭祀完毕，所有宾朋方能就餐。在生态伦理中，苗族有祭祀树神的习惯。逢年过节，苗族民众都要到村边寨旁的古树

---

① 贵州省编辑组.苗族社会历史调查（一）[M].贵阳：贵州民族出版社，1986：255.
② 贵州省编辑组.苗族社会历史调查（一）[M].贵阳：贵州人民出版社，1986：253.
③ 贵州省编辑组.苗族社会历史调查（一）[M].贵阳：贵州民族出版社，1986：209.

前进行祭拜，祈求树神保佑其家庭生产顺心如意、家庭生活幸福美满。在社会伦理中，苗族民众在吃饭前习惯性地用筷子夹取少量酒菜抛洒于地，表示慰劳祖先。实践表明，各种形式的祭祀活动不仅渗透于苗族民众生活的始终，而且已经成为苗族民众亘古不变的生活样态。如果去除这些祭祀性活动，苗族伦理不仅很可能失去其存在的历史必然性，而且将会使苗族传统文化失去其应有的民族特色。

三、群体性特征

"一个民族的传统文化或一个地区民间的传统文化，大都是这个民族和地区的群众所共有的，在整个民族或区域内广为流行，有广泛的群众基础和自我认同性，为群众所喜闻乐见，并深植于群众生活中。"[1]苗族民众聚族而居，其聚居性的生活方式赋予了苗族伦理鲜明的群体性特征。

（一）主体行为方式的群体性

苗族以支系为单位聚族而居，形成无数个大大小小的同姓村落（即鼓社）。在年节祭祖中，苗族总是以鼓社为单位、以鼓头为核心，在祭师的主持下举行家族式的集体性祭祖活动，其参与人员须遵守共同的礼仪规范和活动程序。祭祖期间，人们还要开展形式多样的集体性娱乐活动如斗牛比赛、对唱情歌、踩鼓、跳芦笙、"游方"等。例如在贵州省台江县1956年第一次举行苗年祭祖时，巫脚交、巫脚南、巫梭、反排四个村寨在其交界地"松岔由"斗牛场举行斗牛比赛，前来参加的观众就有一千多人。四个苗寨共440户，平均每户约有3人参加。第二次和第三次的苗年祭祖，其斗牛赛分别在番召乡附近的覃膏堡和九龙乡的交汪举行，仅交汪斗牛当天就有近三千人观战。[2]此外，苗族在举行招龙、祭嘎哈、洗寨以及各类占卜活动时，除了主持人员祭师外，还须有本村寨中其他人员参加，参加者在祭师指示下进行活动。在丧葬伦理

---

[1] 张术麟.加强保护民族民间传统文化的意义及法律保护现状[M].前沿，2004（4）：33-35.
[2] 贵州省编辑组.苗族社会历史调查（一）[M].贵阳：贵州民族出版社，1986：209.

中，一个家庭亲人病故，所有家族成员前来帮忙治丧；在婚姻伦理中，从婚前"游方"、订婚到结婚时的送亲、接亲，再到婚后吃客饭和媳饭等过程，都是十数人以上参加的集体性活动，而非个人的单独行为。因此从一定意义上讲，苗族伦理就是苗族民众在本民族伦理规范的制约下所进行的一种集体性的民间表演活动。

（二）利益调节的群体性

利益是伦理道德的基础，伦理道德的作用在于调节个人利益与群体利益之间的矛盾与冲突，使二者在一定的范围内趋于一致。苗族民众认同远祖血缘宗族，认为始祖蚩尤是本民族共同的祖先并予以崇奉。在贵州省三大苗族方言区，人们把自己的远古祖先称为尤公；在贵州省东南部一带，人们将自己的远古祖先称为榜香尤；在湖北省湘西州，人们将自己的远古祖先称为九黎蚩尤；在四川西部、贵州西部以及重庆西部的苗族方言区，人们直接把自己的远古祖先称为蚩尤。在四川省南部、贵州省北部和西部等苗族地区，当地民众还建立有蚩尤庙，以作为专门敬奉本民族祖先之用。在云南省文山州的苗族"踩花山"活动中，人们在花山场中央树立花杆，在花杆上披挂彩布，并将其称为"蚩尤旗"。树立花杆时所吟唱的咒语，须追述祖先蚩尤（当地苗族称蒙蚩尤）的生活事迹及其丰功伟绩。湖北省湘西州和贵州省东北部苗族祭祖时，必须杀猪供奉蚩尤。在湖南省城步县，当地苗族有祭祀"枫神"驱除疫病的习俗。祭祀"枫神"时，参与人群头上反戴铁三角、身上倒披蓑衣、手持一根木棒、脚上穿着钉鞋，把自己装扮成"枫神"。这种令人敬畏的"枫神"，就是苗族人民心中伟大而神圣的蚩尤始祖。苗族人民过年，家家户户杀猪祭祖，主家来客，族人备酒肉集体招待。在贵州省雷山县西江苗寨，过苗年有其特殊规定：住在山顶上的"鼓脏头"家首先动手杀年猪，随后各家各户方能动手杀猪过年；春耕干活，每个苗族村寨的"活路头"家率先开工，其后各户家庭方可下田劳作。

（三）苗族伦理是一种普及型的群众性文化

苗族伦理是苗族人民生活样态的表达，是苗族人民集体意识的体现，为广大苗族成员所熟悉、掌握和了解，属于普及型的群众性文化范畴。从主体上看，无论是生产劳动伦理、婚丧伦理、宗教伦理、社会行为伦理还是生态伦理，其伦理文化的主体都是苗族世居区的广大人民群众；从内容上看，伦理文化的内涵都来源于苗族世居区人民群众的生产生活实践，都为广大苗族民众所普遍认同；从普及性上看，在广大苗族地区，同一伦理文化一般都为当地民众所普遍知晓。可以说，苗族伦理是苗族社会众人皆知的民间大众性文化。

四、自发风俗性特征

苗族传统伦理在苗族社会中自发形成，是维系苗族社会秩序的重要精神力量。作为一种"风俗的统治"，苗族传统伦理调节着苗族社会内部以及苗族与当地各民族之间的各种人伦关系，具有明显的自发风俗性特征。

（一）古理古规发挥着规范人们日常生活行为的作用

苗族道德规范表现为苗族社会的古理古规，这些古理古规是苗族先民理性智慧的结晶。在不同的苗族地区，苗族社会的古理古规具有不同的表现形式。例如在广西融水苗族自治县及贵州、广西交界地区的苗族聚居区，人们通过"埋岩"和"岩规岩约"的方式规范和约束广大民众的生活行为；在贵州省东南部、南部和中部广大苗族地区，人们通过"议榔"和"榔款"制度来规制人们的生活行为；在湖北省湘西州、湖南省西南部以及江西、四川、广西部分苗族地区，人们则将"合款""款规""款约"作为其必须遵循的行为规范。在传统苗族社会，古理古规与古法是混融的，二者都属于苗族社会的习惯法范畴。例如中国典籍《尚书·吕刑》中记载："苗民弗用灵，制以刑，惟作五虐刑曰法。……爰始淫及劓、耶、椓、鲸。"《大清律例》中规定："苗人与苗人相争讼之事，俱照苗例完结，不必绳之以官法，以滋扰暴。"《清高宗实录》指出:"一切(苗人)自相诉讼之事,俱照苗例完结,不治以官法。""苗人愿将苗例完结者,免去相验解审。"从某种程度上讲,上述行为规范是苗族社会人人必须遵守的习惯法。古规古法规制和管理苗族社会秩序的方式表现为:议榔立法、理老司法、鼓社执法。理老是苗族的自然领袖,在裁决纠纷和化解矛盾时理老首先听取双方当事人意见,将当事双方叫到自己家中,列举有关古规古法和榔规款约说服双方,引经据典地对纠纷和矛盾进行裁决。理亏一方往往会自觉放弃其不合理要求,主动服从"裁断",并按照规定向对方赔偿损失或赔礼道歉。裁断时,以"断木"或"破竹"为证,当事双方各执一份。明代郭子章在《黔记》中记载:苗人"推其属之公正善言语者,号曰行头,以讲曲直"①。直到近代,在苗族地区理老制仍然是与官方行政体制并行的一种管理苗族社会的制度。中国绝大多数苗族地区正是依靠这些世代相传的古规古法调节着苗族社会内部的各种关系与矛盾,使苗族社会获得长期稳定的发展。

(二)神判是解决苗族社会矛盾与纠纷的权威判决

理老在调解社会成员纷争、评判社会成员行为时,态度极为慎重,希望通过合理裁判解决各类纠纷与矛盾。当理老遇到是非不明、案情不清、分歧较大的事件时,往往会通过"神判"的方式来解决。在传统苗族社会,这种神判方式具有极大的权威性,是人们解决矛盾与纠纷的最终裁判,一经判定双方当事人不得违抗。理老通常使用的"神判"方式有:砍鸡、踩犁铧、看鸡眼、捞油锅、占卜等,借助鬼神的力量对人间善恶进行道德评判。从本质上讲,这种神判方式是一种道德上的他律性评价。在这种评价中,理老并未强调人的良心自觉与行为自律,而且凭借本人办事公道的人格魅力和社会舆论来解决纠纷,是一种劝知性、惩戒性的矛盾解决方式。这种评价虽然带有一定的落后性和野蛮成分,但在苗族历史发展的特定时期,它毕竟起到惩恶扬善的道德评价功能,对维护和推动苗族社会的存续与发展发挥着至关重要

---

① 伍新福.苗族文化史[M].成都:四川民族出版社,2000:242-243.

的作用。

五、地域性特征

苗族伦理是苗族人民的一种行为规范和活动方式，盛行于广大苗族地区，具有一定的地域性特征。苗族伦理的这种地域性特征表现在苗族伦理流行空间的地域有限性和流行时间的地域差异性上。

（一）苗族伦理流行空间上的地域有限性

苗族伦理与其他民族文化的区别在于其流行空间上的地域有限性。例如苗族在年节祭祖期间举行斗牛、跳芦笙、"游方"等活动时，他们通常以某一个固定场所（如某个平坝、山坳、河边、寨旁）作为活动集中地，以此形成一个固定的节日文化空间。届时，人们穿着节日盛装从四面八方赶来，汇集在斗牛场、芦笙堂、"游方"坪等固定场所观看斗牛比赛、参加跳芦笙以及"游方"活动。在活动参与者中，有的来自邻近村寨、有的来自邻近乡镇、有的来自邻近的县或省，其人数之多、场面之壮观为汉族地区所罕见。

（二）苗族伦理流行时间上的地域差异性

苗族伦理在流行时间的地域差异性上，尤以苗族祭祖之年（苗年节）最为突出。众所皆知，苗年节是苗族人民根据自然天象、气候、物候等自然时序的变化和生产节律来确定的，因此，苗年节不像汉族的春节、端午节、中秋节那样具有全国全民性之特点。也就是说在苗族地区，并非全体苗族都在同一时间举行苗年祭祖，各支系、各地区苗族举行苗年祭祖的时间存在一定差异。例如在贵州省台江县巫脚交，农历十月第一个丑日是大年的正日，第二个丑日和第三个丑日为小年；在台江县宝贡乡，农历十月第一个子日和第二个子日，先后过大小年两次；在台江县孝弟乡，农历十月第一个丑日为小年，第二个丑日为大年，第三个丑日为小年……在台江县革一、大塘、茅坪等乡，农历十一月以后的卯日过一次苗年；在台江县老屯乡，农历十一月辰日过一次苗年。① 总体来看，在贵州省台江县南部、东部和西部的高山地区，由于气候严寒、生产落后，这些地区的年节祭祖活动保持得较为完整，当地民众每年花费在年节祭祖活动上的时间相对较多。在台江县城郊附近地区和北部清水江边的施洞口一带，由于气候湿润、降雨充足、经济发展较好，苗族习俗受到汉文化的影响较大，当地民众每年花费在年节祭祖活动上的时间也就相对较少。

综上，苗族伦理所呈现出来的上述五个基本特征告诉我们，苗族伦理体现的是苗族农耕文化的传统精神，承载的是苗族人民的历史积淀和民族风貌。苗族伦理的价值在于彰显民族团结精神，展示民族情感和人生意义，十分值得后人珍视和学习。

第二节　苗族传统伦理的社会功能

恩格斯指出："一种历史因素一旦被其他的、归根结底是经济的原因造成了，它也就起作用，就能够对它的环境，甚至对产生它的原因发生反作用。"②文化世界是通过一代又一代人塑造出来的，是"一种最内在地理解的、最深层次地共有的、由我们所有人分享的信念、价值、习俗，是构成我们生活体系的一切概念细节之总和"。③文化世界既是我们每个人直接体验的世界，同时也是我们每个人安身立命的世界，与我们每个人的生存环境息息相关。"文化世界作为一种融物质与精神为一体的约定俗成存在，它构成了一般社会活动和精神生产的前提与基础。作为文化世界核心的礼仪、习俗、行为规范等文化因素，从起源上讲毫无疑问是人的实践结果，但是它们一旦固化，就像日月星辰一样现成地、给定地呈现在每一个体面前，作为自在的和给定的规范

---

① 伍新福.苗族文化史[M].成都：四川人民出版社，2000：490.
② 马克思恩格斯选集（第2卷）[M].北京：人民出版社，1995：728.
③ 伽达默尔.真理与方法[M].沈阳：辽宁人民出版社，1987：15.

体系支配着人们的日常生活。"①人作为一种能动的社会存在物,能够通过自我意识的对象化来确证自身,而文化就是人类自我意识对象化的结果,通过文化实践人类确证了自身的主体性存在。苗族伦理作为广大苗族民众共同的民族标识,它以祭祀神灵、追求婚恋自由等为主题,既注重对人间亲情的渲染和子孙后代道德品质的教育,同时又注重维护社会和谐和为人们勾画未来的美好生活图景。虽然改革开放后我国苗族社会获得了较大发展,苗族传统伦理发生了剧烈变化,但是苗族传统伦理的边缘化境遇并不意味着苗族伦理没有存在和发展的必然性。相反,苗族伦理作为一种人类文化形态不仅为人们提供了解释世界和处理自身与外部世界之间关系的独特方式,而且它所反映出来的生活情趣和精神信仰至今仍具有超越生活需要的人文价值。时至今日,苗族伦理依然存在并受到现代人的青睐,从根本上说就在于它以丰富的形式和完整的品格给现代人的生活提供了可能的价值选择。因此,无论现在还是将来,苗族伦理对于苗族地区乃至整个中国社会的发展都将具有十分重要的价值和意义。

一、社会整合功能

社会整合是一种建立在共同的道德情感或价值观基础上的个体与个体、个体与群体、群体与群体之间的联系状态。民族伦理对社会的整合作用是指通过民族的道德规范约束每个民族个体的生活行为,使每个民族个体在共同的习俗和惯例下产生共同的民族意识、形成共同的民族规范的过程。苗族伦理是苗族民众在长期生活中形成的实践知识,为苗族民众所遵守和信奉。它作为一种可供利用的社会管理资源,是联系苗族民众、团结苗族民众的精神纽带。

(一)增强民族团结

"实际上每个成熟的民族都有属于自己特有文化形态的文化个性,而这种

---

① 邹广文.当代文化哲学[M].北京:人民出版社,2007:159.

第三章 苗族传统伦理的基本特征与社会功能

特有的文化就成为民族亲和力和凝聚力的重要源泉。"①苗族伦理形成于苗族人民的社会生活实践,属于一种典型的复合型文化。它是苗族人民生活方式的表达,是苗族人民的历史记忆,体现着苗族人民的精神信仰、价值观念以及审美情趣等基本理念。苗族伦理种类有别、形式各异,但都打上了苗族人民的思想烙印。

在苗族宗教伦理中,苗族为缅怀自己的祖先,每十三年举行一次以鼓社为单位的集体性祭祖活动。苗族祭鼓词中唱道:"咱妈住在水乡,咱爸居于沙滩……这地方住不下,这处所挤不容。我们拿鼓来劈,我们拿鼓来分。劈成十二块,分成十二瓣。十二块十二支系,十二瓣十二部落。十二支系散居地方,十二部落建立村寨……爹妈才来留话,公奶才立遗嘱。拿楠木来做鼓,拿柱椿来造鼓,成筒才来敲,成鼓才来击。祭筒给我们祖宗,贡鼓给我们先人。祭的筒十二卡长,贡的鼓十二尺长。十二卡代替十二支,十二尺表示十二系……找得他方就做活,寻得处所就立寨。不让妈妈的气味丢失,不许爸爸的名声遗忘。小辈才拿筒来敲,后代才拿鼓来击。敲筒来祭祖母,击鼓来祭先父。"②在苗族社会,一个鼓代表一个家族,击鼓就是为了不忘记祖先。苗族人民不惜代价杀牛祭祖,他们认为对祖先的忠诚就是对本民族的忠诚。因此,"鼓社祭像一根无形的线,一头拴在祖宗的手里,一头拴在氏族成员的手里。无论你走到哪里,你和他总是有千丝万缕的联系。一旦你跌了跤,他那头就把你拉起来。只要还有这根游丝在也就够了,民族认同的意念就会从这根游丝上传递过来。"③苗族地区交通闭塞、信息落后、经济发展缓慢,人与人之间接触和交往甚少,因此祭祖活动便成了广大苗族民众重要的精神娱乐方式。苗族民众通过举行祭祖活动,血亲之间、姻亲之间、长辈晚辈之间互相走访,共同维系同宗关系、共同增强同宗记忆,以此延续苗族特有的血缘性社会结构。在祭祖活动中,不分年龄、性别、职业等的差别,大家齐聚

---

① 刘云山.《高扬先进文化旗帜,推动中国特色社会主义文化的发展繁荣》,十六大报告读本[M].北京:人民出版社,2004:192.
② 曹端波.民族文化与社会发展——贵州少数民族考察手记[M].贵阳:贵州大学出版社,2007:59.
③ 罗义群.苗族牛崇拜文化论[M].北京:中国文史出版社,2005:55.

民族复兴背景下苗族传统伦理现代转换研究

一堂亲切问候、相互祝福、欢歌笑语，共同享受年节祭祖带来的快乐，其感情甚于平常。在这种场合下，民族的认同感、亲和感油然而生，这对于消解民族隔阂、凝聚民族力量、加强民族内部团结具有极大的促进作用。

在苗族婚姻伦理中，一家有婚事，血缘亲族和至亲好友前来帮忙，邻里也纷纷前来祝贺。在喜庆热闹的婚礼场合，人们借助婚礼活动通宵达旦唱歌跳舞，其间人与人之间的交往甚于平常。通过婚礼活动，"进一步认同和强调了这种血缘或者家族关系，增强了氏族或家族内部的团结，增强了人们彼此之间的凝聚力，显示了族人的集体的力量，同时还能起到教育本族成员、强化其亲缘观念的作用。"①在苗族丧葬伦理中，凡遇老人去世，血缘亲族和至亲好友前来协助丧家办理丧事，邻里自发参加吊唁。在严肃庄重的治丧场景下，人们借助送死助生之机通宵达旦唱歌跳舞，其间人与人之间的血缘亲情得到更大提升。通过丧葬活动，"进一步认同和强调了这种血缘或者家族关系，增强了氏族或家族内部的团结，增强了人们彼此之间的凝聚力，显示了族人的集体的力量，同时还能起到教育本族成员、强化其亲缘观念的作用"。②正如毛泽东同志所言："村里死了人，开一个追悼会，寄托我们的哀思，使全体人民团结起来。"③在苗族社会伦理中，"榔规"作为管理苗族社会的习惯法，对违反者给予"开除"，被"开除"者即使不被驱逐出村寨，但在某种程度上会被断绝与"议榔"各成员之间的交往。"开除"是一种仅次于处死的严厉处罚，受罚者会深刻体会到被群体孤立的严重性。因为在苗族社会，每个人要想取得本民族的身份或资格，要想得到本民族其他成员的信赖和尊重，就必须要遵守本民族的各种习俗与规范；而一旦脱离了本民族群体，就意味着失去了庇护、失去了生存的权利。

我国苗族在数百年频繁的迁徙过程中，既没有建立自己的国家政权，也没有固定的疆土，四处散居。因此在苗族传统伦理观中，群体远高于个体而存在，是被"神圣化"了的具有崇高意义的存在，个体归属于群体。在苗族

---

① 霍巍，黄伟.四川丧葬文化[M].成都：四川人民出版社，1992：7-8.
② 霍巍，黄伟.四川丧葬文化[M].成都：四川人民出版社，1992：7-8.
③ 毛泽东选集（第5卷）[M].北京：人民出版社，1977：236.

第三章　苗族传统伦理的基本特征与社会功能

人民看来，苗族伦理通过对每个苗族个体生活行为的约束，可以很好地实现对社会关系的凝聚与整合。因此，苗族人民通过举行祭祖活动团结本"鼓社"所有成员，从而形成一个以共同祖先为中心的稳定的人际关系整体。可见，一次祭祖活动就是一次血缘关系认同的展演，这对于凝聚同一宗族社会成员感情、增强苗族社会内部人与人之间的交流、提升苗族族群认同等均具有极其重要的现实意义。

（二）倡导本民族内部以及族际、村寨之间的平等

苗族是我国历史上有重要影响的民族之一。苗族发源于洞庭湖沿岸，由于历代封建王朝的驱逐，苗族由中原地区迁入西南，从中心走向边缘，其发展经历了曲折、动荡与斗争的历史。直至唐宋，苗族才步入阶级社会。明末清初，在贵州省雷公山区和湘黔交界的腊尔山地区，仍然留存有大量的所谓"有统属而无君长，有贫富而无贵贱"的"生苗区"。这些地区的苗族保持着长达80年之久的自主自立的生存状态，其社会治理和生产生活习俗受外界汉文化的影响较少，苗族社会内部的平等思想和平等观念极为浓厚。

本民族内部成员一律平等。苗族倡导本民族内部成员一律平等，具体表现在男女平等和夫妻平等两个方面。一是男女平等。在传统苗族社会，男女平等的最初体现就是推崇男女婚恋平等与自由。男女青年在结婚前以游方、对歌等方式自由择偶，一旦双方互有好感便私订终身，其婚姻关系不受父母干涉。二是夫妻平等。苗族历来实行一夫一妻制，在家庭中夫妻地位平等，家庭中重要事项的处理均由夫妻双方商量办理。家庭成员之间关系和谐，许多家庭直至所有兄弟结婚成家后才开始分居。在湖北省湘西州，当地苗族婚礼还保留着吃"团圆饭"、沅"和气脸"等习俗，此举预示着家庭成员之间相互尊重、互不嫌弃、永久和睦之意。

苗族与其他民族之间地位平等。族际平等就是追求族格的平等，所谓族格平等是指在一个多民族国家里每个民族都享有平等的权利和尊严。"人格"是"族格"的基础，族格是群体的抽象人格。进入文明时代以来，中华民族一直维系着几千年的等级森严的社会秩序，各民族在族格上是不平等的。苗

族长期处于社会底层，追求平等族际关系的愿望尤为强烈。然而，中国历代封建王朝却将苗族尤其是生苗区的苗族同胞视为"久居化外，不通声教"的蛮夷民族，对苗族采取漠视乃至压制的态度，漠视苗族对正义、平等的人格追求。清代中国发生的三次著名苗族大起义，就是苗族与其他民族之间矛盾冲突的表现。例如在乾嘉苗民起义中，苗族人民明确提出了"苗子也可做官"的口号和"逐客民，收复地"的诉求，表明苗族十分渴望实现族际平等。

村寨与村寨之间地位平等。苗族在数千年的历史发展中从未建立过自己的国家政权，苗族社会内部阶级分化并不明显。苗族聚族而居，在一个地区内按照宗支血缘关系建立村寨，主张各村寨互谅互让、地位平等；一旦出现矛盾与纠纷，均以众人皆知并遵守的"榔规"和"款约"来处理村寨之间的关系。如遇重大节庆，各村寨寨老组织本村寨成员与其他村寨成员进行活动，各苗族村寨之间呈现出一片吉祥和谐的气氛。正犹如苗族民众所言："坐在一方土，便是一家人。"

（三）促进社会和谐

在中国传统文化中，无论是汉族文化还是少数民族文化，亦无论是精英阶层文化还是地方本土文化，都表达了对和谐理念的追求和向往，这种文化精神和传统在今天越来越显示出它的宝贵价值。和谐理念来源于中国传统文化中的系统观和整体观的思想，反映的是人类追求公平、正义、友善、包容的宏伟心愿，表达了人类对于构建理想社会的期盼。和谐社会作为当代中国社会发展的目标，它既是马克思主义基本理论与中国具体实际相结合的产物，同时又是中国传统文化精髓与现代工业文明的有机结合，我国的和谐社会建设需要从传统文化中吸取养分。同样，苗族地区的和谐社会建设也不能脱离自己的本土文化，苗族伦理是苗族人民在长期的劳动实践中创造出来的精神文化产品，是苗族地区和谐社会建设的重要文化基础。

在苗族宗教伦理中，苗族人民把自己民族的原始祖先神化，然后通过祭祖活动将鼓社内所有成员集中起来，大家齐聚鼓场吹笙跳舞，增进彼此间感情。苗族《祭祖词》中唱道："跳十二双的鼓、舞十二尺的筒。这是祖公的长鼓，这是祖奶的大鼓。我们跳了就乐心，我们舞了就忘忧。"①苗族祭祖表达了人们对祖先神灵的崇拜和信仰，体现了苗族人民重视血缘家族关系的伦理观念。苗族通过祭祖活动确立起来的族群文化认同，加强了苗族社会成员之间的集体文化记忆，建立了一个以祖先为圆心、以氏族血缘关系为纽带的人与人之间和谐相处的天然人伦关系。在苗族社会内部，各成员之间的矛盾和冲突在所难免。苗族通过祭祖活动统一人们的思想和行为，以此形成一套公共的民族精神信仰和人生价值观念，这对于缓和苗族社会矛盾与冲突，调整苗族社会内部各种紧张关系，促进苗族社会和谐发展具有重要作用。与此同时，在年节期间中，苗族通过举行集体性的斗牛、赛马、舞蹈、对歌、"游方"等活动，大家无贵贱之分、贫富之别地欢聚一堂，这不仅可以使人们享受到年节带来的物质满足与精神快乐，而且能够消除人们常年劳作的烦恼、缓解人们常年积蓄的压力，实现人与人、人与自身、人与社会和谐发展的时代主题。

在当代社会，只要我们正确认识苗族伦理中所蕴含的和谐思想因素，站在历史发展高度重塑苗族伦理的价值结构，并将其科学合理地运用到苗族地区的和谐社会建设实践中来，我们坚信苗族地区的和谐社会建设将会取得更大成效。

二、道德教育功能

苗族伦理是苗族人民在长期的社会生活中自然形成和发展的，较少受到阶级意识和各种官学文化的影响。苗族伦理是苗族人民生存与发展的历史记忆，必将对苗族社会成员具有较强的道德教育功能。道德教育是社会教育的一部分，可分为正式的、系统的教育，也可分为非正式的、非系统的教育。在传统苗族社会，人们从孩提时代开始就在长辈或父母自编自唱的歌谣或故事中接受各种传统伦理文化的熏陶。正如恩格斯所言：这是"同圣经一样培养他的道德感，使他认清自己的力量、自己的权利、自己的自由，激起他的

---

① 曹端波.民族文化与社会发展——贵州少数民族考察手记[M].贵阳：贵州大学出版社，2007：59.

勇气，唤起他对祖国的爱。"①苗族传统伦理的这种非正式道德教育，主要通过人们参与各种仪式或活动而从中学习和感知到。

（一）宗教伦理的道德教育功能

在鼓社祭祖中，从醒鼓、砍树制鼓、杀牛祭祖到藏鼓等各个环节都包含着严格的祭祖礼仪，这些祭祖礼仪蕴含着深厚的伦理道德内容。例如砍树制鼓时苗族《鼓藏经》唱道："姜央在天上，听我道端详。良辰吉日到，追念我爹娘。讨你天上树，鼓树砍一双，凿鼓祭祖宗，赐赏不赐赏？……"在祭祖活动中，苗族古歌《跋山涉水》唱道："奶奶离东方，队伍长又长；公公离东方，队伍长又长。后生挑担子，老人背包包，扶老又携幼，跋山涉水；迁徙来西方，寻找好生活。奶奶多勤劳，公公做辛苦，造屋建村落，开田又辟土；大田一坝坝，小田一坡坡；地方八百寨，九千大村落；鸡儿窜满寨，鸭儿漂满河；猪儿关满圈，牛儿放满坡。"②《鼓藏经》和苗族古歌讲述了苗族祖先的起源及其迁徙战斗的艰辛历程，号召大家缅怀祖先、披荆斩棘、团结奋斗、勤俭持家，共创美好生活。在祭祖过程中，人们在祭师的引领下聆听苗族古歌，在场人员能够以一种愉悦的心情感悟本民族的伦理文化，从而加深人们对本民族伦理文化的理解和把握。毋庸置疑，举行一次鼓社祭祖就是一次原生态的苗族道德课堂教育。

在其他各种祭祀鬼神的活动中，苗族相信鬼神的存在，相信鬼神能够主宰世俗人们的一切行为。苗族祭师正是利用人们对鬼神的害怕和恐惧宣扬本民族的伦理道德，规劝大家遵循规约，否则就要遭到应有的惩罚。例如在贵州省台江县，当地苗族老人总是教育年轻人要孝顺父母，不然会被雷神辟打；教育年轻人不能做违反道德的事，谁做了坏事将来会吃亏；教育年轻人不能乱伦，否则将会招致神灵的惩戒并给家人和族人带来灾难。相对于人为的社会制度和道德规范而言，虽然苗族的这种传统道德教育方式毫无科学依据，但在封闭落后的广大苗族社会，这些建立在民间信仰基石上的世俗习惯对普

---

① 马克思恩格斯论艺术（第4卷）[M].北京：人民出版社，1995：401.
② 蓝东兴.贵州少数民族口述传播史研究[M].北京：民族出版社，2010：137.

通民众的生活言行依然具有很强的约束力。

（二）丧葬伦理的道德教育功能

在苗族地区，凡正常死亡者，人们都要为其举行吊唁仪式。吊唁仪式的本质在于送死助生，即送走死者、帮助生者，然而在送死助生的过程中却体现了苗族丧葬伦理的道德教育功能。例如在吊唁活动中，苗族祭师要为死者吟唱《挽歌》，其歌曲内容是回顾和赞扬死者一生与人为善的传统美德。祭师吟唱死者生平事迹时，从出生唱到孩提时代、夫妻恩爱、养儿育女、勤俭持家、关爱后辈、孝敬老人等；同时祭师还吟唱死者生前的扶贫济困、助人为乐等先进事迹，以此唤起前来吊唁者对死者的追忆和缅怀，倡导后人孝顺长辈、发奋图强、和睦相处。一个好的苗族祭师，每唱一段都能触动人们的内心情感，促使在场人员黯然泪下。

祭师为死者吟唱《孝歌》："鼓儿打得响沉沉，场中得会聪明人。八月油麻先开口，要学前期唱歌人。人人来到歌堂内，个个唱歌伴亡人。不论客来不论主，每人唱首到天明……""人生七十古来稀，也有高来也有低。也有贫穷少吃饭，也有无子受孤凄。也有为官更作吏，也有沿路讨东西。山坡是主人是客，山河成路路成蹊。千年土地八百主，不卖东来不卖西。有朝一日无常到，肉化清风骨化泥……"[①]人的生命历程都是从出生开始，最后走向死亡的过程。生不由己，死不可逆，任何人都无法逃避这一规律。在祭师的引领下，人们在庄重肃穆的吊唁氛围中感悟到现世生命的意义与价值，激发人们珍惜生命、珍视现实生活的来之不易，引导人们憧憬未来的美好幸福生活。苗族丧葬伦理告诉人们这样一个道理：每个人的生命存在不仅属于自己，而且属于家人；人活着不只是一种权利，更是一种对家庭和社会的责任。可见，苗族丧葬伦理所蕴含的孝敬祖先、尊重长辈等美德，有助于教育广大苗族民众善待生命、热爱生活；有助于激励广大苗族民众树立高尚的道德情操和社会责任感，做好新时代社会主义的建设者和接班人。

---

① 丁世良，赵放.中国地方志民族资料汇编西南卷（下）[M].北京：书目文献出版社，1991：646.

祭师为死者吟唱《焚巾曲》，其歌词内容讲述苗族的来历、迁徙、生产劳动以及死者一生的经历等。从《焚巾曲》大意我们可以看出，苗族丧葬把抽象的道德伦理与具体的日常生活行为有机结合起来，强调道德教育必须从现实生活细节入手，旨在教育广大苗族民众尊老爱幼、与人为善。苗族丧葬伦理所蕴含着的价值取向，往往能够起到约束广大苗族民众生活行为、引导广大苗族民众扬善惩恶的作用。

（三）社会伦理的道德教育功能

苗族社会伦理既是调节苗族社会内部人与人之间关系的中介，同时又是评价苗族社会内部个人行为的标准。在苗族社会中，人们认为凡符合社会伦理的行为都是正确的，反之就要受到人们的谴责。为了维护社会的整体利益，苗族人民制定了许多社会习俗和道德准则，用以规范和约束每个社会成员的生活行为，用以调节个人与民族之间、民族内部各成员之间、家庭各成员之间以及本民族与其他民族之间的关系。在苗族社会中我们常常可以看到，如果一个人做了违反道德的事，将会遭到全村寨人的谴责；如果一个人做了有益于旁人邻里的好事，就会成为整个村寨学习的榜样。广大苗族民众总是持有避恶趋善的心态，认为做了坏事即使旁人不知道，自己良心也会受到极大的谴责。在当代社会，苗族这种褒奖高尚、贬低邪恶的社会伦理思想与社会主义的崇高道德精神具有某些相同之处，我们完全可以利用苗族社会伦理的这一道德教育功能来继续加强我国苗族地区的社会道德建设，不断推进我国苗族社会的发展与进步。

三、文化传承功能

文化传承是指将先人们创造出来的精神成果和实践经验传递给后继者的过程，是一种普遍的文化现象。每个民族所处的生存环境不同，他们在各自的历史发展过程中都创造出了具有自身民族特色的文化形态。这种民族文化是一个民族赖以生存和发展的精神动力，是一个民族认识世界和改造自然的智慧结晶，是维系和促进该民族得以长期存在的经验体系。只有每个民族都

第三章　苗族传统伦理的基本特征与社会功能

将自己的文化传递给后人，这样才能使本民族文化在新的历史条件下焕发出生命力。因此，每个民族都肩负着将自己民族的文化精神传递给后人之历史任务。苗族伦理作为苗族人民的一种文化心理，包含着苗族的历史发展、生活习惯、审美情绪和处事原则，体现着苗族的民族意识、民族个性以及民族审美观念。由于苗族有语言无文字，苗族各种伦理文化都是通过举行仪式和活动的方式、口传身授地传承下来的。

（一）丧葬伦理的文化传承功能

苗族老人死后，人们要为其举行丧葬仪式。在治丧过程中，祭师吟唱《挽歌》《丧葬歌》《焚巾歌》，歌词基本内容都是叙述死者灵魂回归东方祖先发源地、述说死者生前勤俭持家、生儿育女、孝敬长辈等人生美德。在丧葬活动中，治丧人员在祭师忘我投入的歌舞表演和各种仪式的引领下，怀着对祖灵的畏惧心理和悲痛心情，以虔诚的态度与祭师一道重温本民族祖先艰辛的生活历程，深刻领会本民族的历史传统文化与习俗。可以这么说，苗族丧葬实际上就是苗族民众利用治丧的特殊场合，借助祭师之口讲述苗族先人艰苦求生的迁徙历程、尊老敬幼的孝道观念和勤劳朴实的传统美德；利用吊唁活动形成的特殊氛围，使广大苗族民众在无意识中受到本民族传统文化的熏陶和感染。实践表明，苗族人民通过丧葬这种特殊形式传承和发展本民族传统文化，其文化传承效果不仅生动形象，而且是原生态的。

（二）宗教伦理的文化传承功能

宗教伦理是在社会生产力水平低下之条件下形成的一种文化形式，是民间传统文化的储存库。每个民族都有自己的宗教信仰形式，每个民族的宗教信仰一旦形成，便具有自身的独特性并世代相传。苗族地区广泛流行着祭祀祖先、祭祀动植物神灵以及祭祀其他鬼神的宗教伦理文化形态，这一宗教伦理主要是通过祭师举行各种祭祀仪式和祭祀活动的方式向人们呈现出来。凡祭祖之年或家人生病、遭遇不祥等，人们都要宴请祭师祭祀祖先、祭神驱鬼，而这些仪式和活动则蕴涵了农耕社会下苗族传统文化的本质内涵与文化特点。

人们通过参加祭祀仪式和祭祀活动，可以从中获得对苗族传统文化的全面了解和深刻认知。可以说，每一次祭祀活动都是人们学习和领悟苗族传统文化的实践教育课。因此我们认为，苗族宗教伦理就是苗族人民的"编年史"，是苗族人民宝贵的文化遗产，是苗族人民的百科全书。在没有文字记载的情况下，苗族人民正是通过各种宗教信仰形式将本民族传统文化记录下来并世代言传的。

（三）婚姻伦理的文化传承功能

自婚姻伦理产生以来，婚姻歌就成了传承和发展民族文化的重要载体。各民族"婚姻曾经产生了为数甚多的民歌，同时也形成了稀奇的礼俗"[①]，"古代的歌谣是他们（日耳曼人）的唯一的历史传说和编年史"[②]。在苗族婚姻伦理中，吟唱婚姻歌是其重要的内容之一，婚姻歌在传承和发展苗族传统文化中占据着重要地位。

例如贵州省台江县苗族婚姻歌《兄妹结婚》记载：一场洪水之后，世界上仅幸存姜央兄妹二人，他们为了繁衍后代到处找人结婚。兄妹二人首先询问竹子，竹子告知世界上已经没有人烟了，你们俩成婚吧！兄妹二人听后很生气，于是砍掉竹子。姜央兄妹又问冬瓜、南瓜等，它们依然如此回答。兄妹二人再问嘎亮嘎对（神），嘎亮嘎对给出的答案也是如此。最后兄妹二人结婚，婚后生下一怪胎，嘎亮嘎对叫兄妹二人将其砍掉，兄妹二人便将怪胎砍成十二块丢到山上，怪胎就变成了人。该歌曲讲述的是苗族社会在其历史发展过程中曾经经历了一个血缘婚姻家庭的阶段，歌词中记述兄妹二人结婚生出怪胎，旨在向人们表明血缘婚带来的生理缺陷，以启示人们破除族内婚、施行族外婚制。贵州省台江县苗族婚姻歌《姊妹歌》唱道："（女）我们是同一母亲所生，我们是同一母亲所养。你们长大了父母亲要你们，我们长大了父母亲赶我们。像把鸭子赶到遥远的山谷，把我们赶到遥远的村庄。我们不走也得走，不走父母就拿棒棒打。拿牛鞭子抽，我们有苦没处诉。爬到

---

① 保尔·拉法格.文学论文选[M].北京：人民出版社，1962：11.
② 马克思.摩尔根《古代社会》一书摘要[M].北京：人民出版社，1965：35.

第一层坡,只好把苦告诉第一层坡。爬到第二层坡,只好把苦告诉第二层坡。可怜不可怜我们啊,哥哥弟弟们。可怜就让我们回来,跟你们住一段时间也好……""(男)我们是同一母亲所生,我们是同一母亲所养。我们能把田犁好,能把田边的荆刺砍掉。你们不能把田犁好,不能把田边的荆刺砍掉。一刀砍着自己的手,坐下来大声地哭。没办法才叫你们出嫁,你们不要回来为难我们了。像猫儿为难老鼠,像'脑着鸟'争窝。姊妹们啊!……"[①]该歌曲记述的是苗族社会经历了一个由母权制社会向父权制社会过度的历史阶段。在母权制阶段,家庭经济生活来源主要依靠妇女,妇女在家庭生活中居于主导地位;在父权制阶段,家庭经济生活来源主要依靠男子,男子成为家庭生活的主角。

贵州省台江县苗族婚姻歌《刻木歌》以刻木记事的方式记下歌词,其内容是反映久宜和阿金联婚的曲折过程:久宜和阿金要结婚,但是按照苗族姑舅表婚习俗,阿金必须嫁回舅家。为了阿金的婚事,阿金母亲去问舅家。舅家因儿子小,无法婚配,于是索要"舅爹钱",这样阿金方可出嫁他人。"舅爹钱"数量为三百匹马、三百两银和三百段布,将其雕刻在木棍上,由男家支付。由于礼钱太高,久宜无法偿还,两人不能成亲,阿金母亲只好把阿金送往舅家。阿金到舅家等待五岁的"丈夫"长大,其间被当成用人使唤。阿金反抗,最后欲上吊自杀,幸好被人救出。舅家担心出人命,便叫阿金回家。阿金从舅家带回礼棒给家族老人看,大家才知道财礼分文未减。最后请理老商议此事,决定交三百两银子,其余全免,久宜和阿金终于成婚了。之后,人们认为这样的礼钱还是太多,大家要求再度减少,最后达成共识。家庭殷实者多出一点,贫困者只交白银二三两,杀一只公鸡办喜事就可以了。[②]该歌曲向人们说明了苗族社会曾经经历过一段姑舅表婚的历史,揭示了苗族人民反抗沉重婚姻财礼的过程,歌颂了苗族人民勇于变革旧传统、旧习俗的民族

---

① 潘定智.从黔东南苗族婚姻歌看古代苗族婚姻[J].贵州民族学院学报(哲学社会科学版),1984(01):23-25.
② 潘定智.从黔东南苗族婚姻歌看古代苗族婚姻[J].贵州民族学院学报(哲学社会科学版),1984(01):23-25.

精神。

苗族婚姻歌以歌词的形式反映了苗族社会的婚恋习俗与礼仪习惯，在婚姻伦理中对唱或聆听婚姻歌，有助于人们加深对苗族社会历史与文化的深刻理解。

四、经济发展功能

江泽民同志在十五大报告中指出："现阶段我国的民族问题，比较集中地表现在少数民族和民族地区迫切要求加快经济文化发展上。要千方百计地加快民族地区经济文化的发展，逐步缩小民族地区之间的发展差距，逐步实现共同繁荣。"当前，我国最大的民族问题是加快少数民族地区的经济和文化发展。在我国少数民族地区，民族传统文化既是当地珍贵的精神文化遗产，同时又是带动当地旅游经济蓬勃发展的重要的文化资源。我国"西部蕴含有丰富的人文历史文化资源，对这些资源进行合理的开发利用，不仅可以促进文化的传承发展，而且会产生经济发展的联运效应"。[①]在我国西部少数民族地区，民族传统文化符合当今时代人们追新求异的多元文化口味，是推动当地旅游经济发展的重要动力。在当前我国社会发展中，经济消费水平相对较低的民族地区，其独具特色的民族文化产品有可能成为拉动当地经济发展的热点；经济发展水平相对滞后的民族地区，其独特的民族文化产业有可能成为促进当地经济增长点的新手段。随着改革开放以来我国民族地区文化旅游业的发展，民族地区人民群众为改变自身贫困落后的物质生活条件，纷纷将目光转移到开发利用民族传统文化发展地方经济的轨道上，从而使民族传统文化成为推动民族地区社会经济发展的有力杠杆。

（一）开发利用原生态宗教伦理吸引外来游客

从传统意义上讲，苗族祭祖是苗族人民的一种地方性民间习俗，其祭祖活动仅限本家族成员参加，而且只能在固定的时间以统一的方式举行。然而

---

① 向柏松.传统民间信仰与现代生活[M].北京：中国社会科学出版社，2011：156.

第三章 苗族传统伦理的基本特征与社会功能

在当今"文化搭台、经济唱戏"的时代背景下,在如今的广大苗族地区,凡逢年过节游客到来时,苗族人民都要以奇异艳丽的方式向外来客人展示本民族传统的祭祖文化。面对这一奇风异俗,游客追求的是一种猎奇式的异域风光,他们并不理解,也更不在乎苗族祭祖活动的原生态性质和真实寓意。游客以"误读"的方式在自己心中获得一种对"他者"文化的理解,而苗族民众关注的则是文化消费给他们带来的经济利益。正是在外来游客与当地苗族同胞之间形成的这种"默契"中,彼此间的需要和愿望都得到了实现。现如今,祭祖已经不是一项单纯意义上的苗族民间娱乐活动;相反,苗族民众举行祭祖的真正意义在于利用当地独特的优美自然景观和浓郁的民族文化风情吸引外来游客,以文化消费带动地方民族经济的发展。在市场经济的影响下,如今苗族祭祖的文化功能在不断减弱,其商业性目的日趋增强。

(二)利用苗族伦理中的节日习俗吸引外来游客

民族节日与旅游经济的关系非常密切,民族节日是旅游经济发展的灵魂,旅游经济发展是推动民族节日繁荣的手段。我国民族地区的社会经济发展表明,一定时期内民族节日活动越兴旺,当地人民群众的收入就越增加、地方经济就越繁荣;反之,民族节日活动越萧条,地方经济就越低迷,人民收入就越下降。因此在某种意义上讲,民族节日规模的大小及其繁荣程度与同时期民族地区社会经济发展水平成正比例关系。21世纪以来,我国民族地区自给自足的自然经济体制逐渐解体,少数民族社会与外界的联系和交往日益增强,民族地区的旅游业如雨后春笋般发展起来。苗族地区地方政府因势利导,在苗年祭祖期间大力开发苗族传统节日,千方百计利用节日习俗推动当地生态旅游业的发展,以促进苗族地区经济发展和苗族人民生活水平的提高。在当地政府的组织、策划和宣传下,社会各界纷纷参与到节日活动的开发利用中来,官办节日活动日趋增多。民族节日成为旅游产品后,节日期间前来苗族地区游览观光的人员越来越多,旅游业的兴盛给当地苗族群众带来了极大的经济利益。

据贵州省台江县旅游局资料显示,在2002和2003年,台江县政府和台江县施洞镇政府共同举办台江苗族姊妹节，其中2002年旅游收入63万元，接待旅客6500人次；2003年旅游收入52万元，共接待旅客5130人次。与此同时，台江县大力发掘自身潜力,全力打响"东方迪斯科——反排木鼓舞""贵州苗族姊妹节"等民族旅游品牌，有力推进了全县旅游业的发展。2004年共接待旅游团队56个，游客106471人次，实现旅游收入786.05万元，同比增长60.1%。①2004年元宵节期间，前来台江县游玩的游客人数5.6万人次，旅游综合总收入372.9万元。其中各宾馆入住率为100%，其他民居旅社入住率为98%，总收入37.5万元；各大超市及商店销售收入75.6万元；大小饭店餐饮收入为48.6万元；小吃及夜市小吃销售总额27.2万元；嘘花筒销售收入为62.1万元；爆竹销售收入63.8万元；交通收入49.8万元；其他收入8.3万元。②2008年贵州省台江县苗族姊妹节期间，该县共接待旅客人数110976人次（其中海外游客4832人，国内游客106144人次），旅游总收入达1664.64万元，旅客人数和旅游收入再创新高。来自凯里、雷山等50多个展销组展销民族工艺品，创收40多万元。招商引资硕果累累，签订涉及药材加工、电子生产设备等项目共5个，签约资金达12560万元。③2010年姊妹节期间，台江县台拱镇红阳苗寨游客络绎不绝，仅苗家乐接待纯收入户均3000多元，施洞镇的塘坝村、台拱镇的洋汪村等苗家乐接待纯收入也在上千元以上。④2012年上半年，台江县依托舞龙嘘花节、姊妹节等大型苗族节庆活动，实现旅游经济飞速增长。1—6月份，全县共接待游客38.8万人次，旅游综合收入3.63亿元，比上年同比增长434.6%，增速全省排名第7位，全州排名第3位。⑤此外，黔东南苗族侗族自治州政府还进一步把发展少数民族文化旅游业作为兴州富民的主导产业，并制定了未来的旅游业发展目标。

---

① 贵州日报，2005-2-16，网址：http：//www.gog.com.cn2005-2-16（02）
② 潘学发.贵州希望网，网址：http：//www.gog.com.cn 2009-2-13（01）.
③ 杨徽.贵州台江苗族姊妹节圆满落幕[N].黔东南日报，2008-4-29（07）.
④ 杨明芳.产业化背景下贵州少数民族节日文化开发研究——以台江姊妹节为例[D].贵州财经学院硕士论文，2011：20.
⑤ 台江县政府办公室，2012-07-31.网址：www.gztaijiang.gov.cn/wz.jsp?urlty.2012-07-31.

黔东南苗族侗族自治州旅游发展规划

发展期间	游客数/万人次	旅游收入/亿元	年均增长/%	占GDP的/%	旅游业在国民经济中的地位
到2015	1455	24	20	15	成为支柱产业
到2020	4437	64	18	20	成为主导产业

资料来源：黔东南州人民政府编《关于加快旅游业发展的决定（内部文件）》，2003

在如今的广大苗族地区，以开发利用苗族节日习俗推动地方经济发展，走民族文化资本化道路已经成为当地经济发展的主要趋势。

总而言之，苗族伦理以祭祀神灵祈求人畜平安、纪念先祖追求婚恋自由等内容为主题，注重对人间亲情的渲染和广大社会成员道德情操的教育。虽然21世纪以来苗族传统伦理在本质内容和表现形态上都发生了一定程度的变革，但它作为一种基本的人类文化形态和苗族人民宝贵的民族标识，必将长期存在并继续为现代社会的人们价值选择的可能。因比，在新的时代背景下，我们有理由、有必要将苗族传统伦理传承发展下去，使其成为新时期中国特色社会主义文化建设的重要思想资源。

第四章
苗族传统伦理现代转换的基本原则

文化变迁是一个在西方近代史上文化人类学和文化社会学经常使用的概念，是人类文化发展过程中的一个永恒现象。就某个民族而言，文化变迁是指民族文化在内容和结构上的变化，这一变化或者由于民族社会的内部发展引起，或者由于不同民族间的族际交往而发生。C.恩伯和M.恩伯指出："文化变迁并不是仅仅出现在我们的文化中；在整个人类历史上，随着人们需要的变化，传统的行为和态度不断地被取代和改变着。正如没有哪个人永远不死，也没有哪种文化永远不变。"① 由此可见，文化变迁也被称为文化变异或文化转变，与人类社会的发展变化密切相关。早期进化学派认为，人类文化普遍地由低级向高级、由简单向复杂发展进化，从而形成一个发展顺序。他们关注的是历史上的文化变迁，不太重视民族之间的文化交流与文化接触。从人类社会发展的整个过程和总体趋势看，任何国家、民族、群体的文化无不处在不断地产生、发展、异化、消退的进程之中。尤其是人类社会进入全球化时代之后，各种具有浓厚地域性、族群性、民族性的地方文化因为文化接触、文化涵化而发生着急剧变化。面对这种剧烈的文化变化，进化学派的进化理论、传播学派的播化思想、历史学派的相对主义、功能学派的功能主义以及社会学派的社会学理论等都对其进行了解释，并在一定意义上揭示出了文化在某些性质、某种特点上的发展变化规律和原因，这些观点为我们进一步研

---

① （美）C·恩伯，N·恩伯.文化的变异[M].杜杉杉译 沈阳：辽宁人民出版社，1988：531.

究我国的民族文化变迁奠定了坚实的理论基础。因此，要推进苗族传统伦理的现代转换，我们必须首先要深刻了解苗族传统伦理的现代变迁。

第一节　苗族传统伦理现代变迁是苗族传统伦理现代转换的根据

文化是一条从过去流经到现在并涌向未来的长河，人们时刻在创造文化、使用文化、感受文化和消费文化。人是文化的一种特殊存在方式，我们只有懂得人类文化发展的一般规律，才能对未来社会的文化发展形成自觉意识，实现文化主体对其自身实践的价值选择，以便确立人生的意义与目标；人的文化世界就是人的生活世界，它与人的文化生命一道构成人的文化存在，我们只有理解和把握人类文化的历史与现实，才能从根本上洞悉人类社会生活的本质。人与动物的区别以及人的需求和发展程度都在文化世界中反映出来，人创造了文化，文化反过来又塑造着人，人的自我完善和欲望满足主导着人的各种文化追求。人是文化的主体，任何文化都是人在实践活动中创造出来的。文化发展既有自身的一般规律，同时又受到特定环境因素的影响而导致其原有文化内容的改变。从文化发展的角度看，文化变迁不以人们意志为转移，是一个文化产生、发展、衰退和再生的自我运动的动态过程。因此，文化变迁对人类社会的发展进步具有重要意义，只有经过文化变迁我们才能从原有的旧文化形态走向新的文化世界，才能感知新文化给人类生活带来的独到魅力。然而文化与人类社会生活的密切关系，促使我们对文化变迁进行反思：人类文化究竟遵循着一条怎样的道路前行？文化变迁的根本原因是什么？我们应当如何科学地把握和理解这一原因？文化是民族的标志，每一个民族都有自己独特的文化，民族文化必须从根本上适应该民族社会发展的需要。尽管每一个国家和民族的文化变迁都呈现出其自身的特殊性，在某种程度上讲我们很难探寻出一种整齐划一的民族文化变迁的原因。但是，我们不

第四章 苗族传统伦理现代转换的基本原则

能因此就否定民族文化变迁之原因的存在,"不管这个差别对历史研究,尤其是对个别时代和个别事变的历史研究如何重要,它丝毫不能改变这样一个事实:历史的进程是受内在的一般规律支配的"①。在人类创造文化的实践中,无论创造者最初带有怎样的目的和动机,只要创造活动在具体的历史背景下展开,其总的情形必然呈现出一定的规律性。纵览人类文化发展史,我们认为,苗族伦理作为人类精神文化的一个组成部分,其现代变迁的根源也必然体现在主观和客观两个方面。

一、苗族传统伦理现代变迁的表现形态

苗族传统伦理现代变迁表现为苗族传统伦理的消失、变异、苗族伦理与其他民族伦理的融合以及苗族伦理的创新等诸多方面。

(一)苗族传统伦理的消失

古希腊哲学家亚里士多德认为,一个国家的政治制度与该国的地理位置、气候、疆域等有关。苏联马克思主义哲学家普列汉诺夫指出:"地理环境对社会人的影响在不同的生产力发展阶段上产生着不同的结果。"②在人类社会发展的早期,生产力越低下,生产方式越简单,人们对大自然的依赖程度就越大,人们的文化创造就越受到自然界的约束,人们也就越让自己的文化适合于周围的自然环境。一个民族的禀赋是由它所处的地理环境决定的,至少与地理环境有密切关系。这表明,在人类历史上每一种民族文化都有自身赖以依存的母体环境,当文化的母体环境遭到破坏时,其文化生态必然发生改变。

一是人类社会的发展需要多种文化和智慧的渗透。地球需要保持物种的多样性,在某个生态系统内部物种数量越多,大自然的基因库就越丰富,它所能承受的外界压力就越大,遭受摧残后恢复的能力就越强,整个生态系统也就越稳定。在当今时代,随着人类物质文明的发展,现代文明席卷全球,

---

① 马克思恩格斯选集(第4卷)[M].北京:人民出版社,1995:247.
② 普列汉诺夫哲学著作选集(第2卷)[M].北京:生活·读书·新知三联书店,1961:168.

以人为中心的发展模式导致生物圈内的物种数量急剧减少，人类文化的多样性也在走向消失。现在我们不仅看到自然生态被破坏，自然资源在减少，而且我们还将面临一个文化生态被破坏和文化资源在减少的生存环境。人类所创造的每一种文化都是一个动态的生命体，不同文化聚集在一起形成了各种类似于生物链的不同的文化圈，这些不同类型的文化相互交融、相互吸收、互相借鉴，为维护整个人类文化的完整性发挥着重要作用。据统计，随着人类工业文明的发展，世界上每天都有一百种左右的物种在消失，这些物种的消失导致地球上纷繁复杂的生命之网的完整性受到伤害。在工业文明的侵蚀下，很少有人去估算每年将会有多少种地方性民族传统文化在消失，更没有人愿意去探讨这种文化消失对整个人类文化生态造成的损失。一种传统地方性文化的消失，也许就像一个生物圈里的某些物种的消失一样并不会对整个生物群落带来立竿见影的影响，但是倘若无数种这样的地方性民族传统文化都在以惊人的速度消失的话，问题就不那么简单了。然而对于人类自己的文化，又有多少人意识到了这一点呢？对于任何一种在人类历史上曾经存在过的文化，都可以被视为人类的一种存在方式。人类文化绝不是哪一个国家、哪一个民族或者哪一个个人单独创造出来的，任何国家和民族无论其大小强弱，都或多或少、或积极或消极地对人类文化的形成和发展做出过重要贡献。任何一个国家和民族的文化，由于其形成背景和发展过程不完全一样，因而对在世界中生活着的人们而言都具有不同的意义，它们各自在人类文化生态系统中的作用不能被互相代替。

　　二是工业文明改变着人与自然、文化与其所处的地理环境之间的关系。以大机器生产为标志的工业文明创造出了人类社会发展所需要的雄厚物质基础，生产出了自然界所没有的诸多新鲜事物，满足了人们多样化的生活需求。人类改造自然界能力的提高，使人造的物质环境逐渐扩展到人类社会生活的各个领域，从而加速了自然界的物质变化过程。文化的发展与文化赖以生存的科学技术、与文化的历史传统以及文化所处的自然环境等多种因素密切相关，然而工业文明在扩张人造物质环境的同时，不仅破坏了人类赖以栖居的生态系统，引起整个地球生物圈的退化；而且割断了文化与其所处的自然环境之间的密切联系，改变了人类文化创造的传统方式。虽然建立在工业文明基础上的先进的生产力使人们可以建造出一个自成体系的第二自然即人工自然，在这种人造的物质环境中人们的生产方式、生活方式、价值观念可以不受先天自然环境的约束。但是这种先进的工业文明是从西方文化母体中孕育出来的，这些西方技术对于非西方世界本身并没有绝对的文化上的合理性。因为这种所谓的西方技术一经转移到非西方世界，就能够极速地再生出文化的母体环境，并且瓦解其他文化。西方工业文明凭借其物质变革的巨大作用输入到落后国家和地区，它以舒适方便的外在特征压制了能够满足人们精神需求的本土技术。伴随着未经选择的技术输入，西方现代生产方式、生活方式、饮食习惯、行为准则和价值观念等也随之渗透到不发达地区，诱发了人们对物质利益的过度需求，使蕴藏在落后地区人民大众心目中的传统习俗及其本土文化受到巨大冲击，从而改变了他们的思维方式、价值观念以及文化取向。"将西方和外国模式纳入传统技术的合法地位中将导致传统技术的崩溃。由于技术深深扎根于社会文化组织之中，传统技术的崩溃往往引起地方社区的瓦解，使其失去文化特征，在国家一级加剧了对西方文化的依赖。"①也就是说，"工业主义的影响，不仅简单地仅仅局限于生产的范围，而且影响到人类与物质环境的互动的一般特性"，同时也"改变了人类的社会组织与环境之间原先的影响"②。可见，一方面，工业文明的发展割断了文化与其所处的自然环境之间的密切联系；另一方面，现代西方工业文明的输入必然导致落后国家和地区的传统技术面临危机，使许多落后国家和地区的地方性传统文化失去赖以生存的基础，甚至走向消亡。这种现代文化输入传统社会的过程既是一种非地域性文化形成的过程，同时也是地方性传统文化消失的过程。正是在这样的时代背景下，许多民族传统文化不仅失去了自信心，而且也失去了原有的创造力。

三是外来文化向苗族地区的传播导致苗族传统伦理的消失。广大苗族人民身居崇山峻岭之中，由于生存环境闭塞、生产技术落后，他们长期以落后

---

① 黄高智.内源发展——质量方面和战略因素[M].北京：中国对外翻译公司，1991：103.
② （英）安东尼·吉登斯.现代性的后果[M].田禾译.北京：译林出版社，2000：67.

的农耕生产维持生计，农作之余从事一定的渔猎和采集补充生活来源。中华人民共和国成立后，随着科学技术的进步和社会生产力的发展，人们征服自然和改造自然的能力增强。苗族人民在征服自然和改造自然的过程中大量砍伐森林，导致植被减少、野生动植物数量急剧下降，自然环境的严重破坏使渔猎和采集等原始生活方式逐渐淡出人们的生活视界。随着改革开放后苗族社会的发展，大量外来文化不断渗透到广大苗族地区。"工业文明的迅速发展、全球一体化的大趋势，逐渐形成强势文化对弱势边缘文化的侵蚀，当经济迅速发展到每个地域后，相应而来的是物质消费方式和生存观念的急剧改变，导致许多民族的无形文化发生急剧消亡和流变。"[①]外来文化的传入在一定程度上改变了广大苗族人民的生产生活方式和思维习惯，在外来文化的冲击下，那些能够适应新环境、能够满足人们社会需求的文化事项被保存了下来；而那些暂时不能适应新环境、暂时不能满足人们精神追求的文化内容如神灵崇拜、巫术、占卜等则被排挤出人们的视野，最终导致苗族传统伦理日渐走向消失。

（二）苗族传统伦理的变异

从文化的产生及其发展过程来看，任何文化形态都是人类在既定的社会历史条件下创造并发展起来的精神文化成果，它们在各自特殊的社会背景中都具有其存在的必然性和合理性，都是人类文化体系不可或缺的部分。由于不同国家、不同民族、不同地区之间在人种、语言、地理环境、自然条件、生产生活方式、思维习惯、情感表达等方面存在较大差异，从而形成了不同国家、不同民族、不同地区各具特色的文化类型。民族文化是一个民族在特定的自然环境和社会条件下形成的智慧结晶，任何民族文化的形成和发展都遵循着自身的内在规律。只要这个民族还存在，该民族的文化形态就会通过其民族个体代代相传，但这并非意味着民族文化在代际的传承和发展过程中完好无损地沿袭下来。相反，在全球化趋势下，由于外来文化与民族传统文

---

① 程大力.传统武术：我们最大宗最珍贵的濒危物质文化遗产[J].教育文化导刊，2003（3）：23-25.

第四章　苗族传统伦理现代转换的基本原则

化的交流融合日益增强，民族文化在传承和发展过程中必然会随着社会环境的变化而发生变化，甚至改变自身原有的性质和特点，这种文化变化实质上就是文化变异。从根本上讲，苗族伦理的变异主要是指引起苗族伦理个性消失的各种消极的变化，这种变化主要表现在苗族伦理被外来文化同化、苗族个体民族信仰丧失以及苗族民众价值观改变等几个方面。

一是苗族伦理被外来文化同化。在21世纪以来的苗族社会发展过程中，苗族人民的传统生活习俗、传统民居服饰等都受到了外来文化的深刻影响。例如在城市文化的影响下，苗族民众的生活方式越来越城镇化或城市化；大量的苗族传统民居被改造成为汉族洋房，广大苗族乡村原有的木质吊脚楼的建筑风貌和建筑特色逐渐消失；苗族传统服饰被汉族西服、牛仔服、休闲服等服装取代，穿戴传统服装的苗族民众越来越少。苗族民居服饰是苗族传统伦理赖以生存的基础，由于苗族文化赖以生存的载体被破坏，苗族传统伦理也随之发生了变化。

二是苗族民众的宗教信仰丧失。苗族传统伦理以祭祀神灵为主题，具有鲜明的巫文化特征。随着21世纪以来民族地区文化旅游业的发展，广大苗族民众为了迎合旅游经济发展需要，将本民族的鼓社祭祖等传统伦理开发为舞台化的表演节目，苗族传统伦理逐渐走向商品化。苗族传统伦理的商业化运作使广大苗族民众在向游客展示自己民族的信仰仪式时，不得不增加了许多外来的元素，从而导致苗族民众宗教信仰丧失，这对传承和延续苗族伦理文化极其不利。

三是苗族民众价值观改变。中华人民共和国成立前，历代中央政权对苗族地区的影响较小，广大苗族地区远离中央政权的管控，多为"化外"之地，民风淳朴，苗族民众传统的风俗习惯和价值观念被长期延续下来。进入21世纪，在市场经济观念的影响下，苗族人民为了提高自身的物质生活水平纷纷外务工作和学习，苗族地区居家产业并致力于传播本民族传统文化的文化主体数量急剧下降。在这样的新社会环境下，崇尚先进科学技术的苗族群众越来越多、坚守本民族乡土文化的苗族民众越来越少。苗族人民这种价值选择的变化使苗族传统价值观面临严峻的挑战，苗族人民的精神世界受到前所未有的冲击，以祖神信仰为核心内容的苗族传统伦理观念逐渐被人们忘记。

（三）苗族传统伦理与其他民族伦理的融合

在人类历史上，不同国家、不同地区、不同民族之间由于人种、语言、地理环境、自然条件、生产生活方式、思维习惯、情感表达等存在巨大差别，从而形成了不同国家、不同民族、不同地区的独具特色的文化形态。正是这些文化形态的区别，导致人类形成了各种界限如国家界限、民族界限、阶级界限、文化界限、种族界限、职业界限等，这些界限把人们的生活和交往限定在特定的组织和单元中。20世纪70年代以来，随着计算机、电脑、通信网络等知识传输工具的快速发展，人类知识传播的范围和速度达到了令人难以置信的地步。人们在同一时空共同面对不同文化世界的思考和实践，人们的生产劳动、经济贸易、人际交流等日益走向全球化，全球化的到来为人类文化的整体性发展提供了条件。所谓全球化，即人类活动超越各种界限而趋于全球一致的过程，它是当今时代人类活动的一种根本趋势，代表着当今时代社会发展的基本走向。经济全球化带来文化全球化，文化全球化具有以下三个基本特征：其一，文化全球化是建立在全球人类知识总体之上，它消解了人类各种科学与学科的界限、各种科学与非科学的界限以及不同民族文化的界限，是一种走向全球、走向全人类、走向全宇宙的超越性文化；其二，文化全球化以全球性知识为基础，各种文化之间相互交流、互相影响；其三，文化全球化是以全球为本体的文化，它既反对西方中心主义、也反对东方中心主义，是不同文化共存共荣的内在依据。在文化全球化背景下各种民族文化、区域文化和地方性文化不再故步自封和互相隔离，它们不可能再像过去那样固守"文化孤岛"而进行独立的自我传承和发展。世界各国、各地区、各民族的文化交流已经超越了历史上所形成的各种文化界限，出现了前所未有的文化融合之势。然而，文化融合使各种不同形态、不同特质的文化相互结合、相互吸收、相互渗透、互为表里。在这种文化融合中，各种文化形态之间相互同化、互相感应，彼此改塑对方，最终融为一体。文化融合是文化

第四章　苗族传统伦理现代转换的基本原则

发展的基质，"只要文化还存在，文化趋同的过程就是无止境的"[①]。

西南地区是我国苗族的中心聚居区，苗族在西南山区呈现出大杂居、小聚居、与其他民族交错杂居的特点。这种居住特点为世居苗族与其他民族在政治、经济、文化上的广泛交流与融合提供了便利条件。随着改革开放以来苗族社会的发展，苗族地区的对外开放程度不断扩大，外来技术、外来产品、外来旅游者、外来文字语言等不断传入苗区，苗族传统伦理与外来民族文化之间的界限和区别变得日趋模糊。

（四）苗族传统伦理的创新

创新是一个民族的灵魂。文化创新是社会实践发展的要求，人们正是在社会实践活动中通过改造客观世界和主观世界以创造出新的文化形态。一方面，社会实践不断出现新情况，民族文化需要不断创新；另一方面，社会实践发展为文化创新提供了条件，社会实践发展是文化创新的基础。社会实践在发展，如果一个民族的文化不能很好地跟随着时代发展而不断创新，它迟早会被时代所抛弃，最终走向消亡。在人类历史上，任何民族文化的发展创新都需要吸取人类一切优秀文明成果，并对其进行消化和改造，这是民族文化变迁的基本规律。在传统苗族社会，苗族人民过着游耕、游猎、采集的自给自足的生活。新中国成立后，苗族人民开始定居下来，基本结束了游耕、游猎、采集的传统生活方式。改革开放后苗族社会结构发生了根本性变化，苗族传统农耕生产逐步被先进的现代农业所代替。21世纪以来，电视、电话、电脑、网络等现代传媒工具进入苗族个体家庭并成为苗族民众的日常生活工具，在现代文化的熏陶下，苗族人民的传统价值观念、传统思维方式、传统生活习性等开始发生变化。建立在传统农耕生产基础上的集狭隘性、排他性、封闭性和落后性为一体的苗族传统伦理越来越不能满足当代苗族人民的生活需要，传统苗族社会中的宗法观念、原始平均主义观念以及重农抑商思想等逐渐遭到现代苗族同胞的摒弃。因此，改革苗族传统文化中的消极因素、摒

---

① 胡文仲，高一虹. 外语教学与文化[M]. 长沙：湖南教育出版社，1997：127-128.

弃苗族传统文化中的落后观念和习惯势力,是创新苗族伦理的关键。

一是批判继承苗族传统文化中的合理因素。文化首先是民族的,苗族文化扎根于苗族社会土壤之中。较之其他民族而言,由于苗族地区所处的自然环境不同,苗族人民所经历的历史发展阶段和社会发展程度不同,因而形成了具有自己民族特色的传统文化。优秀的苗族传统文化是苗族人民繁衍生息和发展进步的力量源泉,是苗族群体向心力、凝聚力的基础。苗族人民应该继承本民族传统文化的精髓,充分吸收其中蕴含着的一切走向未来的积极因素,消除苗族传统文化中那些"自给自足、自我封闭、安于现状、求稳怕乱"之不符合当代社会发展需求的文化事项以及祭神驱鬼、求神保佑等迷信思想。唯有如此,才能实现苗族伦理的重新整合,使苗族伦理保持生生不息的生命力。

二是借鉴人类一切优秀文明成果。苗族伦理创新既是对苗族传统文化的不断扬弃和创造性重组,同时也是对苗族传统文化的筛选以及对现代新技术新思想的接纳和吸收。借鉴人类优秀文明成果推进民族文化创新,在这方面我国有成功的经验可供人们参考。中国之所以没有出现苏联和南斯拉夫解体的历史悲剧,其重要原因就在于中国共产党人把马克思主义关于民族问题的理论与中国民族问题的实际与中国优秀传统文化结合起来,形成了具有中国特色的民族理论。创新苗族伦理,我们应当坚持"拿来主义"。通过对外来文化进行分析比较,的基础博采各种文化之长,创建符合时代发展要求的新的苗族伦理文化体系。

三是树立创新苗族伦理的科学态度。苗族伦理的创新是根据苗族人民自身的发展需要而提出来的,充分反映了苗族文化主体的意愿和心理变化。推进苗族传统伦理现代创新,我们需要树立文化创新的科学态度:保持海纳百川的文化胸怀,在历史、现实与未来的发展变化过程中对苗族传统伦理进行科学定位,实现苗族传统伦理与外来文化的平等交流与对话;在全面分析苗族传统伦理与其他民族伦理文化异同的基础上,寻求苗族传统伦理与其他民族伦理文化之间的共同点,通过取长补短实现苗族传统伦理与其他民族伦理文化之间的互补与融合。树立科学的文化创新态度,构建未来百花齐放、百家争鸣的多元文化视野，是实现苗族伦理现代创新的关键。

总体看，苗族伦理是苗族人民在特定的社会环境中创造出来的一种特殊社会意识形态。随着21世纪以来苗族社会客观外部环境的变化，苗族文化赖以依存的载体逐渐丧失，苗族传统伦理发生了剧烈变迁。可以肯定地说，伴随着苗族地区城镇化进程的推进，苗族传统伦理的汉代和现代化趋势将会愈加明显。

二、苗族传统伦理现代变迁的内在根源

外因是事物运动变化的条件，内因是事物运动变化的根本原因。文化并不是与人相分离的外在客体，人在文化中，人化世界就是文化世界。对于民族文化的变迁来说，客观外部环境的变化对民族文化变迁的影响较大。尽管外部环境对民族文化变迁的作用巨大，但民族文化体系的变化最终必然要受到文化主体自身因素的重要影响。文化主体对异质文化产生认同时，文化变迁才有可能发生。因此，只有深入分析文化主体在生活实践中的行为逻辑和观念图式，才能真正揭示出文化变迁的内在根源。苗族伦理的变迁不仅受到客观外部环境的深刻影响，而且也与苗族人民的生活理性密切相关。所谓生活理性，是指在处理人与自然、人与人、人与超自然存在、人与文化等的关系中形成的某些价值取向和行为规则，其中包括文化主体积极适应现实环境、勇于改变历史传统、追求特定价值需要等。生活理性根植于文化主体世俗的生活实践，体现的是文化主体追求衣、食、住、行等现实需要的满足。可见，生活理性是引导人们调整其观念与行为以适应现实环境的精神力量，是利用文化为自身生活服务的一种思想自觉。之所以说生活理性是文化变迁的内在根源，其原因在于：其一，生活理性可以揭示出人的主观能动性在文化的产生及其发展过程中的重要作用，从而有力地克服过去人们偏重于从客观外部环境视角来分析和说明人类文化变迁的传统思维模式。其二，生活理性揭示了文化的生活属性，即文化与文化主体的生活实践水乳交融。文化既是满足文化主体当下生活的手段和工具，同时又是文化主体对现实生活主观选择的结果。文化的生命力在于文化主体现实生活对文化客体的需求，在这个意

上讲，文化主体的现实生活需要及其发展变化是文化发展变迁的内在动力。其三，生活理性揭示了文化的真正主体是人民群众。文化主体并不是要刻意固守或改变自身的文化形式，他们在不断改变自身生活实践的过程中，自觉或不自觉地创新或改变着自己的文化形式。随着文化主体生活实践的变化，当他们不再把陈旧的传统文化习俗作为其现实的存在方式时，文化的原生价值和意义也就开始消失了。陈旧的文化形态就有被新的文化事项置换的危险，新的文化内容就会被创造或引入进来，从而导致文化体系的剧烈变迁。苗族伦理根植于苗族人民的生活实践之中，随着21世纪以来苗族民众生产生活方式的变化，当苗族民众对外来文化持赞同和肯定的态度时，苗族伦理的变迁就悄然开始了，苗族民众生活理性的变化对苗族伦理变迁的影响极其巨大。

（一）苗族人民经济理性的变化推动苗族传统伦理变迁

经济理性是经济学理论中的一个重要概念，与"经济人"密切相关。概括地说，经济理性就是"经济人"在经济行为选择中所运用的理性，是"经济人"以追求经济增长和财富增加为目的之思想倾向和行为态度。这种经济理性的内涵是指："经济行为主体追求个人利益最大化的计算理性；为获取更大利益而将科学技术应用到生产工艺过程的技术理性；将合理的组织形式和科学的管理方法应用到经营过程的组织理性；通过合理的产权制度、契约制度、法人治理制度等具有可计算性的法律制度设置而形成的制度理性。"[①]苗族传统伦理是一种地域性文化，诞生于特定的历史时期和独特的社会环境，在特定地域内对特定群体的生产生活产生影响。文化的主体是人，苗族传统伦理的传承和发展离不开广大苗族群众。随着苗族人民经济理性的发展，苗族传统伦理发生了剧烈变迁。

一是苗族人民经济意识增强引起苗族传统伦理变迁。21世纪以来苗族地区社会经济发展迅速，苗族人民发展经济的意识不断增强。广大苗族民众为了改善自身的物质生活条件，他们纷纷外出谋生，长期脱离于家乡的传统文

---

① 郭蓉，王平.实践理性语境下的经济理性分析[J].经济学家，2007（3）：17-19.

化环境，在异质文化的影响下渐渐产生对本民族传统文化的疏离。即使是那些精通本民族传统文化的人，因长期在外工作和生活，他们无法在异质文化环境中传承和发展本民族传统文化。在这样的社会环境下，苗族的语言、服饰乃至日常生活习俗等逐渐遭到抛弃，这必将导致苗族传统伦理的变迁。

二是苗族地区旅游经济发展引起苗族传统伦理变迁。进入21世纪，随着苗族地区旅游经济的蓬勃发展，许多苗族村寨成为重要旅游景点，部分苗族群众以其良好的经济发展意识积极投身到旅游服务业之中。他们充分利用苗族村寨的自然环境和民族文化资源，大力发展文化旅游服务。21世纪以来苗族地区的社会经济发展表明，在一定历史时期内，如果苗族节日活动兴旺，苗族民众收入就增加，地方经济就繁荣；反之，如果苗族节日活动萧条，地方经济就会萎缩，苗族民众收入就会下降。旅游业的发展给苗族民众带来了巨大的经济收入，经济收入的增加反过来又促进他们对本民族传统文化商业价值的新认识。在经济利益的驱动下，苗族地区地方政府大力开发利用苗族传统节日。节日来临前，政府组织苗族民众集中进行迎宾礼仪、传统服饰展示和苗族民歌演唱等培训。节日期间为了迎合旅客欣赏异域文化的心理需要，本来平时不穿民族服装、不唱民族山歌的苗族民众都穿上民族传统服饰到村边寨口迎接客人。当客人到来时，他们向客人唱"拦路歌"，让客人喝"拦路酒"，尽情地向游客展示本民族传统习俗，其礼仪古朴，民族文化氛围浓烈。从表面上看，节日活动的隆重开展使苗族传统文化呈现短暂"复兴"。但不可否认的是，利用节日文化拉动地方经济发展在一定程度上也带来了苗族传统文化的剧烈变迁。因为以经济发展为目的开发利用节日文化，开发者关注的是表面的经济轰动效应，政府注重的是政治业绩，商人看中的是商业机会，普通民众则贪图一时的热闹和欢乐。地方政府在对苗族节日的市场化运作过程中，由于过度追求产出和满足游客文化消费，从而导致许多传统文化元素发生"异化"，有的甚至走向消失。

（二）苗族人民价值理性的变化推动苗族传统伦理变迁

价值是一个具有多学科性质的概念。作为伦理学概念，价值特指伦理价值或道德价值。作为哲学范畴，价值是指"客体的存在、作用以及它们的变化对于一定的主体需要及其发展的某种适合，接近或一致"。①从哲学学科角度理解价值，我们可以将价值理性解读为：主体在通过一定现实性计算的基础上对特定价值目标进行确认的主观态度和价值取向。作为经济学概念，价值特指经济价值。从这个层面上讲，价值理性是指在理性计算的基础上追求经济利益最大化的一种思想倾向和态度。在这里，为分析问题的方便，我们主要是从经济学角度来理解和运用价值理性。马克斯·韦伯（Max Weber）认为，价值是"有意识地坚信某些特定行为的——伦理的、审美的、宗教的或其他任何形式——自身价值"。②由于价值具有审美价值、伦理价值、信仰价值等多重意义，价值理性所坚信和欲求的事物、对象和目标也具有多元性。在一定意义上讲，人们在不同社会历史条件下会形成不同的价值理性和人生态度，文化的变迁实际上就是文化主体价值理性和人生态度的变迁。随着人们生活环境的改变，他们必然会对作为一定价值载体的文化进行必要的选择和取舍，从而造成社会文化的变迁。21世纪以来，在市场经济的影响下苗族人民也变成了善于计算和谋划的"经济人"。正是凭借这种理性态度，他们在改变自己生活习俗的同时也在改变着自己的传统伦理规范。

一是苗族民居变化引起苗族传统伦理变迁。苗族传统民居表现为木质结构的吊脚楼，做工精细、结构复杂，建筑一栋完整的吊脚楼要耗费大量的时间和精力。21世纪以来，一方面，随着木材市场的开放，苗族地区树木大量被砍伐，木材数量急剧减少。另一方面，许多木工师傅外出务工，专门从事木工业务的人数急剧下降，在这种情况下人们修建旧式民居将会导致建筑成本增加。因此，许多苗族民众便按照汉族房屋样式修建起砖混结构的楼房，他们认为汉族洋房舒适、整洁、居住环境好，汉族楼房比苗族传统民居美观气派，拥有现代汉族楼房意味着拥有尊严和地位，自己不会落后于时代。在这种理性思维的支配下，一旦人们有了建房的生活需要和经济实力，他们便

---

① 谭鑫田.西方哲学词典[M].济南：山东人民出版社，1991：212.
② （德）马克斯·韦伯著，顾忠华译.社会学的基本概念[M].桂林：广西师范大学出版社，2005：32.

仿效汉族房屋样式竞相修建起砖混结构的新式楼房。新建房屋一般为一层、二层或三层，既美观漂亮又经济实惠，完全改变了苗族传统木质房屋的结构和房间布局，苗族传统民居遭到抛弃。大量苗族传统民居的消逝，破坏了苗族传统伦理赖以生存的外部环境，从而使苗族传统建房礼仪日益消失。

二是苗族服饰变化引起苗族传统伦理变迁。在传统时代，虽然苗族人民就有与汉族交往的历史，但由于苗族社会长期处于封闭落后状态，苗族人民与外界的交往只限于简单的贸易往来，苗族传统伦理受到外界的影响较小。20世纪末，随着苗族社会的发展，广大苗族民众与外界的联系增强，苗族伦理受到外来文化的影响加深。在外来文化的冲击下，苗族传统伦理受到巨大冲击，尤其以苗族传统服饰的衰退最为突出。在传统苗族社会，苗族民众以手工制作衣服为主。从种麻、养蚕到纺纱、织布，再到印染、缝制，制作一件衣服需要耗费妇女大量的时间和精力，缝制衣服对于苗族妇女来说是一项沉重的家庭负担。改革开放后，一方面，社会生产力提高，国家轻工业纺织技术快速发展起来，服装生产成本降低，人们到市场上购置成衣的费用比过去制作传统民族服饰所耗费的成本要低得多。为了经济实惠，广大苗族群众纷纷到市场上购买衣物，他们完全抛弃了传统服饰制作工艺。另一方面，随着苗族人民与汉族交往空间的扩大，汉族服饰在苗族地区得到普及。在汉服饰文化的影响下，苗族民众认为民族传统服装不仅制作工序烦琐、设计古板、不便于日常生活劳作；而且颜色单调、款式单一、缺乏个性。因此，为了适应现代社会生活，广大苗族青少年主动放弃自己本民族传统服饰，改穿时髦的汉装，中青年人改穿汉服的现象也十分普遍，苗族传统服饰逐渐被抛弃。在他们看来，汉族服装设计合理、款式多元、色彩丰富，同时又大方美观、方便舒适，能够满足他们多样化的选择要求。如果说改革开放初期苗族传统服饰的汉化是因为苗族人民的文化自卑心理所导致的话，那么21世纪以来苗族青少年对本民族传统服饰的普遍背离则是他们对汉文化价值观念适应和选择的结果。苗族人民这种审美价值的改变，必然促使他们主动放弃本民族传统服饰而选择更具美感和舒适感的汉装，从而导致苗族传统服饰礼仪不断走向汉化。

三是苗族酒礼习俗变化引起苗族传统伦理变迁。苗族分布区域广阔，各地自然环境差异较大，广大苗族民众的饮食习惯存在较大差异。但总的来说，各地苗族民众喜好饮酒，因此绝大多数苗族家庭都有自酿米酒的习惯，而且自酿米酒的负担往往落到了妇女身上。在精神生活十分匮乏的苗族社会，饮酒是苗族民众增进友谊、扩大交往的重要方式。在日常生活中，苗族民众遇见亲朋好友总是以酒招待，以酒传情，凡节庆、婚丧、祭祀等重大活动，米酒成了必备的祭品。在不同时间、不同地点和不同场合下，广大苗族民众的喝酒仪式以及敬酒礼仪等略有不同。随着21世纪以来苗族地区社会生产力的发展，一方面苗族妇女的社会地位逐渐提高，她们不断从家务劳动中解放出来，从事与男子趋同的劳动。因此自酿米酒工序多、费时耗力，许多苗族妇女已经不愿意将大量时间和精力耗费在酿酒上。另一方面，随着酿酒技术的提高，酒水的生产和销售规模扩大，市场上出现大量销售各类酒水的状况。于是，凡遇婚丧、祭祀等重大场合急需用酒时，人们都纷纷到市场上购买现成的酒水。酒水产品的市场化必然促使苗族个体家庭主动放弃自身传统的酿酒习俗，酿酒习俗被抛弃，随之而来的婚姻酒礼、丧葬酒礼以及祭祀酒礼等酒礼文化也日趋淡化。

四是苗族宗教信仰变化引起苗族传统伦理变迁。在传统苗族社会，人们普遍相信祖先神灵和各类鬼神的存在，认为灵魂不因躯体生机之消失而消亡。灵魂关照和反映人们的现实生活，人间的灾变和祸福都与灵魂有关。正是基于这种信仰，人死后，苗族民众要为其举行丧葬活动，以保持死者灵魂与世人的沟通，并祈求祖灵保佑，避免遭受和不幸。苗族民众出门办事或家有灾难等须请祭师占卜凶吉。21世纪以来，随着我国科学技术和教育事业的兴旺发展，现代科学知识和民主精神逐渐渗透到苗族地区，苗族人民的知识水平和文化素质不断提高。在这种情形下，广大苗族民众开始对灵魂存在及其力量产生怀疑，开始对神灵信仰的科学性和合理性进行反思。尤其在经济发展较好的苗族地区，部分群众将神灵信仰和传统巫术视为封建迷信活动，认为信仰神灵不仅不会改变人们的生活现状，而且还会让人们耗费钱财，严重影响人民物质生活水平的提高。苗族民众对神灵作用的质疑以及对神灵力量的

第四章 苗族传统伦理现代转换的基本原则

批判态度表明,他们对本民族传统宗教信仰的价值判断和思维方式发生了根本性转变,这种转变促使人们开始废除各种神灵信仰习俗、解除各种民间禁忌,从而侵蚀了苗族宗教伦理赖以生存的原生土壤。

(三)苗族人民适应理性的变化推动苗族传统伦理变迁

适应理性是人们在生活实践中主动调整和变革自身的观念与习惯,以适应现代社会生活方式的根本立场和态度。适应理性的范围极其广泛,这里所提及的适应理性主要指"生活适应",它是个体与环境之间的互动过程,是个体为维持与环境之间的协调关系而改变自身行为的一种连续性过程;同时也是一种内在的状态,是逐渐发展并且永无止境的过程。①总体来看,人们的适应理性主要包括对现代物质生活方式的适应以及对现代精神生活方式的适应两个方面的内容。前者是指对现代非农生产生活方式的适应,后者是指对现代社会主流文化价值的仿效。在现代化发展进程中,随着文化主体适应理性的增强,各种文化现象之间相互融合的趋势也在增强。例如在苗族社会的现代化发展过程中,社会主流文化不断渗透到苗族地区,广大苗族民众在借鉴、吸收、改造和利用社会主流文化的同时,也逐渐对现代社会的生产生活和精神文化活动方式产生认同。正是苗族民众这种适应理性的改变,使苗族传统伦理逐渐丧失在现代社会的发展潮流中。

一是苗族生活习俗变化引起苗族传统伦理变迁。农业生产是苗族人民延绵数千年的传统生存方式。在传统农耕社会下,苗族人民过着自给自足的生活。随着21世纪以来社会生产力的提高,广大苗族乡村出现大量剩余劳动力。这些剩余劳动力纷纷涌入城市从事手工业、建筑业、个体工商业、服务业等非农产业。在20世纪以来民族地区的文化旅游业发展进程中,苗族地区部分群众利用其自身优越的民族文化资源积极发展旅游经济,个体旅游业的发展使苗族社会以农耕生产为主导的传统产业结构得到了调整,在一定程度上改变了苗族人民自给自足的单一的生产生活格局。近年来,部分苗族民众为了

---

① Arkoffa. Adjustment and mental health MoGraw-Hill Book Company, New York,1988,95-96.

追逐城市化的生活，他们甚至完全抛弃传统的农耕生活方式，常年置身于城市或城镇之中，较好地适应了城市化的生活环境。广大苗族民众对自身传统生活方式的疏离，必然导致他们有意或无意地忽视或抛弃本民族的传统文化。在这一过程中，苗族传统伦理的衰落也就在所难免。

二是苗族婚礼习俗变化引起苗族传统伦理变迁。在传统苗族社会，苗族婚恋习俗遵循一套严格的程序，人们必须遵照礼仪习俗恋爱、交往、成婚，否则将会受到舆论谴责。婚姻一般由父母包办，并由双方父母按照当地习俗举行婚礼仪式。21世纪以来，苗族社会的经济和科学文化事业日益发展，广大苗族民众的婚姻观念和婚恋习俗发生了一定程度的改变。一是传统婚姻观念淡化。随着苗族地区开放程度的扩大，苗族民众与外来人员交流频繁、苗族文化与外来文化日趋融合。在大量异质文化的影响下，苗族民众的原生文化环境遭到破坏，传统苗族村寨的社会关系、生活习俗以及各种礼仪规范对当地苗族群众日常生活行为的影响大大减弱。置身于这一环境中的苗族青年逐渐认同汉族社会的婚恋方式，并将汉族婚恋习俗带到本民族村寨之中，从而导致苗族传统婚姻观念发生变化。二是婚恋行为自由化。在如今的苗族地区，人们通过社会交往自由选择婚恋对象，父母不再横加干涉；交往方式不再局限于节日对歌，交往范围日益扩大、交往手段日益增多；婚前行为自由，部分男女青年甚至婚前就生活在一起。三是婚礼仪式简化。生活在现代社会中的苗族青年，他们推崇婚丧从简，广泛认同现代汉族婚礼仪式，许多苗族青年在举行婚礼时其仪式较为简单。尤其是外出务工者，他们在外邀约身边好友聚餐一次就算结婚了，其传统的结婚仪式几乎被抛弃。在这类人群中，即便部分人照例回家举办婚礼，但他们废除了传统婚礼中的许多烦琐礼节，以前举行一次婚礼须三天时间，现在一天就完成了。苗族传统婚姻观念、婚恋行为以及婚礼仪式的改变，实际上就是广大苗族民众婚姻伦理在现代社会发生变迁的反映。

三是苗族语言变化引起苗族传统伦理变迁。改革开放后为适应现代社会发展需要，苗族民众开始学习并使用汉语。在汉文化的影响下，在如今的苗族地区，虽然部分苗族老人仍以民族语言作为主要交流工具，但广大苗族中青年成了事实上的既能说汉语又能讲民族语言的双语人,他们自觉或不自觉地对本民族语言产生疏离感。在交通便利、经济发展较好的乡镇或乡村,苗族民众普遍抛弃了自己的民族语言,汉语方言成为他们主要的通用语言,许多苗族家庭和村寨的语言结构发生了根本性变化。在这种环境中出生的苗族小孩,从出生之日起就受到汉文化的教育和熏陶。民族语言成了他们名副其实的第二语言。我们知道,苗族老人是民族语言传承的重要载体,他们一旦离世,苗族语言的传承就会产生代际断裂。由此我们可以估算,随着苗族社会汉化趋势的加深,苗族村寨中既能说汉语又能讲民族语言的双语人将会越来越少,使用汉语交流将会成为普遍现象,苗族语言的延续和传承陷入困境。从根本上讲,苗族语言是苗族伦理的外在表现形式和文化传输载体,苗族语言的式微必将导致苗族传统伦理在当今社会中发生变迁。

综上,苗族伦理来源于苗族人民的社会生活实践,当苗族民众的生活理性发生改变时,苗族传统伦理必将发生剧烈变迁,这正是苗族传统伦理变迁的内在根源。分析苗族传统伦理变迁的内在根源、了解苗族传统伦理变迁的内在逻辑,对推动苗族传统伦理朝向正确的方向转化具有极其重要的意义。

第二节 苗族传统伦理现代转换应当坚持的基本原则

文化转换不仅是人类文化持续发展的客观要求,同时也是我国民族文化走向未来的必然趋势。因此,要推动苗族传统伦理现代转型发展,我们必须在树立宽广文化胸怀的基础上,坚持科学的文化发展方向和正确的文化发展原则。

一、以中华传统文化基本价值为导向

中华传统文化的基本价值体现为"仁爱""诚信""和合""正义""民本"与"大同"。苗族传统伦理是中华传统文化的重要内容之一,我们应以中华传统文化基本价值为导向积极推进苗族传统伦理现代转换。

（一）以仁爱为原则

"仁"是中国社会的基本道德范畴。先秦儒家对"仁"有着多种解释，如"仁"即"人""人心""爱人"等。从内容上看，"仁"体现为仁义和仁爱两个方面的内容。仁义是指将"仁"贯穿于人们的生活实践，并使之成为人的一种理性能力；仁爱是人的一种情感体验的道德能力。仁爱是儒家思想的核心，仁爱一词始见于《淮南子·修务训》"尧立孝慈仁爱，使民如子弟"。儒家创始人孔子提出"仁爱"，其最初意义是指血缘亲属之间的彼此关爱。孔子指出："今之孝者，是谓能养，至于犬马，皆能有养，不敬，何以别乎？"（《论语·为政》）人们要在物质上帮助父母，精神上关心父母，态度上敬重父母。按照孔子的理解，"仁爱"意指长辈与晚辈之间要互爱、父母兄弟姐妹之间要互助、朋友之间要相互扶持。

其一，正人先正己、立人先立己。孔子提出仁爱，目的在于强调人与人之间交往要展现出具体的爱，要把忠诚等情感转换为实际的生活体验。为此，孔子提倡建立"正己立人"的人格范式。在孔子看来，自我与他人共同存在于世界之中，正己与立人是互立、互正、双赢的辩证统一关系，人们只有成就他人才能成就自己。孟子在继承孔子仁爱观念的基础上，对其进行了扩充和发展。首先，孟子认为禽兽仅表现为一种单纯的自然性存在，而人则先天地具有仁义礼智之道德情感，这是人超越于禽兽的根本性特征。其次，孟子将仁爱提升到仁政，强调通过"制民以恒产"和实施道德教化等措施来实现仁政。汉代统治者将体现心理原则的"仁爱"思想升格为国家治理的政治规矩，使"仁爱"成为中华民族千百年来孝敬父母、尊重兄友的美好品德。从自然基础上看，儒家"仁爱"思想始于亲亲之情，但并不终于亲，它可以延展到天地万物，达至"亲亲而仁民，仁民而爱物"[1]；可以超越地域时空，"四海之内皆兄弟也"，"泛爱众而亲仁"[2]，这种延展和超越的方式就是"推扩"[3]。

---

[1] 孟子.孟子正义[M].北京：中华书局，1987：559
[2] 刘宝楠.论语正义[M].北京：中华书局，1990：10.
[3] 黄玉顺.荀子：孔子之后最彻底的儒家——论荀子的仁爱观念及社会正义观念[J].社会科学家，2015（04）：35-37.

孔子和孟子将适用于人类社会的道德关怀从人类生活领域投向世界万物的一切生命体，体现了儒学关爱生命、善待万物的崇高道德精神。可见，儒家"仁爱"思想"以回归自己为其求道的起点，但最后必然寻求到人的生命与宇宙生命的关联与统一，导引出天人合一的体验与意识"。①儒家"仁爱"思想是一种推己及人、由人及物，最后走向"群体"和谐的道德。

其二，以"克己复礼"来实现"仁爱"。尽管人具有道德理性而优越于各种自然生物，但这并不意味着人类可以为了自身利益而随心所欲地践踏自然界的一切生命，并不表明人类价值绝对地高于自然界一切生命的价值。在孔子看来，生活于世界中的每一个人在生命价值上与自然万物是平等的，二者共生共存、内在统一。人类要走向和谐，人类社会中的每一个成员不仅要努力克制自己的欲望，对天地万物施以仁爱，而且还要把仁爱原则推广到自然界。不仅如此，儒家"仁爱"思想还高扬将心比心、替人着想之品格和精神，进一步彰显了中华民族"死丧相助，患难相恤，善相劝勉，恶相告诫"的优良传统。这种鼓励众人多做善事、相互关爱、扶助弱小的"仁爱"美德，对当代中国解决人与自然、人与人、人与社会之间的各种矛盾与冲突具有重要指导意义。儒家"仁爱"思想倡导"天人合一"。儒家所倡导的"天人合一"实质上是一种真、善、美相统一、人与自然和谐相处的理想境界，旨在号召人们建立一种普遍和谐的理想社会，"这是人与自身、人与人、人与社会、人与自然实现整体和谐的最高境界，也是人的价值的全部实现"。②在孔子看来，自然万物的存在具有客观性和合理性，人与自然万物之间是一种相互依存的道德关系。人类要实现"天人合一"的境界，必须扩大道德主体和道德对象的范围，把处理人与社会之间关系的道德延伸至整个自然领域，使道德超越人类而走向外在的客观事物，这种道德理想表明人类道德与生态道德在伦理价值上是统一的。由此，儒家"仁爱"思想体现了人类价值与自然价值、人际道德与生态道德的统一，这种思想不仅具有经济伦理、政治伦理、文化伦

---

① 成中英.儒学之本与儒学的当代意义[J].杭州师范大学学报：社会科学版，2008（2）：38-39.
② 蒙培元.人与自然：中国哲学生态观[M].北京：人民出版社，2004：11.

理、社会伦理的内容，同时还兼具更深层次的生态伦理的内涵，已经成为当代中国生态文明建设的基本理念。因此，我们完全可以以儒家"仁爱"思想中所蕴含着的经济伦理、亲情伦理、生态伦理等伦理思想为价值导向，积极推进苗族传统伦理的现代转换，使苗族传统伦理适应当今中国社会发展的客观要求。

（二）以诚信为原则

"诚"始见于《尚书》中关于"神无常享，享于克诚"的记载，此时的"诚"是指人们对祖先神灵和各种鬼神的虔诚与崇拜。此后，《左转》《易经》《礼记》等儒家典籍中相继出现关于"诚"的记述。早在春秋时期，"诚"就成为规制和约束中华民族的一项道德规则。明清时期朱熹指出："诚者，真实无妄之谓也。"戴震提道："诚，实也。"在这里，"诚"就是真实、实在，强调社会主体要加强个人的内在道德修养。"信"最早出现在《易经·系辞上》中，"言出乎身""人之所助，信也"。人不仅要说话真实，而且还要在人际交往中严守信义，"信"侧重于个人外在的伦理关系。孔子以"信"体现"仁"的五种德行，孟子将"信"视为处理五种人伦关系的重要规范，董仲舒则将"信"与"仁""义""礼""智"并举，列为中国传统社会之"五常"。战国时期的《管子·枢言》将"诚"与"信"统一起来，该书记载："先王贵诚信。诚信者，天下之结也"，诚信是维系社会伦理秩序的重要因素，君王实现天下大治必须坚持诚信的基本治国原则。在儒学传统中，"诚"与"信"是分而为二、合而为一的道德规范，具有十分重要的伦理意义与价值。

其一，诚信是立人与修身的根本。孔子指出："人而无信，不知其可也。大车无輗，小车无軏，其何以行之哉？"《韩非子·外储说左上》记载："曾子杀猪。"《史记·管晏列传》云："管鲍之交。"《庄子·渔夫》提出："真者，精诚之至也。不精不诚，不能动人。"北宋王安石说："人无信不立。"上述论断言明，"诚信"是个人内在德性的重要内容，是人之为人的重要道德。人没有诚信便无法在世界中立足，更不可能在人生事业上取得成功。只有诚信，一个人才能在君臣、亲人、朋友等复杂社会关系中生存下来，并感知到生存的重大意义。《论语·卫灵公》云:"君子义以为质,礼以行之,孙以出之,信以成之,君子哉!"君子应当具备"诚信"的基本道德素质。董仲舒认为"诚信"是维护"三纲五常"的道德基础,王阳明认为"致良知,知行合一"是君子"自省"的最佳途径。可以看出,无论先秦儒家还是之后的宋明理学都将信守诺言视为君子修身和自省的伦理基础,都把以诚待人作为自己民族的人生准则。

其二,诚信是治国与交友的道理。《左传》说:"信,国之宝也。"《论语·颜渊》云:"足食、足兵、民信之矣。"《荀子·强国》记载:"古者禹汤本义务信而天下大治……故为人上者,必将慎礼义、务忠信然后可,此君人者之大本也。"唐太宗以"依信释囚"。在一国之内,国君以诚待民国家才能有希望;府库充盈、兵源充足,统治者才能治理好国家。不论任何历史时期,统治者实现治国主张必须"内外无私,上下有信",这是治国安邦的保证。子夏指出,与朋友交,言而有信。《吕氏春秋》记载:"交友不信,则离散忧愁,不能相亲。"朋友长久交往,关键在于彼此之间以诚相待。

其三,诚信是人际和谐与事业兴旺的重要因素。《礼记·礼运》记载:"大道之行,天下为公,选贤与能,讲信修睦。"先秦时期的古圣先贤就开始探讨社会和谐问题,将"讲信修睦"视为构建和谐社会的关键要素。人人诚信就能唤起彼此间的内心认同,从而增强社会凝聚力;君王重约守信、行大道不避亲贵,就能实现社会和谐的治理目标。《荀子》记载:"商贾敦悫无诈,则商旅安,财货通,而国求给矣。"《周易》中说:"修辞立其诚,所以居业也。"在儒家学者看来,"诚信"是个人获得事业成功的重要因素。

"诚信"是在人与人之间的互相交往和监督中形成,作为中国公民的基本道德要求,"诚信"不仅是中国传统文化的核心概念,是社会主义核心价值观的实践要义;同时也是中华民族个体对自我、他人以及社会的道德选择。在当代中国,虽然人们过上了富足小康的生活,但其道德水平未能得到整体性提高,富裕生活条件使人们的精神家园受到前所未有的挑战,社会道德滑坡、人之诚信缺失日趋严重。倡导诚信理念、弘扬诚信价值观、将诚信确立为国民立身处世之行为准则,这是当代中国建立和谐社会秩序、维护社会公平正义的重要途径。因此，借鉴和弘扬中华传统文化的内省精神，充分发挥道德"诚信"的内在制约作用，积极培育中华民族诚信的道德信念和道德情感，以"诚信"为原则推动苗族传统伦理现代转化，这对于促进中华民族伦理的发展具有积极意义。

（三）以和合为原则

"和"的观念出现于西周时期。晏婴在《左传·昭公二十年》中指出，和"如羹焉"，"和"是一种异质因素的共处与融通。之后，史伯在《国语·郑语》中提道："夫和实生物……以他平他谓之和，故能丰长而物归之。""和"是事物产生的源泉，是万物存在的基础。至先秦，"和"被赐予"合"的含义，"和合"正式成为中国传统文化的核心范畴。

其一，"和合"是人与自然相处的前提。孔子指出："夫和实生物，同则不继。……若以同裨同，尽乃弃矣。"[①]"和"是万物生成的基元，不同事物相互配合就会达到和谐共存的状态。孟子认为，人与天相通，人发挥天赋善性便能感知天地，从而达到"上下与天地同流"的境界。荀子在《荀子·礼论》中指出："天地合而万物生，阴阳接而变化起，性伪合而天下治。"天地万物因"合"而存在，"和合"是自然万物生成变化的结果。董仲舒提出"天人之际，合而为一"、北宋理学家张载提出"民吾同胞，物吾与也"等观点，都强调人类与世界万物是一种相互感应的关系，人类要以和善的态度呵护和对待自然，与自然界保持高度的和谐与统一。老子倡导"万物负阴而抱阳，冲气以为和"[②]，事物包含着阴阳，阴阳相互作用生成"和"，从而促进事物的发展。庄子提出"天地与我并生，而万物与我为一"之观点，认为人类以自然之道作为行事原则，以遵从自然、效法天地作为人生依归，就能实现"与天地合其德，与日月合其明，与四时合其序"的愿景。

其二，"和合"是人与人相处的准则。孔子指出，礼之用，和为贵，主张把"贵和谐、尚中道"作为建立和谐人际关系的准则。一方面，孔子强调：

---

① 汪中.国语校文[M].北京：中华书局，1991：178.
② 老子.老子[M].上海：上海古籍出版社，1989：62.

第四章 苗族传统伦理现代转换的基本原则

"君子和而不同,小人同而不和。"①人与人之间存在性别、年龄、能力、性格以及民族、宗教、阶层、文化、职业等的差异,人们互相宽容方能建立友好和谐的关系,尊重差异便能凝聚共识、推进社会和谐发展。另一方面,孔子又提出"讲信修睦"的和合观。这里的"信"即诚信,"睦"就是和睦的意思,二者都是建立和谐人际关系的重要原则。在此基础上,孔子还倡导把"己所不欲,勿施于人"的处世原则推广到全社会,希图形成"君子成人之美,不成人之恶""老吾老以及人之老,幼吾幼以及人之幼"之社会交往模式。孟子提出"天时不如地利、地利不如人和""四海之内皆兄弟"、荀子提出"以善和人"等观点,体现了儒学对"人和"因素在社会发展中作用的重视。

其三,"和合"是国家治理的目标。儒家提倡"政通人和"。这里的"和"包含两层含义:一是国家礼仪法度的制定和执行要以"和合"为原则;二是国家治理要以社会和谐为追求目标。孔子指出:"商契能和合五教,以保于百姓者也。"②契为了保全百姓生命,将人伦之教融合起来,并实施于社会;统治者只要将子孝、弟恭、兄友、母慈、父义等美德结合起来,就能实现保全百姓安身立命之国家治理目标。孔子一再重申这种和合不是苟合,而是要"同归而殊途,一致而百虑",以达至国家的整体性和谐。墨子认为天下大乱的原因在于父子兄弟"皆有离散之心,不能相和合",因而主张以和合手段化解社会矛盾,要求君臣、吏民、上下以诚相待、以和相处;统治者以"兼相爱""交相利"之方式解决国家争端。法家先驱管仲指出:"畜之以道,则民和;养之以德,则民合。和合故能谐。"③"和合"是人们在后天环境中形成的一种人际交往美德,国君蓄养这种美德国家就和谐、社会就稳定、人民就安康。唐朝能够将佛教融入传统儒家和道家文化之中,形成佛、儒、道合一的局面,使中国历史上出现佛家治心、儒家治世、道家治身以及佛家出世、儒家入世、道家隐世的说法与评论,正是中国传统和合文化对不同性质的文化价值观进行整合的结果。

---

① 孔子.论语[M].北京:中华书局,2006:146.
② 汪中.国语校文[M].北京:中华书局,1991:177.
③ 管仲.管子[M].北京:北京燕山出版社,1995:151.

其四,"和合"是构建国际关系的基石。儒家典籍关于"百姓昭苏,协和万邦"以及"中也者,天下之大本也;和也者,天下之大道也"等的记载,表明儒家将和合视为构建和谐国际秩序的基础。道家创始人老子指出:"天下之牝,天下之交也。牝常以静胜牡,以静为下。故大邦以下小邦,则取小邦;小邦以下大邦,则取大邦。"①世界各国相互尊重与谦虚处下,大国不欺辱小国、富国不欺辱穷国、强国不欺辱弱国,整个世界就能建立起友好和谐的邦交关系。

"和合"既是一种方法论,又是一种生存哲学。它倡导"天人合一"的哲学精神,将认识事物看作一个体悟"天道"的过程;它坚持"天人共存、人我共存"的哲学立场,追求人与自然的高度和谐与共存。我国是一个多民族国家,国家和谐在文化层面上取决于各民族文化的和谐共处。因此,要建立和谐民族文化、实现多民族文化和谐发展,我们必须以"和合"原则引领苗族传统伦理发展航向,将苗族传统伦理融入中华民族文化的发展轨道。

(四)以正义为原则

中国传统正义观是德性正义观,注重如何从道德上帮助群众获取社会的公平与正义。纵观中国数千年的历史发展历程,传统正义观不仅支撑着中国社会的价值体系,而且进一步内化为历代国人的思维模式和价值观念。

其一,中国传统正义观体现"仁、义、礼、中正、和"之要义。"仁"是公正的价值基础。"仁"即"爱人",是处理人与人之间关系的最高原则。孔子提出"自行束脩以上,吾未尝无诲焉"的主张,要求打破名门贵族才能接受教育的社会状况,强调国民不论身份高低、德性优劣,均有接受教育的权利。教师除了向学生宣传科学知识外,还应向学生传授有关仁的思想。孔子希望通过对"仁"的教育,使人们心中充满仁爱,从而达至国家有序和社会和谐之目的。"义"是公正的基本要求。"义"即应当的意思,凡符合义之要求的,就是应当的和道德的;反之,则是不公正和不道德的。在孔子看来,

---

① 陈鼓应.老子注译及评价[M].北京:中华书局,1984:288.

"义"作为基本的道德准则,规定着个体对社会的义务与责任。"礼"是公正的制度保证。礼即合乎仁义的道德准则和行为体系,礼的根据在于仁义,礼从属于仁义,是仁义的外在表现形式,礼正才能保证人之行为符合仁义的要求。作为为人处世的标准,礼对维护社会有序和国家和谐具有重要意义。"中正"是公正的道德准则。"中"即中庸、适中之意。孔子强调,人之行为只有符合"中、正"的要求,才能算是公正的;要求正己正人,社会成员各安其分、各得其所。"和"是公正的追求目标。"和"即社会和谐。孔子在《礼记·中庸》中说"致中和,天地位焉,万物育焉",将"和而不同"视为德性的升华和人性发展的目标。在历史大变迁时期,孔子的正义思想立足于人的生命意义与价值,并由此而延伸到有秩序的社会制度层面。在孔子思想中,正义不是预先的理论推定,而是生活实践的展开,是不断生成的社会运动过程。

其二,中国传统正义观包含着如何正确处理义利关系问题。义利关系是儒家正义思想的重要内容。孟子指出:"天下之言性也,则故而已矣。故者,以利为本。"(《孟子·离娄下》)孟子赞同追求义利的合理性,但强调追求义利不能违反人的内在属性。统治者"施仁政于民,省刑罚,薄税敛",以"有恒产有恒心"之原则来对待民众之"利",做到"鳏、寡、孤、独都能得到妥善安置"。荀子提出"今人之性,生而有好利焉"的主张,强调追求利益时要兼顾义,保持利与义的平衡。墨子提出"义,利也""兼相爱,交相利"等主张,为人们如何处理"义利"问题提供了合理性指导。在墨子看来,义即利,利即义,二者是一个矛盾统一体,人与人交往要做到互惠互利与和谐共赢,墨子的义利观为秦王朝走向繁荣奠定了深厚的理论基础。程颐、程颢倡导:"利者,众之所同欲也""圣人所欲,不逾矩""不与民同欲,故民疾上之为,诗人言为君与民同欲也"。(《河南程氏粹言》卷一·论书篇)无论圣贤之士还是平凡之辈,追求个体私利都是人的本能和属性,但人们在追求个人合法利益时要遵循天理,采取合法手段谋取个人利益,做到"见利思义",以"义"导"利",协调好义与利之间的关系。

其三,中国传统正义观的要旨在于富民。实现社会正义,统治者必须解决好国民个人的物质富足问题。孟子指出:"民之为道也,有恒产者有恒心,无恒产者无恒心。"(《孟子·滕文公上》)百姓富足的前提是拥有丰富的生产生活资料,百姓富足了就会萌生善性心理,这样社会走向和谐的条件。荀子进一步深化了孟子的富民思想,他在《荀子·富国》篇中强调:"足国之道:节用裕民,而善臧其余。""事成功立,上下俱富。"统治者厉行节约、藏富于民,国家就会走向强大;统治者与民争利、贪财无度,国家将不能实现富强目标。

正义不仅是中国传统文化的核心要义,同时也是社会主义核心价值观的内在要求。在当下社会转型期,中国的文化建设不能脱离中国文化赖以生存和发展的原生性社会土壤。诞生于少数民族社会的苗族传统伦理,只有秉持中国传统正义观的原则和方向,并将中国传统正义观的思想和内涵切实地融入自身的文化体系中,这样苗族伦理才能在当代中国社会的文化建设中发挥重大作用。

(五)以民本为原则

中国传统民本思想发端于西周,成熟于春秋战国,定型于汉代,此后随着各历史朝代的更迭而不断演变。

其一,保民与重民。西周后期,随着社会的发展,统治者逐渐认识到人民群众在国家治理中的地位和作用。西周时期的民本思想具体包括四个方面的内容:一是尽心于民。《尚书》中提道:"自朝至于日中昃,不遑暇食,用咸和万民,""则其无淫于观、于逸、于田,以万民惟正之共。"[1]"民惟邦本,本固邦宁。"[2]人民是国家治理的根基,统治者站在人民大众的立场施政,这样国家才能保持长久安宁和有序。二是顺乎民心。《尚书》云:"人无于水监,当于民监"[3],应"谋及庶人"[4]"天视自我民视,天听自我民听"[5]。民心向背关

---

[1] 张馨编.尚书[M].北京:中国文史出版社,2003:248.
[2] 张馨编.尚书[M].北京:中国文史出版社,2003:70.
[3] 张馨编.尚书[M].北京:中国文史出版社,2003:212.
[4] 张馨编.尚书[M].北京:中国文史出版社,2003:170.
[5] 张馨编.尚书[M].北京:中国文史出版社,2003:147.

第四章　苗族传统伦理现代转换的基本原则

系着国家兴衰，统治者在国家治理过程中要倾听人民心声，切实为百姓利益着想。三是体恤民情。周公提出"崇德""尚礼""利民为本"的主张，推行"经国家，定社稷，序人民"之富民政策，认为统治者实现天下大治必须想人民之艰难、解人民之需求、与人民同忧乐。四是禁止虐民。周公以夏桀"不肯戚言于民，乃降大罚"①为例告诫各诸侯，统治者治理国家不能践踏百姓、不能滥施刑罚于民，不能滥杀无辜、乱罚无罪。

其二，民为神本、民为君本与民为邦本。《左传》记载："小事不用大牲，而况敢用人乎？祭祀以为人也。民，神之主也。用人，其谁享之。"②虢国大臣史嚚指出："国将兴，听于民；将亡，听于神。"③"民"是"主"，"神"从属于"民"。人民是上帝的主宰，是国家兴旺发达的根本。《左传》云："天生民而树之君，以利之也。"统治者从群众中产生，只有依赖群众才能得到更好地生存和发展。④孔子指出："政之急者，莫大乎使民富且寿也。"⑤统治者用道德和礼制教化百姓，增进百姓严守规矩的自觉性，才能维护社会秩序的稳定。统治者爱护百姓，才能赢得民心、实现治理天下的理想。管仲说道："凡治国之道，必先富民。""通齐国之鱼盐于东莱，使关市几而不征，以为诸侯利，诸侯称广焉。"⑥管子认为，人民富裕是社会发展的基础，是国君富足的前提，统治者治理国家的首要任务是富以养民。孔子曾把国君比作"舟"，把民众比作"水"，水可以载舟，也可以覆舟。《左传》中说："国之兴也，视民如伤，是其福也。"⑦在国家治理过程中，得到人民支持则君之胜，得到人民拥护则国之兴。孔子还提出"圣人无常心，以百姓心为心""博施于民，而能济众"等观点，认为统治者要获得人民支持，其首要的条件是制止社会贫富悬殊。管子说："政之所兴，在顺民心；政之所废，在逆民心。"⑧国家兴盛的原因在于

---

① 张馨编.尚书[M].北京：中国文史出版社，2003：244.
② 张帅，陈开元译注.左传[M].济南：山东画报出版社，2014：53.
③ 张帅，陈开元译注.左传[M].济南：山东画报出版社，2014：59.
④ 张帅，陈开元译注.左传[M].济南：山东画报出版社，2014：109.
⑤ 杨伯峻，杨逢彬译注.论语[M].长沙：岳麓书社，2000：11.
⑥ （唐）房玄龄注，（明）刘绩补注.管子[M].上海：上海古籍出版社，2015：323.
⑦ 张帅，陈开元译注.左传[M].济南：山东画报出版社，2014：339.
⑧ （唐）房玄龄注，（明）刘绩补注.管子[M].上海：上海古籍出版社，2015：2.

顺应民心，违逆民心必将导致国家废弛。墨子主张统治者要"使饥者得食，寒者得衣，劳者得息，乱者得治"，要与百姓"均事业""共劳苦"，以此保证国家秩序的稳定。可见，"民为邦本"的实质就是"民生为本"。

其三，君依存于民、国依存于民与民贵君轻。孟子指出："桀纣之失天下也，失其民也；失其民者，失其心也。得天下有道，得其民，斯得天下矣。"①孟子通过总结夏桀、商纣亡国的历史事实，从中认识到民心对于国家兴旺发达的重要作用。为了获得民心，孟子主张实施"制民之产"，使百姓"乐岁终身饱，凶年免于死亡"，让黎民"不饥不寒"，然后"驱而之善"，"谨庠序之教，申之以孝悌之义"，要求统治者仁民爱物，与百姓共患难同忧乐。荀子强调："用国者，得百姓之力者富，得百姓之死者强，得百姓之誉者荣。三得者具而天下归之，三得者亡而天下去之。"②统治者只有"以政裕民"，在执政过程中才能得到人民群众的支持和拥护，这样国家才会走向兴旺发达。之后的贾谊、董仲舒等人也都认同民心向背对国家政权统治的重要性，从而规劝统治者只有行仁政、得民心方能统一天下。与此同时，孟子还强调君"暴其民甚，则身弑国亡；不甚，则身危国削"③。孟子倡导善政和善教，认为善政得民财，善教得民心，统治者善待百姓国家就会兴旺。荀子强调："有社稷者而不能爱民，不能利民，而求民之亲爱己，不可得也。"④人民群众是社会发展的根本动力，依靠人民力量国家才能繁荣发展。荀子主张富民，提出"下贫则上贫，下富则上富""潢然使天下必有余，而上不忧不足"等观点。在荀子看来，重视社会分工、采取"无夺民时""相地衰征""山泽各致其时"等措施、鼓励发展工商业是实现国富民强的重要途径。孟子将民与君置于同一地位，提出了"民为贵，社稷次之，君为轻"⑤的观点，认为较之于国家和君主，民众在国家统治中居于基础性地位，应当优先受到得重视。管子指出："夫霸王

---

① 万丽华，蓝旭译注.孟子[M].北京：中华书局，2007：154.
② 安继民注译.荀子[M].郑州：中州古籍出版社，2006：182.
③ 万丽华，蓝旭译注.孟子[M].北京：中华书局，2007：148.
④ 安继民注译.荀子[M].郑州：中州古籍出版社，2006：187.
⑤ 万丽华，蓝旭译注.孟子[M].北京：中华书局，2007：324.

之所始也，以人为本；本理则国固，本乱则国危。"①在管子看来，巩固人民主体地位是君主成就王业的基础。西汉思想家贾谊在总结先秦时期儒家民本思想的基础上，在其《史记·郦生陆贾列传》中提出了"王者以民人为天，而民人以食为天"的主张，对中国传统民本思想进行了高度评价。

民本思想贯穿于中国社会发展全过程，作为批判暴君苛政的理论武器，中国传统民本思想对于限制君主权力、高扬人民主体地位发挥了重要作用，我们应当在当代中国的国家治理、社会发展以及文化建设等各方面弘扬和提升这种崇高的民本精神。于此，在民族文化现代化发展过程中，我们只有以传统民本思想为指导，尊重苗族人民心理意愿、顺应苗族人民价值选择，鼓励苗族人民发挥自身主体能动作用传承和发展本民族传统文化，这样才能在当代中国文化转型中更好地推动苗族传统伦理现代转换。

（六）以大同为原则

社会大同是各国统治者治国理政的崇高目标。中国传统大同理想发端于西周，形成于春秋战国，其核心价值是追求"公天下"的世界秩序。

其一，"天下为公"。孔子所憧憬的大同境界是："丘也闻有国有家者，不患寡而患不均，不患贫而患不安。盖均无贫，和无寡，安无倾。"②儒家典籍《礼记》较为集中地论述了"天下为公"的大同理想："大道之行也，天下为公。选贤与能，讲信修睦。故人不独亲其亲，不独子其子，使老有所终，壮有所用，幼有所长，鳏、寡、孤、独、废疾者皆有所养。男有分，女有归。货恶其弃于地也，不必藏于己；力恶其不出于身也，不必为己。是故奸邪谋闭而不兴，盗窃乱贼而不作，故外户而不闭，是谓大同。"这里的"大同"即"大和""太平"之意，是"大同"观念在社会政治领域中的最初运用。孟子在继承孔子大同思想的基础上，提出"老吾老以及人之老，幼吾幼以及人之幼"的大同观念，认为"大同"世界就是社会成员之间的相互帮助与相互关

---

① （唐）房玄龄注，（明）刘绩补注：管子[M].上海：上海古籍出版社，2015：171.
② 孔子.论语[M].北京：中华书局，2006：179.

爱。儒家"大同"理想以"天下为公,选贤与能,讲信修睦"①为特征。在儒学思想家看来,"天下"不是一个人、一个家庭、一个社群的天下,也不是一个民族、一个国家的天下;而是所有个人、所有家庭、所有社群、所有民族或国家组成的天下。各种不同的个人、家庭、社群、民族、国家之间要相互包容,共同协调处理彼此间的分歧。虽然先秦儒家大同理想带有浓郁的礼治主义色彩,但它适应了中国落后农耕文明的社会处境,反映了儒学对春秋战国时期礼乐崩坏、秩序混乱之社会现实的忧虑和反思,是中华民族矢志不渝追求未来美好社会的巨大精神动力。

其二,"尚同"。墨子认为,大同社会必然是一个"兼相爱""尚同尚贤""非攻"的社会形态。这种社会形态包括三方面的内容:一是选贤任能。"夫明呼天下之所以乱者,生于无政长,是故选天下之贤可者,立以为天子。"②统治者以"不党父兄,不偏富贵,不嬖颜色,贤者举而上之,不肖者抑而废之"③之原则选举贤才能人管理国家,百姓就不会终生贫贱、庶民就不会终生卑微、官吏就不会永世显赫,整个社会就能实现天下大同的境界。二是人人劳动。"今人固与禽兽、麋鹿、蜚鸟、贞虫异者也,……赖其力者生,不赖其力者不生。"④"凡天下群百工,轮车鞼匏,陶冶梓匠,使各从事其所能。"⑤人人参加劳动、个个各尽所能,这是实现天下大同社会理想的重要条件。三是兼爱互利。墨子认为天下纷乱的根源在于"交相恶"与"亏人自利",因而主张以"兼相爱"和"交相利"的方式消除国家纷争,实现天下大同。墨子倡导建立一种"老而无妻子者,有所侍养,以终其寿;幼弱孤童之无父母者,有所放依,以长其身"⑥的大同社会。墨家主张建立的大同社会以伦理道德为核心、以公正互助和诚实守信为支柱,这种大同理想反映出了中华先哲对现实不公正社会的憎恨与厌恶,引发世人对现实社会中各种不道德、

---

① 孔颖达.礼记正义[M].郑玄注,`吕有仁整理,上海:上海古籍出版社,2008:874-875.
② 墨子.墨子[M].长春:吉林大学出版社,2011:57.
③ 墨子.墨子[M].长春:吉林大学出版社,2011:37.
④ 墨子.墨子[M].长春:吉林大学出版社,2011:167.
⑤ 墨翟.墨子[M].长春:吉林大学出版社,2011:117.
⑥ 墨翟.墨子[M].长春:吉林大学出版社,2011:85.

不合理现象进行批判，号召人们推进改革构建理想社会秩序。

其三，"小国寡民"。老子在《道德经》中这样描绘大同理想："使有什佰之器而不用；使民重死而不远徙。虽有舟舆，无所乘之；虽有甲兵，无所陈之。使民复结绳而用之。甘其食，美其服，安其居，乐其俗。邻国相望，鸡犬之声相闻，民至老死不相往来。"①老子主张"高者抑之，下者举之；有余者损之，不足者补之"②，以此建立一个无战争、无劳动剥削和压迫、人人爱惜生命的大同社会。庄子提出"至德之世"的观点，"彼民有常性，织而衣，耕而食，是谓同德；一而不党，命曰天放。故至德之世，其行填填，其视颠颠"③，倡导建立一个消除私有观念、实现人人公正平等的大同社会。

大同理想蕴含着中华民族存异求同的价值追求，是当代中国建设社会主义新文化体系的理论渊源。"求木之长者，必固其根本；欲流之远者，必浚其泉源。"④在当今时代，随着人们文化消费的增长和文化需求的多元化，各种不同特质文化之间的交流日益频繁，外来文化与少数民族文化走向融合的趋势增强。在这样的时代背景下，以"大同"观念为理论导向，寻求苗族传统伦理与中国特色社会主义先进文化之间的共同点，将苗族传统伦理融入中国主流文化价值体系之中，这是推进苗族传统伦理现代转换的重要途径。

二、以社会主义核心价值观为引领

社会主义核心价值观是在回应社会新问题、反映时代新现象的过程中形成的一种创新型理论。在当代中国，社会主义核心价值观不仅是凝聚人心的重大思想武器，同时也是提升全体国人精神境界、推进中国特色社会主义文化建设的重要理论指引。

---

① 老子.老子[M].上海：上海古籍出版社，1989：111.
② 老子.老子[M].上海：上海古籍出版社，1989：108.
③ 庄子.庄子[M].北京：崇文书局，2012：120.
④ 魏征.谏太宗十思疏[M].钟基，李先银，王身刚译注，北京：中华书局，2011：492.

(一)社会主义核心价值观的基本内涵

习近平指出:"如果一个民族、一个国家没有共同的核心价值观,莫衷一是,行无依归,那这个民族、这个国家就无法前进。"① 社会主义核心价值观是系统的全部的价值观,在国家层面、社会层面和个人层面都做出了统领和要求。

其一,国家层面:建立"富强、民主、文明、和谐"的社会主义现代化强国。

"富强"即富裕强盛,就是要大力解放生产力、发展生产力,改变我国落后贫穷面貌,实现国富民富与国强民强。鸦片战争后,中国积贫积弱、任人宰割,落后挨打是历史给予我们的经验与教训。中国要壮大自身实力、提高自身地位、扩大自身影响,必须大力发展经济、走共同富裕之路。"富强"是我国现代化建设的应然状态,是中国特色社会主义建设的最大主题和中华民族千百年来的美好夙愿。人民富裕与国家富强是一个辩证的统一体,人民富裕是国家富强的有力支撑,国家富强又可以为人民过上幸福生活提供优厚条件。我们今天所追求的富强是以中华民族共同富裕为特征、以强大国家综合国力为基础,贫穷不是社会主义,解决我国社会矛盾、凸显我国社会制度优越性的根本在于发展生产力。只有发展生产力,才能实现全体国人的共同富裕,才能达到全体国人的"富强"目标。历经改革开放40年来的发展,我国已经发展成了世界上富强的国家之一,并在国际社会中发挥着越来越重要的作用。

"民主"即人民当家作主。民主是世界文明发展的产物,是一个表征政治价值的概念。西方国家把民主归结为政治普选,这是一种片面的、形式上的民主。在我国,民主就是人民群众当家作主,是中国共产党人苦苦追寻的国家治理目标。我国的社会主义民主是不分阶层的民主,是全民的民主,表现为人民代表管理国家事务;我国的社会主义民主是实质性的民主,是人民当家作主与依法治国的统一。民主作为我国社会主义的制度生命和基本价值,

---

① 习近平谈治国理政[M].北京:外文出版社,2014:166.

第四章　苗族传统伦理现代转换的基本原则

其作用在于保证广大人民群众依法享有民主选举、民主决策、民主管理和民主监督的权利，实质性地扩大公民参与国家政治生活的深度和广度。

"文明"是人类创造的精神财富的总和，是社会发展到一定阶段所表现出来的一种文化状态。社会主义先进文化是以中华古代文明为基础、博采各国优秀文化之所长而形成的体现中国社会发展特点的优秀文化。作为核心价值观之组成部分的文明，其基本含义是指社会主义的精神文明，包括科学文化和思想道德两个方面的内容。在当代中国，文明作为社会主义文化建设的应有状态，它要求建设面向现代化、面向世界和面向未来的民族的、大众的、科学的精神文化；文明作为社会成员素养提升的标识，它能够不断丰富全体国人的精神世界，不断增强现代中国的国家文化软实力。

"和谐"即和睦协调，它是人类孜孜以求的社会治理目标，是所有民族和国家现代化发展的价值追求。中国人自古以来就推崇和谐，倡导人与自然、人与社会、人与人之间的和谐相处。和谐是中国优秀传统文化的重要范畴，是中华民族在长期生活实践形成的民族性格；和谐是中国特色社会主义建设的本质要求，是中国实现国家富强、人民幸福和社会稳定的有效方式。当代中国的和谐价值观不仅致力于追求人与人、人与社会、人与自然之间的和谐共生，而且也致力于促进世界各民族、各国家之间的和谐与共赢。

"富强、民主、文明、和谐"的价值观是当代国人通过总结历史、展望未来而确立起来的国家治理目标，集中反映了广大国民对于建设社会主义现代化国家的迫切要求，彰显了中国民族争取民族强盛的豪情壮志和坚强决心。

其二，社会层面：建设"自由、平等、公正、法治"的社会秩序。

"自由"即实现人的自由全面发展。自由是人类社会发展的基本价值追求，人类历史是一部各民族和国家追求自由的发展史。资本主义打破了封建制度对人的自由的束缚，社会主义则在此基础上进一步推动人类自由的发展。自由是相对的，自由以法律和道德为限度，不存在绝对或无条件的自由。在当代中国，人的自由全面发展立足于社会主义初级阶段的基本国情，适应社会主义现代化建设的需要，体现于实现好、维护好最广大人民的根本利益，切实保障广大人民群众平等享受到改革和发展带来的成果。在我国，每个社会成员都享有充分的自由，都可在不妨碍他人发展的提前下实现自己的自由全面发展。

"平等"是社会主义的本质要求，是建设和谐社会的基本原则。自人类产生之时起，人们就为了追求平等而不断努力。平等包含着权利平等、机会平等、结果平等，平等的发展状况反映了一个国家和民族的民主发展程度。权利平等即国家承认社会公民在法律面前人人平等，机会平等即社会应该为每个成员提供追求自身利益与自我发展的机会与条件，结果平等即所有社会成员都应当平等地享有社会发展带来的一切成果。平等是相对的，不存在绝对意义上的平等。在当代中国，人们所追求的平等不是重蹈"不患寡而患不均"的绝对平均主义、不是照搬西方资产阶级的平等观，而是要创造出与中国国情相适应、有利于调动广大人民群众积极性、能够给广大人民带来更多机会和利益的平等。换句话说，中国的平等观是实质的平等观，即鼓励人们通过自身努力获得平等发展机会，倡导人们通过自身奋斗获得政治、经济、文化、生态等各项权利。

"公正"即公平与正义。当代中国的公正价值观既继承了中华传统公正思想的精华，又体现当代中国社会的时代特色和制度特征。在我国，公正是社会主义建设的内在要求，是妥善协调各方利益、正确处理各方矛盾、营造稳定有序社会环境的重要手段。公正能最大限度地保障广大人民群众的根本利益，能最大程度地满足广大人民群众对未来美好生活的向往和追求。实现公正，需要以宪法为根本、以法律为准绳建立起一个集权利公平、机会公平、规则公平为一体的保障体系，以保证社会公民获得同等权利、履行同等义务。

"法治"即依法治国。法治是与人治相对的治国理念，主张法律的至高无上地位。法治具有普世性，世界各国都致力于推进自身的法治建设。在我国，行政机关依法行政、司法机关公正司法、人民群众依法行为，法治成为全体国人的行为方式。人民是国家的主人，法律是人民意志的体现，服从法律就是服从人民意志。法治作为我国的基本治理方略，在理论上强调法律面前人人平等，任何个人、任何团体都没有超越法律的特权；在实践中要求各个国家机关严格依法办事，保证国家各项工作依法进行。在当代中国，依法治国是法治与德治的有机结合，是构建国家法治精神、树立社会法治信仰、使社会章法有度的有机统一。

"自由、平等、公正、法治"的价值理想顺应了改革开放以来中国社会发展的总趋势，反映了中国社会建设的基本属性和当代国人建设社会的价值诉求，彰显了当代中国共产党深化社会内涵建设的新思想新理路。

其三，个人层面：提升社会成员"爱国、敬业、诚信、友善"的良好品质。

"爱国"即热爱祖国。爱国是基于个人对国家的依赖而产生的深厚情感，是调节个人与国家关系的行为准则。在我国，爱国必须以促进祖国统一和维护民族团结为己任。由爱国热情升华而来的爱国主义，是爱亲、爱家、爱乡的情感体验，是自己对祖国的深厚眷念。在不同的社会发展阶段，爱国主义具有不同的表现特征。例如在战争年代，爱国主义表现为反抗外来侵略和争取民族独立；在和平发展年代，爱国主义体现为坚持本国发展道路、加强本国现代化家建设。爱国与爱家一样，都是人们责无旁贷的道德义务和社会责任。在中华大地，爱国就是要热爱中国的历史文化和大好河山、热爱中国的血脉同胞和社会制度；爱国就是要维护国家整体利益、关注国家前途命运、立志为建设强大祖国而奋斗。

"敬业"即履行好本职工作，善做善成。敬业是中华民族的高尚职业道德，是个人成就事业的重要基础、是个人实现自己人生价值的重要方式。在当代中国，敬业要求人们具有扎实的专业基础、持之以恒的事业情怀、勤勉踏实的工作态度和锐意进取的创新精神；敬业要求社会成员在工作实践中具有强烈的责任担当和服务意识，具有持续的创新精神与奉献思想。在我国社会主义市场经济发展过程中，敬业精神不仅有利于促进市场经济的发展，而且还是个人获得生活幸福的保障。要养成敬业精神，人们需要在生活实践中养成艰苦奋斗的职业态度、铸就积极向上的职业精神和无私奉献的职业素养。

"诚信"即诚实不欺和信守承诺。诚信是人类千百年传承下来的美德，对引导后人诚信行为具有积极意义。诚信是做人之本，是个人社会生活和社会交往的道德基础。在当代中国，诚信是构建和谐社会的基石，是推进国家道德建设的重要内容。要做到诚信，国家就必须将诚信原则作为社会治理的根本原则，消除社会中各种弄虚作假、胡作非为、假冒伪劣、违约欺诈等行为，使社会成员言行一致、表里如一、诚恳待人和讲究信誉。

"友善"即友好善良。友善是一种人性之美，可以为个人塑造舒心的生活环境；友善是人际交往的润滑剂，可以化解社会矛盾、构造和谐人际氛围；友善是中华民族的传统道德，倡导人与人之间相互关心、互相爱护。在当代中国，友善是处理人与自然、人与社会、人与国家之间关系的大善，是法治建设背景下人们推进国家治理的重要补充。中国要形成友善的社会环境，广大社会成员必须始终保持善心善行，必须始终把仁爱礼仪、互谅互让、扶危济困、助人为乐等高尚品德作为自身的行为规范和行为准则。

"爱国、敬业、诚信、友善"的价值观凝结着中华传统文化的理论精髓，体现着中华民族独有的精神特质，反映着新时代中国人民新的精神风貌，是当代中国社会建设不可或缺的要素。

总体上看，社会主义核心价值观从国家层面回答了"建设什么样的国家"的问题，从社会层面解决了"建设什么样的社会"的困惑，从个人层面回应了"培育什么样的公民"的疑问。践行社会主义核心价值观、培育社会主义时代新人是中国社会建设的方向，然而，核心价值观建设有其自身的特殊规律，它需要从包括苗族传统伦理在内的中华优秀传统文化汲取营养。"当代人类也面临许多突出的难题，比如，贫富差距持续扩大，物欲追求奢华无度，个人主义恶性膨胀，社会诚信不断消减，伦理道德每况愈下，人与自然关系日趋紧张，等等。"[①]解决这些难题需要借助人类历史上积累下来的丰富智慧，而苗族传统伦理就是一种智慧，它可以"为人们认识和改造世界提供有益启迪，可以为治国理政提供有益启示，也可以为道德建设提供有益启发"[②]。苗族先民在数千年历史发展中形成的伦理思想是中华传统文化的重要组成部分，

---

① 习近平.在纪念孔子诞辰2565周年国际学术研讨会暨国际儒学联合会第五届会员大会开幕会上的讲话[N].人民日报，2014-09-25（1）.
② 习近平.在纪念孔子诞辰2565周年国际学术研讨会暨国际儒学联合会第五届会员大会开幕会上的讲话[N].人民日报，2014-09-25（1）.

第四章　苗族传统伦理现代转换的基本原则

蕴藏着解决当代中国社会问题的历史智慧，可以为当代中国社会价值观的现代性生长提供思想资源和文化滋养。

（二）苗族传统伦理与社会主义核心价值观的契合

任何一个社会的价值观都是历史的传承，没有社会价值观的历史传承，就没有现代社会的价值观。"人们创造自己的历史不是随机的，而是在承继过去的基础上再创造的。"①任何一个社会的核心价值观都有其固有的本土文化来源，这个文化来源就是既定社会制定下该民族或国家的传统文化。在漫长的历史进程中，中国人民依靠勤劳和智慧建立了和睦共处的美好家园，培育了历久弥新的优秀传统文化。中华优秀传统文化代表着中国人民的精神魂魄，体现着中华民族独特的性格气节，是中华文化在世界文化激荡中站稳脚跟的重要根基，是中华民族在新的社会背景下实现文化认同的丰厚土壤。习近平指出："一个民族、一个国家的核心价值观必须同这个民族、这个国家的历史文化相契合。"②可见，社会主义核心价值观与中华优秀传统文化之间存在一定的契合度。实践证明，社会主义核心价值观只有以中华优秀传统文化为源头和存在根据，它才能被国人普遍认同和广泛接受，从而成为人们自觉遵守的价值追求和自觉奉行的行为规范。正如毛泽东所言："我们是马克思主义的历史主义者，我们不应当割断历史。从孔夫子到孙中山，我们应当给以总结，承继这一份珍贵的遗产。"③苗族传统伦理深刻地影响着苗族人民的思想方式和行为方式，是支配着苗族人民日常生活行为的规范与制度。苗族传统伦理是中华传统文化的重要组成部分，体现着中华传统文化的本质与内涵，必然与社会主义核心价值观存在着诸多伦理共性，并成为涵养社会主义核心价值观不可或缺的文化来源。

其一，苗族传统伦理与社会主义核心价值观在国家价值追求层面的契合。在国家层面，社会主义核心价值观主张建立富强、民主、文明、和谐的

---

① 马克思恩格斯全集：第一卷[M].北京：人民出版社，1995：603.
② 习近平在北京大学师生座谈会上的讲话[N].人民日报，2014-05-05.
③ 毛泽东选集（第2卷）[M].北京：人民出版社，1991：533-534.

现代化强国。苗族人民在长期的历史发展中创造出了辉煌灿烂的伦理文化，这些伦理文化不仅具有鲜明的民族特色和地域特征，而且其中所蕴含着的一些优秀价值理念与社会主义核心价值观在国家层面的价值追求趋于一致。在这些伦理价值中，尤以苗族的民族意识、和谐理念和民主观念最为突出。

一是苗族的民族自识性思想。苗族的民族自识性，即苗族的同根意识。我国各地苗族都把蚩尤当作自己的始祖，对其竭诚敬祭。在湖北省湘西州东部方言区，苗族称自己的祖先为"培尤"或"绞黎够尤"（九黎蚩尤）；在贵州省黔东南中部方言区，苗族称自己的祖先为"榜香尤"；在四川、贵州、重庆三地西部方言区，苗族则直接将自己的祖先称为蚩尤。居住在国外的苗族也把蚩尤当作自己的祖先，例如老挝苗族在给死者的陪葬品中，一定要有一双带有鼻梁的草鞋，其意为穿着这样的草鞋走路才能回到中国老家同自己的祖先欢聚。一千多万居住在国外的苗族，虽然已经成为其居住国的国民，并受到这些国家政治、经济、文化制度的深刻影响。但作为历史上形成的一个民族，国外苗族仍具有共同的民族感情和民族意识，具有"同根"的认同心理，不忘祖先，寻根溯源。我国苗族在长期历史中形成的自识性心理，对于加强苗族社会内部的团结，对于壮大中华民族共同体力量，对于推动建立国富民强的现代化中国具有现实意义。

二是苗族关于人与自然和谐的思想。苗族先民追求人与自然和谐的思想表现在对自然神灵的敬畏、对自然万物的崇拜与保护上，例如苗族先民在《苗族古歌·运金运银》中叙述了如何铸造"撑天柱"、如何打造日月以及日月怎样找到金银的故事。在故事中，金、银、龙、鱼、雷、螃蟹、水獭、马蜂、老鹰、山雀等十多种自然现象和自然物体与人一样生活，有人一样的思想和感情。苗族先民将它们视为人的生命，把它们同人的生活融为一体。从这种"万物有灵"的原始观念中，苗族先民产生了最先的原始宗教伦理，即所谓的自然崇拜伦理。他们崇拜的对象有两类：一类是人造物，如天、地、日、月、桥、门、土地庙、水井、铜鼓、木鼓、芦笙等；另一类是自然物质，如竹、古树、枫树、山岩、巨石等。在《苗族古歌·枫木哥》中，苗族先民肯定枫木与人类有着直接的血缘关系，并对枫木在人们生活中的作用进行了

第四章 苗族传统伦理现代转换的基本原则

美化。苗族认为，天地生出枫木，枫木变成蝴蝶妈妈，蝴蝶妈妈生出苗族和人类的祖先姜央，然后才有了苗族和人类。在湖北省湘西州，苗族称枫木为"道姆"，"道"是树，"姆"即妈妈。在贵州东南部一带，苗族称枫木为"道莽"，"道"系树，"莽"即妈妈。在苗族看来，自然神灵能够听到人类的声音，能够满足人类的愿望，它既可以赐予人类以平安幸福、也可以让人类招致灾祸。因此，苗族先民把人的属性与自然界的属性统一起来，认为人类社会与自然万物的变化都是由"自然神灵"引起。苗族先民从这种原始的"神灵"观念出发创设了各种祭祀自然神灵的仪式，并通过举行祭神活动以祈求自然界给人类赐福消灾。苗族先民在长期社会实践中形成的祭祀自然神灵的活动和仪式，构成了早期人类宗教伦理的基本内容之一。这种祭祀神灵的活动既丰富了道法自然、天人合一、人与自然和谐之中国传统和合文化的思想内容，又体现了建设和谐社会的核心要素，是涵养社会主义核心价值观的重要内容，可以为当代中国的和谐社会建社提供理论支撑。

三是苗族关于人与人和谐的思想。苗族人民热情待客，具有与人为善、与人和睦相处的传统美德。在广大苗族乡村，不论是本族人或外族人，亦不管是亲朋好友或陌生路人，一旦走进苗族家庭，主家都将其视为客人以礼相待。农闲时节，苗族民众喜欢走亲访友，借此维系血缘亲情和扩大自身的交往范围。苗族走亲访友的方式有两种：一种是正式走客，即主家有婚丧事宜，先与亲友约定某日前来走客。走客之前，双方备制一定礼品于走客时相互赠送。客人视血缘亲情关系的远近，携带一定礼物至主家；主家亦相应地准备礼物，待客人离别时赠送。主家将客人送来的礼物分散给全村寨或与之亲近的家族和邻居，与之共同享用。除主家盛情招待客人外，接获客人礼物之家庭轮流宴请客人至家中饮酒吃饭，其余各家前来一至二人陪客人吃饭。每家吃饭数十分钟，每人喝酒一两杯，然后走向另一家。每次走客，客人留住三至四日。另一种是机会走客，即某家有小孩夭折或生育孩子，本家族亲戚前往慰问和庆贺。此种走客的人数相对较少，客人所带礼物亦十分简单。主家不通知全寨或全族人陪客，只邀请邻近数家带上酒肉前来陪同客人，往往一餐而散。在这种礼尚往来的行亲走客中，苗族人民形成了善待客人、与客人

民族复兴背景下苗族传统伦理现代转换研究

邻里和谐相处的良好习惯。在苗族地区，这种走客习俗对构建苗族与其他兄弟民族之间的和谐关系，对推进苗族地区的和谐社会建设具有积极意义。

四是苗族的民主观念与意识。受到各种主客观因素的影响，苗族社会发展极为缓慢。苗族在历史上从未建立过自己的国家政权，其社会内部阶级分化不明显，人与人之间社会地位平等，因而在苗族民间社会生活中弥漫着一种浓厚的原始民主气氛。苗民有事，"一以公意决之。彭陡必会议，议并寒行……尚复有所谓公理与民意也。""善团结，贵任用，尤重视公意。"[①]在苗族社会内部，议榔制度是聚合苗族民众的组织和纽带，在议榔制度基础上产生的苗族习惯法是保证苗族成员平等实现民主权利的重要手段。在鼓社内部，凡事关全体成员的活动和事件均由各户主参加的议榔会议讨论决定；参加会议者有权发表意见，鼓头依据多数人的意见做出决定。这种集体议事的方式，培植了苗族民众浓厚的民主意识。榔头、款首为民众调解纠纷、处理日常公共事务时备受尊崇，但他们没有超越群众之上的特权。榔头、款首由群众民主选举产生，不称职者随时予以撤换。议榔组织所制定的各种榔规榔约，一经群众表决通过便在苗族社会内部形成不成文的法律，上自榔头、下至百姓人人必须遵守，无一例外。苗族人民这种纯朴、自发的平等观念与民主意识，在苗族社会发展过程中很少受到剥削阶级思想的侵蚀和影响。事实上，议榔组织作为一种有效的社会管理形式，在现今的广大苗族地区仍然发挥着管理苗族社会秩序、促进苗族社会建设的作用。苗族社会内部自发生成的这种平等观念和民主意识，只要我们剔除其中的绝对平均主义的消极影响，并对其加以积极正确引导，它完全可以为当代中国的民主政治建设服务。

其二，苗族传统伦理与社会主义核心价值观在社会价值追求层面的契合。

在社会层面，社会主义核心价值观主张建立自由、平等、公正、法治的现代社会。苗族在长期生活实践中通过不断总结而形成的公平观念、团结互助意识、互相包容精神和社会治理思想，这些被苗族民众普遍认同的价值观念与社会主义核心价值观在社会层面的价值追求存在诸多相一致的地方。

---

① 刘锡蕃.苗荒小纪[M].北京：商务印书馆，1935：78.

第四章 苗族传统伦理现代转换的基本原则

一是苗族的社会公平思想。苗族人民向往社会公平，并在生活中形成了公平的伦理观念。在赛马、摔跤、斗牛、赛歌、爬山、斗画眉、划龙舟等竞技活动中，苗族民众严格按照事先规定的规则进行比赛，任何人都没有超越规则的权利。在这些竞技活动中，取胜者得到人们的普遍称赞，取胜的未婚男子更是受到姑娘们的青睐。在刺绣、制衣、家务、接人待客等专为苗族妇女准备的比赛中，其比赛过程也是依据特定的规则进行。在这些比赛中，表现突出者受到人们的赞扬和敬佩，妇女们乐意将其刺绣、制衣等技巧传授给他人。通过举行竞赛活动，体格、技巧等方面出类拔萃者不仅不会以己之长比人之短、不会轻视和嫌弃技不如己者；相反，他们更善于公平对待和帮助他人。如遇轻蔑、歧视、凌虐他人者，必将引起周围民众的公愤。公平是社会发展的本质要求，弘扬苗族公平观念对建设公正有序的中国社会秩序具有促进作用。

二是苗族的团结互助思想。在苗族社会内部，苗族人民以团结和睦、无矛盾纠纷为荣，以破坏团结、搬弄是非为耻。苗族民众发生纠纷，理老主动劝和双方，旁人也会积极劝解。当事双方自觉听从理老或旁人的劝解，互相忍让，和归于好。临近苗族村寨之间暗自攀比谁更团结互助，彼此间互谅互让并建立友好关系，逢年过节相互走访联络感情。社会动荡时期，苗族各村寨患难与共，彼此结成联盟共同抵制外乱。在一个或邻近苗族村寨，无论谁家有婚丧大事，附近邻里不分血缘亲疏远近主动前来相互，事后不求报答。生产时节，人们互换互帮不计报酬；春耕或秋收时节，某家因疾病等特殊情况不能及时耕作或收割，邻里主动前来帮忙。某家遇上火灾或水涝等重大灾难，族人邻里自发捐物、捐钱、捐粮，帮助其重建家园。苗族人民热心公益事业，乐于筹资或献工献料修建本村寨的桥梁、道路、渡船、学校等公共事项；乐于捐助或轮流抚养本村寨内的鳏寡孤独、老弱病残或丧失劳动能力者，不让其乞食他乡；山间道路或桥梁垮塌，谁见谁修。苗族人民这种和衷共济、患难相帮的习惯和品德，深深烙印在每个苗族个体的头脑中并成为其一以贯之的生活行为。发扬苗族这种高尚的行为品德，对培养当代中国民众"爱国、敬业、诚信、友善"之个人品质具有非同寻常的意义。

三是苗族的相互包容思想。苗族伦理在具有一定排他性的同时，也体现了对其他民族文化的包容力。在与其他民族的交流互动过程中，苗族善于吸收借鉴其他民族文化的优点和长处。为了与汉族进行更好地交通和沟通，苗族人民读汉籍、习汉礼、仿汉俗，在衣食住行等方面受到汉文化的影响较深。在与侗族、布依族、土家族、仡佬族、畲族等兄弟民族交错杂居的地区，苗族人民与其他民族成员相互交往学习，在此过程中他们非但不排斥其他民族的习俗与文化，反而进行大胆接纳和利用。我国民族文化的繁荣发展表明，任何一个民族都必须借助外民族文化来丰富自己的民族文化，以促使本民族文化不断得到发展和创新。在改革开放和现代化建设的今天，要建设社会主义的新的民族文化，我们尤其需要发扬苗族传统伦理中所蕴含着的这种兼收并蓄的文化包容力，积极接纳人类一切优秀文明成果为我所用。

四是苗族的社会治理思想。在传统苗族社会，苗族主要通过自己的习惯法管理社会。在苗族地区，苗族习惯法犹如一部完整的法律，时刻规范和制约着每个苗族民众的生活行为。例如在维护村寨秩序方面，村规民约人人自觉维护，违者给予相应的罚款；祭祖礼仪人人遵守，祭祖活动人人听从安排，无意违反者罚鸡、鸭一只，有意违反者罚猪、牛一头，情节严重者全村寨"兴师问罪"；家庭矛盾、民事纠纷、村寨冲突大家主动讲和双方，自觉听从理老调解、互相忍让、服从裁决，决不允许肆意挑逗或故意扩大矛盾；不准结伙斗殴、编造是非、滋事闹事，不准猥亵、侮辱妇女和儿童；不准对他人进行人身攻击，不准诬告陷害他人，违者除登门赔礼道歉外，还须按照古礼古规赔偿对方一定的钱财。在婚姻家庭方面，男子不能与已婚女子深交，女子不能与已婚男人迷恋；不准虐待父母、打骂妻子、抛弃孩子，违者视其轻重给予批评教育或一定程度的体罚；不准挑拨他人夫妻关系，挑拨者责令送给对方三头牛。在规范社会行为方面，剪他人谷穗、盗他人庄稼，轻者罚银六两、重者罚银十二两；拉别人的牛、扛别家的猪，轻者罚银十二两，重者罚银四十两；盗别人家的鱼，轻者罚银六两、重者罚银十二两；偷别人蔬菜、柴草、瓜果、棉花、蓝靛、辣椒等，罚银五至七两；偷别人树木，罚银一两三；偷别人捕获的鼠、禽、兽、鱼等物品，罚银三至十二两；砍伐村寨风景树、破坏村寨古老森林、盗伐鼓社集体林木，罚银十二至十六两；放火烧山、乱砍滥伐山林，罚银十二两。上述苗族社会治理的伦理规范，我们完全可以将其纳入民族地区的社会建设中，用以推动我国民族地区各项建设事业的发展。

其三，苗族传统伦理与社会主义核心价值观在个人价值追求层面的契合。

在个人层面，社会主义核心价值观主张培养具有"爱国、敬业、诚信、友善"之高贵品质的现代公民。苗族人民在与其他兄弟民族的交流交融中，形成了独具自己民族特色的群体主义观念、淳朴善良的人生品质以及勤劳奋斗、求真务实的精神，这些伦理价值与社会主义核心价值观在个人价值层面的追求具有很强的一致性。

一是苗族的群体主义思想。苗族是我国一个具有悠久历史的民族，因长期生活于艰苦的环境中，从而培育了苗族人民"注重社会责任、强调亲和团结"的群体主义思想。例如在苗族伦理传承上，无论是苗族生产劳动伦理、婚丧伦理、宗教伦理还是生态伦理，人们都是通过开展群体性的活动来实现其代际传承的。苗族强调个人依附于群体，这种群体意识在苗族社会内部体现为各苗族个体之间的团结友爱和互助互济。不仅如此，苗族人民还在团结友爱、互助互济的基础上，滋生出了热爱祖国、热爱和平的爱国精神。在中国历史上，苗族虽然遭受到歧视和压迫，但苗族从不欺辱其他民族、从不发动侵略其他民族的斗争。相反，在各历史发展阶段，苗族总能与其他民族休戚与共、互相学习、甚至互相通婚，构建起一个你中有我、我中有你、血肉相连的和谐共同体。在苗族看来，人既是个体性的存在，同时也是群体性的存在。一方面，人的自我价值的实现不仅是个体道德和个体理想境界的自我提升过程，同时还需要处理好自我与他人之间的关系。另一方面，个人要在社会群体中实现自我价值、展现自我的存在意义，必须超越"小我"、趋向于"大我"。时至今日，中华民族之所以能够自立于世界民族之林，其根本原因就在于五十六个民族都具有极强的团结互助、热爱和平的集体主义精神。苗族传统伦理把个人命运与民族、国家前途结合起来，强调群体价值、突出大局观念、注重个体对他人和社会群体的奉献，这正是社会主义核心价值观中所强调的实现自我价值、形成完美人格的正确途径。因此，在当前我国建设社会主义现代化强国的历史征程中，我们只要剔除苗族群体主义观念中那些压抑个性发展的消极因素，发扬苗族群体主义思想中的爱国优良传统，苗族的这种群体主义意识定能对培育"爱国、敬业、诚信、友善"合格社会公民、对团结人心和凝聚民族力量发挥着巨大作用。

二是苗族追求淳朴善良人生品质的思想。苗族人民处事忠心信用，对人谦恭诚恳，将朋友客人视为亲兄姐妹。在苗族《古歌》《理歌理词》《古老话》《议榔词》《谚语·格言》中，都训导人们在待人处事上要忠诚正直，重诚重善。例如苗族《理词》中记载："想要讲正直，想要说公理，就来讲真的话，就来说坦率的理"，"真就真真实实，直就直溜溜"，"她若煮伤你，他若烧黑你，不错也错了，不误也误了，只要修好就算了，只要补好就行了""同是一父生的孩子，同是一母生的娃娃，同是爬山来的人，同是涉水来的人"，"好就好到顶，暖就暖到底，就是说如银水，就暖如姨老，就牢如磐石，就稳如基石。"①苗族《谚语》中也提道："心直才到老，语和才长寿"，"套马要长绳，结友要长心"，"和睦相处一辈子也嫌短，吵吵闹闹半天也难熬"，"同心同德可交朋友，齐心协力能挑重担"，"相互合作事业才兴旺，共同管理地方才平安"。②苗族《格言》告诫人们："勤快钱粮足，懒汉肚皮空"，"寒天不冻勤织女，荒年不饿苦耕人"，"干活方能长寿，为贼必定命短"，"互帮互助是朋友，勾勾搭搭是小偷"，"洪水冲不垮弯坎，魔鬼害不死善人"。③从出生时起，苗族人民就接受了这种民族文化的熏陶，从而使苗族形成了克制忍让的心理特征和朴实善良的为人性格。将苗族这种朴实善良的伦理精神融入当代中国现代化建设过程，这对提升整个中华民族的诚实友善品质具有重要意义。

三是苗族的勤劳奋斗精神。苗族人民在不断迁徙过程中，每到一处都披荆斩棘、开山辟土，在艰苦的生存环境中努力建设自己的家园。他们正视困难、无畏困难、努力克服困难，以自己坚韧的劳动意志铸就了本民族勤劳勇

---

① 吴德杰，扬文瑞.苗族谚语格言选[M].北京：民族出版社，2018：30.
② 石朝江.中国苗学[M].贵阳：贵州大学出版社，2009：273.
③ 石朝江.中国苗学[M].贵阳：贵州大学出版社，2009：273.

敢、艰苦奋斗的精神品质,以自己罕见的吃苦精神成就了本民族求真务实的高尚人生态度。苗族人民通过这种勤劳奋斗、求真务实的精神不仅协调好自身与其所生存环境的关系,而且让自己以极其强大的心理能力承受着经济生活的变迁,顽强地屹立于世界民族之林。在当今时代,我国多数苗族地区仍相对贫困,许多苗族群众尚未脱贫,这更需要苗族人民充分发挥自己的聪明才智,发扬自身的艰苦奋斗精神和吃苦耐劳品格,努力发展生产,走勤劳致富之路。实践表明,苗族人民在长期历史中形成的勤劳智慧和实干精神,正是我国国家建设需要大力倡导的基本社会品质之一。因此我们在继承和发扬苗族传统伦理时,只要合理摈弃其落后自然经济条件给苗族传统伦理带来的不良影响,苗族传统伦理必能继续很好地为我国民族地区的现代化建设服务。

四是苗族的求真务实精神。苗族人民注重实际,讲求实效。苗族人民在数千年的历史发展中经历无数浩劫、克服无数困难,通过不断适应自然、改造自然而得以生存和发展下来。在长期艰苦的劳动实践中,苗族人民养成了吃苦耐劳、坚忍不拔的民族品质和勤奋上进、求真务实的拼搏精神。苗族人民深知一切劳动成果都要依靠自身努力去创造,因此广大苗族民众极力尊崇实干的传统美德,将实效作为评价事物的标准。在苗族民众看来,凡是对人类有益的活动都是应当开展的,凡是对人类有益的行为都是有价值的。在这种理性价值观的支配下,苗族人民坦诚面对现实,遇事讲真话实话、反对假话空话套话,注重实事求是。在当今中国社会发展中,苗族人民这种求真务实的伦理风范对培养中华民族"诚信、友善"的民族气节具有直接而重要的借鉴作用。

综上,苗族传统伦理蕴含着丰富的道德资源,与社会主义核心价值观存在着诸多同质相通之处,是涵养社会主义核心价值观的文化基因之一。"中华传统美德是中华文化精髓,蕴含着丰富的思想道德资源。不忘本来才能开辟未来,善于继承才能更好创新。"[①]但由于苗族传统伦理是在自给自足的农耕经济和宗法血缘关系下产生和形成,其间必然带有某些不适应现代社会发展的

---

① 习近平.把培育和弘扬社会主义核心价值观作为凝魂聚气强基固本的基础工作[N].人民日报,2014-2-26(03).

落后的文化成分，例如因循守旧的自给自足的小农意识、严格遵守习惯法的民族心理以及知足常乐的陈旧思维方式等。毛泽东指出："清理古代文化的发展过程，剔除其封建性的糟粕，吸收其民主性的精华，是发展新文化提高民族自信心的必要条件；但是决不能无批判地兼收并蓄。"① 习近平在强调继承中国传统文化时也提醒我们："对历史文化特别是先人传承下来的价值理念和道德规范，要坚持古为今用、推陈出新，有鉴别地加以对待，有扬弃地予以继承。"② 传承中华文化不是简单复古，而是"以古人之规矩，开自己之生面"。③ 社会主义核心价值观是当代中国文化的灵魂，引领着中国社会思潮的发展航向；社会主义核心价值观是当代中国文化的精髓，反映着中国意识形态的本质要求；社会主义核心价值观是中国时代精神的体现，理应成为焕发中华传统文化生机与活力的价值指引。在这个意义上讲，坚持社会主义核心价值观的统领地位，挖掘苗族传统伦理中所蕴含着的符合当代中国社会发展需要的文化元素，是推动苗族传统伦理现代转换的必由之路。

三、以现代社会伦理关系为依托

经过改革开放40年的发展，中国初步形成了新型的社会伦理关系，这些新型社会伦理关系体现在对中华传统伦理关系的认同、"新五伦"与"新五常"伦理体系的形成以及"家庭—社会—国家"伦理关系三个方面。

（一）中华传统伦理关系及其认同

在世界文化体系中，每一个民族和国家都有自己的传统文化，这种传统文化对维系该民族和国家的长期稳定与发展发挥着十分重要的作用。中华传统文化与宗教文化并立并存，是一种特殊的伦理性文化。

其一，中华传统伦理关系的基本形态。

---

① 毛泽东.毛泽东选集（第2卷）[M].北京：人民出版社，1991：707-708.
② 习近平.把培育和弘扬社会主义核心价值观作为凝魂聚气 强基固本的基础工作[N].人民日报，2014-2-26（02）.
③ 习近平.在文艺工作座谈会上的讲话[N].人民日报，2015-10-15（01）.

第四章 苗族传统伦理现代转换的基本原则

在传统中国社会，个体家庭是最基本的生产单位，家长在家庭中拥有最高权力，负责组织安排各种农业生产。父与子在家庭生活中居于主导地位，具有管理家庭经济事务的权利。父子关系是整个家庭关系的核心，其他家庭成员围绕这一核心，按照血缘的亲疏远近和辈分的尊卑长幼形成各种等级有别的人际关系。这种重视父子关系的结果，其表现形式就是强调家族子嗣和血统的连续。因此在个体家庭中，父亲不仅将子女视为自己身体的生物性延续，而且还把子女成长看作实现自身生命价值的重要方式。若一个家庭后无子嗣，人们便认为这个家庭没有行善积德而遭到了祖先的惩罚。这种强调男性地位和血统延续的思维模式，决定了父子关系高于夫妇关系，夫妻关系只能从属于父子关系。"人们历来把父子比作不可分离的骨肉，而妻对夫则是可以任意脱去的衣服而已。"① 在个体家庭中，妻子没有地位和权力，妻无子，丈夫随时可以抛弃妻子，妻子往往只能相夫教子。在这种家庭关系中，男子维持婚姻是为了传宗接代，忍痛休妻是为了不违父母之命、遵守孝子之名。因此，中国传统"家庭纵向关系的稳定和延续是封建社会的价值观念和道德法律，也是家庭的最高原则，家庭横向关系的发展必须服从纵向关系的利益。"② 子女绝对服从父母教导，自觉尊敬长辈、自觉赡养父母，否则将认为是不孝而受到严厉惩罚。

在几千年的历史发展中，中国社会形成了"三纲五常"的基本社会伦理关系。在个体家庭中，人们强调"夫为妻纲""男尊女卑""男主女从"以及妇女的"三从四德"，这是一种血亲主位、男性专权的以男性为中心的宗法家族制度。在这种家庭制度中，一切家庭关系都从属于男子，男性家长绝对地支配和控制着其他家庭成员，女性在家庭中成了生儿育女传宗接代的工具。男子决定家庭财产处理和家庭事务决策，女性丧失了基本的人身权利、财产权利乃至决策家庭事务的权利，这种伦理规范使得历代中国妇女被沦为男性的附庸和奴仆。尽管自春秋以来儒家就强调"父慈子孝、夫义妇顺"等主张，

---

① 家庭编辑部编.婚姻家庭探索[M].广州：广东人民出版社，1985：22.
② 叶文振，林擎国.我国家庭关系模式演变及其现代化的研究[J].厦门大学学报（哲社版），1995（03）：33-35.

但在现实家庭生活中仍是夫权至上和长者为贵，女性作为卑者、幼者只能唯命是从。

家组成国，国家内部的一切社会关系都是家庭关系的延展。这种以家庭关系为核心的人伦关系模式不仅反映出了一般社会人伦关系的发展逻辑，而且还蕴含着将家庭情感扩展到一般社会情感的内在机理，例如中国社会的君仁臣忠、朋友有义等社会伦理就是父慈子孝、兄友弟悌之家庭关系的延展。在传统中国社会，人们将个体家庭中的父子、夫妻、朋友、兄弟等关系推及全社会，试图以此构建整个社会的人与人之间相互尊重的基本伦常，正如孔子在《礼记·祭义》中所说的"立爱自亲始，教民睦也"以及孟子在《孟子·尽心上》中所强调的"亲亲而仁民，仁民而爱物"。与此同时，在传统家庭成员中，人们基于性别、年龄、血缘位次及姻缘关系等的自然区别，各自分属于不同层次的家族关系。即以"自己"为中心，根据与自己血缘关系的远近亲疏，错落有节地建构起一个体现等级差序的社会伦理体系。人们还将这种具有自然差别的家庭伦理上升到伦理秩序，并将其延伸到更广泛的社会领域，使其成为统摄一切社会关系的伦理规范。可见，中国传统家庭伦理的自我巩固、扩展以及进入社会领域的过程，是一个逐步递进、自然发展的过程。这种以人伦为基础、以情理为法则建立起来的人情主义伦理关系，在调整自我与他人、自我与社会之间关系以及凝聚社会向心力等方面发挥着重要作用。

其二，对中华传统伦理关系的认同。

对传统文化的自我认同是一个民族和国家的公民最基本的文化共识，同时也是一个民族和国家的公民发展和创新本民族传统文化的前提。纵观中国近代以来的社会发展我们可以发现，在每一次社会转型的背后几乎都经历着后一历史时期的人们对过往时代伦理文化的激烈批判和自我反思。当代国人充满着对传统伦理的期盼与呼唤，其原因就在于中国传统伦理可以回应和阐释当前中国社会发展过程中遇到的诸多重大现实问题。

一是中华传统伦理与社会主义市场经济相适应。中华传统伦理源自中国传统农耕社会，但它与新中国改革开放后建立起来的社会主义市场经济之间并不是机械的决定与被决定的关系,二者是相互适应的。改革开放使中国社会结构发生了巨大变化,给中国社会的道德领域带来了巨大冲击。但这种变化和冲击非但没有使中国国民抛弃自身的文化传统,反而在某种程度上使中国国民形成了对本民族传统文化的高度认同。这是因为:当今中国社会形成的与市场经济发展相匹配的基本的伦理意识和道德观念并非都是合理的。社会主义市场经济追求经济发展的高效率,具有一定的功利性,虽然在此过程中形成的诸如平等自由原则、社会契约精神等伦理原则具有一定的合理性;但是由于市场经济本身所固有的资本崇拜、个人主义、利己主义等道德缺陷,使市场经济本身并不具有先在的道德合法性。因此,在体制上,中国市场经济的发展必须坚持以社会主义公有制为主导;在价值取向上,必须用社会主义核心价值观替代市场经济的资本崇拜和利益至上、用中国优秀传统伦理扬弃市场经济所固有的个人主义、利己主义等道德缺陷。中国民众对本民族传统伦理的态度从改革开放之初的激烈批判转向当下的自我认同,这种期待民族传统伦理回归人们现实生活的文化心理,正是人们对当前中国道德生活状况所做出的正确认知和判断。

二是中华传统伦理能够抵御外来宗教文化的侵蚀与挑战。在全球化进程中,中国文化不断遭到外来宗教文化的侵蚀与挑战。由于中国自古以来就没有宗教信仰的广泛社会基础,因此绝大多数中国民众在心理上依然不信仰宗教,这种"不宗教"的缘由就在于中国文化蕴含着深厚的伦理传统。据此,在外来宗教文化的传播和影响下,当今中国并不是消极地将外来宗教文化拒之于国门之外,而是以自身的传统伦理思想为构架建构起自己的道德文化体系,以此为每个中华民族个体安身立命提供精神家园、为每个国民的现实生活提供精神关怀。实践表明,中国传统伦理仍是当代国人追求幸福生活的强大精神动力,无论现在还是未来,中华文化必将延续着"不宗教"的"中国气派"向前发展。

三是中华传统伦理能够为人们创造幸福生活提供智慧和力量。人们普遍认为,道德与幸福之间是善恶因果关系,这种善恶因果律不仅是每个人对未来生活产生信念的基础,而且也是每个社会个体憧憬未来美好生活的文化基石。在现实生活中,善恶因果律虽然不能完全一一对应与实现,但处于社会生活中的每一个人依然坚守善恶因果的规律,并努力使这种规律变成现实。由此,伦理道德既是人们批判现实世界的精神动力,同时又是人们创造未来世界的智慧力量。当代国人对道德与幸福内在关系的认同不仅是他们对现实生活世界的认可与肯定,而且也是他们对中国传统伦理充满文化信心的宣誓和表达。

(二)"新五伦"与"新五常"之现代伦理关系的形成

改革开放后,中国社会在道德领域形成了新的普遍性的文化共识,这就是"新五伦"与"新五常"的现代伦理关系。"新五伦"和"新五常"不仅是当代中国社会伦理文化的核心价值,同时又是人们对于当代中国伦理道德转型的文化共识。

其一,何谓"新五伦"与"新五常"。

在中国传统社会,五伦是指君臣、父子、兄弟、夫妇、朋友这五种人伦关系。传统五伦是每一个社会最基本的伦理关系,是衍生其他伦理关系乃至整个社会关系的基本范畴。在现代社会转型中,"旧五伦"关系已经发展成为"新五伦"关系。那么,何谓"新五伦"呢?所谓"新五伦",即是指父母子女、夫妻、兄弟姐妹、个人与社会、个人与国家之间的伦理关系。从内容上看,"新五伦"中的父母子女、夫妻、兄弟姐妹与"旧五伦"中的父子、夫妇、兄弟相通,"新五伦"只是将"旧五伦"中被人格化的两种关系(即君臣关系和朋友关系)普遍化为个人与国家以及个人与社会的关系。在传统与现代的交替发展中,当代中国伦理思想的传统要素占据了一半以上。"五常"即仁、义、礼、智、信五种德性,这五种德性是中国传统道德的核心价值。仁就是宽厚,义就是正直,礼就是谦让,智就是才能,信就是诚实。即使当今社会已经由传统向现代转型,"五常"之德依然在相当程度上得到广大社会成员的重视和承认。

在21世纪以来的中国社会发展中,人们的社会生活和文化观念都发生了根本性变化。人们在怀疑和批判"五常"时,所集中批判的仅仅是"五常"

之异化而形成的伪与善,而不是批判"五常"之德性本身所蕴含的文化价值。随着中国社会的发展,人们在吸取"旧五常"理论精华的基础上,将"旧五常"创新发展为五种新的德性思想,即所谓的"新五常"。"新五常"根据自身在社会中的顺位依次表现为:爱、诚信、责任、公正、宽容五种伦理道德。"爱"即仁爱、友爱、博爱,居于首位,是位居第一位的德性;"诚信"即信守承诺,是位居第二位的德性;"责任"即勇于承担社会责任、勇于履行社会义务,是位居第三位的德性;"公正"即社会的公平与正义,是位居第四位的德性;"宽容"即要有宽厚的包容之心,是位居第五位的德性。从内容上看,"新五常"更多是指向当下中国社会存在的道德问题,是为治疗当下中国社会存在的"道德病人"提供德性论基础。例如作为第一德性的"爱"医治"缺乏信任"和"人际冷漠"之人,作为第二德性的"诚信"医治"诚信缺失""坑蒙拐骗"之人,作为第三德性的"责任"医治"自私自利"之人,作为第四德性的"正义"医治"缺乏公正心与正义感"之人,作为第五德性的"宽容"医治"心胸狭隘"之人。在中国特色社会主义建设中,"新五常"中的诸多内容都已经被吸纳进了核心价值观的内容之中,成为引领全体国民向前奋进的强大精神力量。

其二,"新五伦"与"新五常"是对当代中国伦理关系的回应。

以"新五伦""新五常"为核心的现代伦理道德的形成,体现了"伦理上守望传统,道德上走向现代"之中国传统伦理现代转型的基本轨迹。朱熹把这种转型轨迹称为"同行异情",即中国伦理转型与道德转型是同步进行的,但二者行进的文化方向却有所不同。换言之,在伦理与道德的现代发展中,伦理在发展方向上往往守望家庭传统,趋向于在"变化"中求"不变";道德在发展方向上往往走向现代,趋向于追求变化。"新五伦"与"新五常"及其在现代社会中的转型轨迹,是对当代中国社会伦理关系的有效诠释和回应。

一是"新五伦"与"新五常"主张家庭伦理是社会伦理形成的基础。"新五伦"的伦理关系表明:个人与社会之间的伦理地位在"新五伦"中是不稳定的,家庭伦理在现代伦理关系中依然处于基础性地位。"中国是伦理本位的社会"①,"中国伦理首重家庭","中国人将家庭关系推广发挥,以伦理组织社会"。②虽然当代中国社会发生了巨大变化,中国社会伦理究竟在多大程度上以家庭伦理为基础有待进一步考察。但可以肯定的是,由于个人与社会之间的伦理关系在"新五伦"中具有不稳定性,因而个体家庭的基础性地位使家庭伦理的存在成为必需,并为当代中国伦理文化的形成和发展提供深厚土壤。

二是"新五伦"与"新五常"主张家庭伦理是中国社会"不宗教"的根本原因。中国文化"不宗教"的自然基础就在于中国社会有了浓厚的家庭血缘伦理,并且家庭血缘伦理的基础性地位为当代中国民众不信仰外来宗教提供了文化条件和心理基础。"中国之家庭伦理,所以成一宗教替代品者,亦即为它融合人我泯忘躯壳,虽不离现实而拓远一步,使人从较深较大处寻取人生意义。"③中国社会根深蒂固的家庭血缘伦理,是当代中国民众不信仰外来宗教的一个巨大心理优势和文化竞争力。可见,"新五伦"不仅很好地揭示了当代中国伦理关系发展的逻辑,而且也为当前和未来中国"不宗教"提供了源源不断的文化自信心。

(三)"家庭、社会、国家"之现代伦理关系的形成

家庭、社会和国家是现实社会生活中的三大伦理实体,三者之间的互动构成了人的伦理生活、伦理精神和伦理世界的体系。中国伦理文化能够屹立于世界文明之林,其原因就在于它形成了一个体现家庭、社会、国家三大伦理实体集体意识的伦理文化。这三大伦理实体所关注的文化内容有所不同:家庭伦理关注婚姻和代际关系、社会伦理关注财富的普遍性、国家伦理关注权力公共性,当代中国的道德发展过程就是这三大伦理实体集体意识发展的过程。因此,如何应对家庭、社会和国家这三大伦理实体并处理好它们之间的关系,成为推动当代中国伦理道德发展的重大课题之一。

其一,现代家庭伦理关系的形成。

---

① 梁漱溟.中国文化要义[M].上海:上海人民出版社,2011:87.
② 梁漱溟.中国文化要义[M].上海:上海人民出版社,2011:87.
③ 梁漱溟.中国文化要义[M].上海:上海人民出版社,2011:87.

第四章 苗族传统伦理现代转换的基本原则

古人把伦理看作人类原初的居所，把家庭视为原始的伦理发源地。即便到了现代社会，家庭仍然是人类道德得以生存的根基，是最直接的自然伦理实体和现代文明的发源地，是各民族和国家伦理发展的价值基础。马克思指出："全部人类历史的第一个前提无疑是有生命的个人的存在。"①家庭以爱为原则，把夫妻、父母、子女以及兄弟姐妹等家庭成员统一起来，作为直接的伦理实体，家庭孕育着人类道德的发展，为人类个体的生存和发展提供物质和精神需要。在个体家庭中，"人们的情绪就是意识到自己是在这种统一中……从而使自己在其中不是一个独立的人，而成为一个成员。"②一方面，爱作为一种自然形式的伦理和特殊的相互承认关系，在促进家庭成员团结、统一家庭成员伦理方面发挥着重要作用。爱他人就意味着爱自己，并在"另一个人身上找到自己，即获得他人对自己的承认"③。另一方面，爱作为一种对他人的责任与义务，爱的情感需要从私人性转向公共客观性，爱他人就必须尊重他人的人性尊严。在伦理关系中，家庭伦理无疑是众多伦理关系的源头和根本。因为"人一生下来，便有与他相关系之人（父母、兄弟等）……家人父子，是其天然基本关系，故伦理首重家庭。"④在现代社会伦理发展过程中，以表征家庭成员关系的家庭伦理既是"社会伦理"的开端，也是现代社会伦理体系中的一个重要领域。犹如阿伦特所言："没有在家庭内的对生命必然性的统治，就不可能有生活或'优良生活'。"⑤

一是现代家庭伦理对传统家庭伦理的守望。虽然现代化发展使人类家庭结构和家庭关系发生着剧烈变化。但是，家庭仍然是现代社会人类生存和发展的最基本单元，家庭伦理仍在促进现代社会伦理关系发展中发挥着重要作用。一是传统家庭伦理具有社会适应性。家庭是社会的基本单元，家庭关系的维系和家庭生活的发展依然由社会的经济关系决定。新中国成立后，中国传统家庭伦理关系中的等级尊卑现象遭到批判和否定，中国社会开始建立起

---

① 马克思，恩格斯.马克思恩格斯选集（第1卷）[M].北京：人民出版社，1995：67.
② （德）黑格尔.法哲学原理[M].范扬，张企泰，译.北京：商务印书馆，1996：173.
③ （德）黑格尔.法哲学原理[M].范扬，张企泰，译.北京：商务印书馆，1996：173.
④ 梁漱溟.中国文化要义[M].上海：上海人民出版社，2005：83.
⑤ （美）阿伦特.人的境况[M].王寅丽译.上海：上海人民出版社，2009：21.

了平等、民主、互助的新型家庭伦理。改革开放后，市场经济的发展给传统个体家庭注入了金钱至上的思想和功利主义、个人主义等观念，这在很大程度上削弱了传统个体家庭内部的情感关怀。然而在市场经济条件下，中国传统家庭伦理也在积极地做出变革，家庭在推进个体成员社会化的过程中有意识地培养个体成员的独立人格和竞争意识，使家庭成员不断适应社会主义市场经济发展的要求。二是传统家庭伦理具有相对独立性。尽管家庭伦理不可避免地打上社会的烙印，但在社会发展中人类基本的血缘亲情和家庭关系始终存在，它不因社会的发展进步而走向消失。宗法制下传统家庭伦理与社会伦理表现出同构性，现代社会的伦理道德则是走向多元。在现代中国，虽然家庭伦理也必然要表现出与市场经济相适应的特点，但这种适应性表现并不意味着传统家庭伦理绝对地尊奉市场之价值标准。市场经济以"按劳分配"为原则，其道德信条是追求公开透明与公平竞争；家庭生活则以"按需分配"为原则，其伦理要求是突出对弱势成员的心灵关怀和救助保障，使之在物质、精神和心理上得到满足。伴随着市场经济发展和社会竞争力的增强，家庭也在不断提升其内部成员的精神安抚与心理慰藉。家庭之所以能够发挥这种情感功能，其根本原因就在于家庭成员之间先天性地具有夫妻恩爱、长慈幼孝、民主平等、亲切和谐等道德精神。在这种家庭氛围中，个体能够享受到家庭的情感慰藉，能够养成健康向上的完美人格。

二是现代家庭伦理对传统家庭伦理的改造。随着改革开放以来中国社会的发展，中国的人口流动日益频繁，血亲关系在家庭结构中的地位不断削弱。在现代中国个体家庭发展中，家庭内部成员之间形成了平等民主的关系，这种新型家庭关系的形成必然要求传统家庭伦理向现代家庭伦理转换。一是现代家庭伦理尊重个体成员的独立和人格。传统家庭伦理虽然具有内在自觉的一面，但它更多地体现在对其他家庭成员的约束上，在某种程度上带有被迫他人遵守的性质，这种家庭伦理不能将情感自愿与行为自主的道德内容很好地体现出来。人之为人的一个重要方面，就是每个人都首先以单个心理、生理的个体生命独立存在。任何其他人都不能无视这种独立存在的个体，都应该尊重这种独立存在个体的人格和权力，社会要满足这种独立存在个体的利

第四章 苗族传统伦理现代转换的基本原则

益。在现代社会，家庭伦理更强调伦理主体的情感自愿和行为自主，要求家庭成员理性上自觉、情感上自愿地遵守家庭伦理。现代家庭伦理的核心是倡导个体独立与自由平等，尊重家庭成员个性发展，满足家庭成员利益需要。较之个体家庭伦理而言，现代家庭伦理是一种彼此尊重、相互理解的交互主体性关系。二是现代家庭伦理主张权利与义务的双向性。在现代社会，家庭内部各成员之间地位平等、相互帮助，既享受权利、又承担义务。例如父母要求子女关心照料自己，父母必然要对子女施以爱心；子女尊重和敬养父母，同时也希望得到父母的帮助。夫妻双方平等享受家庭权利、平等承担家庭义务，任何一方如果只享受权利不承担义务，夫妻关系将难以得到长久维系。协调好权利与义务之间的关系，家庭成员之间才能建立起亲善和睦的人伦关系。三是现代家庭伦理主张夫妻地位平等。新中国成立后，我国《宪法》规定："中华人民共和国妇女在政治的、经济的、文化的、社会的和家庭的生活等方面享有同男子平等的权利。"我国《婚姻法》同时也规定了婚姻自由和夫妻关系平等。这些法律制度的颁布实施从根本上改变了传统社会歧视女性、男尊女卑的习俗和制度，改变了夫主妻从的传统家庭伦理秩序，恢复了女性在社会和家庭中的地位、尊严与权利。随着女性在家庭中地位的提高，妻子摆脱丈夫的人身依附并取得独立人格，家庭内部男女双方的权力结构趋于平衡。在个体家庭内部，男女双方共同拥有家庭权利、平等承担家庭义务；共同拥有家庭财产、平等决策家庭事务；共同赡养老人、齐心哺育孩子。夫妻之间在权利、人格以及利益上完全平等，个体家庭变成了男女双方平等实现人生价值的场所和舞台。

现代家庭伦理倡导互相尊重个性、彼此容忍差异，强调将家庭伦理融入现代社会生活实践，以平等对话方式协商解决家庭中出现的各种冲突与矛盾。这样的家庭伦理不仅得到了社会大众的认同，而且也很好地适应了现代社会多元价值发展的需要，符合现代社会发展的趋势和要求。

其二，现代社会伦理关系的形成。

现代社会伦理是现代社会生活的产物，凡是有社会关系的地方就会有社会伦理的存在。现代社会是追求平等、崇尚自由的社会，要求废除君权、父权、夫权、族权之等级特权观念，强调公民在社会中的平等权利与义务。因此，现代社会伦理关系以个体人格平等为基础，主张通过法律制度来保护公民个人的尊严和权益，当前中国的社会伦理关系主要凸显为对公正、平等及为民服务的追求。

一是对公正的追求。社会伦理从人的现实社会关系出发表达客观的、社会的意义，其核心在于体现人与人之间的"公平正义"问题。公正是人类社会的价值理想，是人类为之努力实现的崇高目标，为保证社会有序发展，我们需要在各方面提升社会的公正程度。当前的中国社会发展难免会在经济、政治、文化等方面出现一些不公正现象，但这只是暂时的现象，中国共产党的执政目标是在总结历史经验的基础上建立公正、合理地社会秩序，因此公正成为现代中国伦理发展的重要内容。在现代中国伦理发展过程中，其公正的要义体现在权利分配公正、机会分配公正、利益分配公正以及规则制定公正四个方面。权利分配公正即社会成员公平享有生命权、健康权、尊严权、财产权、社会保障权、劳动权、受教育权、知情权、发展权等各项权利；机会分配公正即社会要平等地对待不同地域、不同民族、不同肤色的人群，平等地为不同出身、不同地位、不同财产、不同身份的个体提供与之相应的发展竞争机会；利益分配公正即社会应以按劳分配为主要分配方式，严格按照社会成员的劳动付出和价值贡献分配社会利益；规则制定公正即社会规章制度的制定应当广泛听取人民大众的意见，每个社会成员都应在规章制度的范围内行事。可见，现代社会伦理避免了家庭伦理的狭隘性、自私性与利己性，赋予了传统社会伦理以全新的内容和形式。

二是对平等的追求。现代中国所追求的平等不仅包括人们在人格和尊严上平等，更强调人们在政治、经济、社会等领域享有平等权利。所谓政治平等，即全体中国人在政治上平等享有管理国家各项事务的基本权利。平等"是社会主义制度下劳动者最大的权利，最根本的权利。没有这种权利，劳动者的工作权、休息权、受教育权等等权利，就没有保证"。[①]在我国，人民群众

---

① （美）斯图尔特·R·施拉姆.毛泽东的思想[M].田松年，杨德，等译.北京：中国人民大学出版社，2005：125.

是国家的主人，人民群众不仅平等享有参与管理国家和社会事务的权利，同时还平等享有监督国家机关工作人员履行职责的权利。所谓经济平等，即人民群众在经济上平等享有分配社会财富的权利。社会财富的分配不仅是一个经济问题，更是一个伦理问题。一个社会是否公正合理，必然首先体现在对社会财富的平等分配上。这是因为：其一，财富具有普遍性，只有对财富进行平等分配，人们对财富的占有才能取得伦理上的合法性；其二，占有财富是人们获取人格和尊严的基本条件。黑格尔认为占有财富是个体人格形成的前提，马克思同样认为占有财富是全世界无产阶级团结起来推翻全世界资产阶级以实现人类崇高共产主义理想的伦理依据。改革开放至今，中国社会发展在相当程度上仍然体现为如何在追求经济效率与经济平等之间取得价值上的平衡。可见，平等分配财富已经成为现代中国亟待解决的重要社会伦理问题之一。所谓社会平等，即人们在社会关系、社会地位、社会声誉等方面享有平等的权利。马克思指出，社会平等首先体现为形式平等，最终目标是实现"自由人联合体"的平等社会。作为一种规范，社会平等不是简单地强调人们一致地占有财富、权力或声誉，而是关注人们在社会交往过程中实际享有的平等地位。一个公正平等的社会，必然要求在社会内部保障每个成员享有平等的权利地位、身份待遇和发展机遇。

三是对"为民服务"的追求。在传统社会，人们生活空间狭小，人们往往以血缘关系和地缘关系为纽带形成简单的人际网络。在这种"身份社会"中，存在着的只是纯粹的"利己"与"利他"的关系，社会中的"服务"与"被服务"的关系变成了个体间单向度的付出或索取。在现代中国社会，"为人民服务"不仅是中国共产党治国理政所要实现的目标，同时也是现代中国社会伦理的应有之义。现代中国的经济发展冲破了传统社会狭隘的人际交往模式，摆脱了传统社会"等级"关系的束缚，人们的交往范围和道德行为逐渐走向公共生活领域，人们的伦理关系突显出鲜明的"公共性"特点。因此在现代中国的社会公共生活中，"为人民服务"不仅是广大民众的道德行为，而且成为整个社会的伦理精神。其一，"为人民服务"是"利他"与"利己"的统一。在现代社会，随着人们互相联系和相互作用的增强，"毫不利己，专门利人"的人是不存在的;"毫不利人,专门利己"的人是不能生存下去。① "利他"与"利己"是同一行为的两重属性,服务他人就是自己以直接利他的方式去实现他人应有的权利的行为。其二,"为人民服务"体现着现代社会的契约伦理关系。例如国家机关工作人员手中拥有权力,他们的权力与其所进行的"服务"行为之间是一种潜在的契约关系,国家机关工作人员在获得权力的同时必须支付"服务",否则就会导致社会的不公正甚至社会腐败现象的发生。国家机关工作人员的服务行为既是对人民权利的尊重,又是人民应有权利的一种表现,体现着权利与义务的统一。其三,"为人民服务"彰显了人类社会的美好精神。道德的功能在于告诉人们如何认知和追寻完满人生,现代社会中那种出于非功利动机的服务行为是难能可贵的,是人类美好精神世界的组成部分。在社会实践中,凡"毫不利己""全心为民"的服务行为都是人性中最光辉的精神追求。从伦理学上讲,"为人民服务"是一种"义务"行为,是一种人类至善的"美德",为现实社会中的人们所期盼、憧憬和向往。

其三,现代国家伦理关系的形成。

国家伦理是指"国家作为一个现实存在的实体所应当遵循的伦理规范。国家伦理的目的在于使国家成为一个有德性的主体"②。国家伦理构成民族精神的核心内容,决定着全体国民的价值走向。世界上之所以存在着不同类型的国家和民族,其根本原因就在于这些国家和民族有着不同的伦理机制和道德原则。

一是国家伦理以宪法和法律为表达方式。黑格尔明确提出"伦理实体"的概念。他在《精神现象学》一书中指出,实体就是真实的真理,"伦理实体是自知其为绝对本质性的那种自我意识,因而它既不能舍弃本质性里的差别,也不能舍弃其对于差别的知识"③。伦理实体"是家庭和民族的现实精神"④,"自在自为的国家就是伦理性的整体"⑤。在黑格尔看来,国家是完美形态的伦理实

---

① 茅于轼.中国人的道德前景[M].广州:暨南大学出版社,1997:1-5.
② 田文利.国家伦理及其实现机制[M].北京:知识产权出版社,2010:172.
③ 黑格尔.精神现象学:上卷[M].贺麟,王玖兴译.北京:商务印书馆,1997:286-287.
④ 黑格尔.法哲学原理[M].范扬,张企泰译.北京:商务印书馆,1982:173.
⑤ 黑格尔.法哲学原理[M].范扬,张企泰译.北京:商务印书馆,1982:258.

第四章 苗族传统伦理现代转换的基本原则

体,国家与社会一样需要以道德来论及主体。在国家生活中,我们需要对国家的政治行为进行道德判断。人类历史上每一次反抗运动的兴起,体现的都是人民大众在道德上对统治者进行的否定性评价以及起义者所宣扬的伦理主张;人类历史上每一个政权的建立,统治者都需要通过制定法律制度的方式把自身的伦理观念上升为国家伦理。因此,国家是一种特殊的伦理主体,国家的各种政治行为和管理活动都要受到道德的约束。任何一个国家成立后,统治者都要将自己的思想和国家伦理写入宪法,因而宪法成为国家价值观的集中表达方式,成为国家价值观向现实社会制度转化的有效手段。正是在这个意义上讲,国家价值观就是通过宪法体现出来的国家伦理,这种国家伦理在很大程度上就是统治者的道德表现和行为方式。例如新中国成立后,中国第一部社会主义宪法规定:"中华人民共和国是工人阶级领导的、以工农联盟为基础的人民民主专政的社会主义国家。"这一规定充分体现了社会主义中国的基本价值向度:坚持社会主义、坚持民族团结和国家统一、保障公民权利、增进公共福利、实现社会正义。我国宪法是一种以公民基本权利为本位的制度安排,是保障公民权利的宣言书。它着眼于权力监督,从制度层面设定公民行使权力的各种措施,以确保人民当家作主各项制度的贯彻实行;它强调保障民生,从法治秩序层面增进公共福利、实现社会公正,让人民群众过上幸福美好的生活。因此,我国制定的宪法和法律都是国家伦理的充分表达。

二是国家伦理以国家核心价值观为中心内容。从理论构成上讲,国家伦理涉及两个方面的内容:一是国家如何在公共层面与公民建立伦理关系;二是个人如何以公民身份与国家建立伦理关系。因此,国家伦理首先要解决三大认同问题:公民希望生活在一个什么样的国家?公民要为建设一个怎样的社会努力奋斗?何种形式的公民行为才算符合国家标准?如是观之,国家伦理关注"好国家""好社会""好公民",体现国家之德、社会之德与公民之德的相互认同。因此从本质上看,国家伦理是一种"善德",在现代社会国家伦理的中心内容就是一个国家明确规定的核心价值观。在当代中国,全体国民所认同的价值观是社会主义核心价值观,社会主义核心价值观从国家层面阐释了国家之德、从社会层面界定了社会之德、从个人层面规定了公民之德,体现了中国价值观之国家认同、社会认同和个人认同的统一。由此可见，社会主义核心价值观不仅是中华民族生生不息的国家精神和公民道德的价值引领，而且也是国家、社会和个人对一切是非善恶进行评判的价值标准。这样的国家伦理能够应对社会生活中存在着的各种形形色色的价值冲突，能够在与世界其他民族和国家之价值观的竞争中赢得认可。

三是国家伦理以追求至善为崇高目标。国家从萌芽之时起，就是以提高国民善性、以追求至善为目标。亚里士多德指出，城邦应以"善"为目的。"所有城邦都是某种共同体，所有共同体都是为着某种善而建立的……所有共同体中最崇高、最有权威、并且包含了一切其他共同体的共同体，所追求的一定是至善。"①真正的城邦"必须关心德性问题"②。在亚里士多德看来，德性是城邦的精神实质，城邦是实现善德的载体，为城邦而牺牲是人类之崇高品德。康德从他所谓的"目的王国"出发，提出了的"至善"的概念。黑格尔把"善德"抽象为意志自由，"善就是被实现了的自由，世界的绝对最终目的"③。可见，现实中的每一个国家都蕴含着对至善的无限向往，都将至善作为应当憧憬的价值目标和终极理想。因此，国家内在地包含着一种对社会和公民应尽的责任与义务，任何个人、集体、家庭乃至社会都应在国家中行使职责、履行义务，这是国家存在和发展的依据所在。

四是国家伦理要求领导干部具有清正廉洁的品质。国家权力的伦理本性在于为社会服务。虽然我国实行社会主义公有制，但在现实生活中物质资料的所有权和支配权往往相分离，在这种情形下要实现社会的公平与正义，需要掌握物质资料支配权的国家领导干部具有全心全意为人民服务的高尚道德品质。因为领导干部道德品质不仅直接体现着国家公务员群体的道德水平，而且还代表着国家政治伦理建设的高度。在我国市场经济发展过程中，受经济利益的诱惑，部分领导干部的腐败问题成为当前中国社会遭遇的基本伦理

---

① 亚里士多德.政治学[M]//亚里士多德全集：第九卷.颜一，秦黄华译.北京：中国人民大学出版社，1997：3.
② 亚里士多德.政治学[M]//亚里士多德全集：第九卷.颜一，秦黄华译.北京：中国人民大学出版社，1997：91.
③ 黑格尔.法哲学原理[M].范扬，张企泰译.北京：商务印书馆，1982：132.

难题。一方面,部分领导干部将公共权力视为获取个人利益的手段,由此而引发的腐败行为消解了国家和社会的伦理实体性;另一方面,部分领导干部的腐败行为还显现出家族式腐败的特点,这种腐败现象无疑也在很大程度上消解了家庭伦理的合法性。因此,当前中国出现的腐败现象不仅伤害了家庭伦理、社会伦理,而且还伤害了包括国家伦理在内的一切伦理,即伦理本身。"国家是伦理理念的现实"[①],以公共权力谋取私人财富为特征的腐败问题不仅影响着人民群众对国家领导干部的伦理信任,而且还最终影响着政府和国家作为伦理实体的公信力与合法性。因此在当代中国,治理领导干部腐败问题俨然成了一场保卫国家伦理的文化自觉。

综上,在现代社会,家庭、社会、国家之间的交流互动日趋频繁,私人领域与公共领域不断融合,国家公权力对私人生活的干预愈加增强,"社会的国家化和国家的社会化是同步进行的,长此以往公私界限就不再截然分明"[②]。在市场经济广为发展的时代背景下,个体家庭事务日益公共化,个体家庭需要进入公共领域,一个人如果完全生活在家庭之中,他将不能成为"完整意义的人"[③]。"道德性是经由一整个社会的观念被唯一地给予的一个内容"[④],现代伦理是一个从家庭伦理、社会伦理再到国家伦理的发展过程,这一发展过程构成了社会伦理体系的整体性存在。

---

① 黑格尔.法哲学原理[M].范扬,张企泰译.北京:商务印书馆,1961:253.
② (德)哈贝马斯.公共领域的结构转型[M].曹卫东等译.上海:学林出版社,1999:171.
③ (美)阿伦特.人的境况[M].王寅丽译.上海:上海人民出版社,2009:21.
④ (加)泰勒.黑格尔[M].张国清,朱进东译.南京:译林出版社,2002:573.

第五章
苗族传统伦理现代转换的具体路径

民族文化不可能是永恒不变的，它总是处在发展变迁的过程中。民族文化变迁的原因复杂多样，生产发展、生态变化、发明创造、文化传播乃至社会变革等都有可能带来民族文化的渐变与突变。民族文化变迁与社会变迁密切相关，许多民族文化学者往往把文化变迁与社会变迁视为同一问题加以考察。德国社会学家马克斯·韦伯通过研究新教价值观对社会的影响，认为新教、储蓄和成功的价值观促进了资本主义制度在欧洲的发展，这是一种将文化价值观和意识形态的变化视为社会变迁原因的经典分析。英国马克思主义经典作家威廉·费尔丁·奥格本强调物质对意识的决定作用，认为一切社会变革都源于生产力的发展，并用这种观点解释社会文化的变迁。他将社会变迁统归为文化变迁，提出文化变迁主要由四个因素引起——发明、积累、传播和调适，同时强调物质文化变迁先于并引起适应文化即精神文化的变迁。[①] 总括起来，我们可以将民族文化变迁的原因分为客观原因和主观原因两个方面。客观上看，"导致文化变迁的原因大致有两种，一是因一个社会自身内部的发展变化而出现，通常是源自发明和发现；二是由两个不同社会之间的接触而引起。"[②] 民族文化变迁的外部原因包括文化自身的进化、文化系统内部的发明创造以及不同文化间的相互影响，最终导致文化借用、文化融合与文化

[①] （英）威廉·费尔丁·奥格本.王晓毅，陈育国译.社会变迁——关于文化和先天的本质[M].杭州：浙江人民出版社，1989：143.
[②] 国外文化人类学课题组.国外文化人类学新论——碰撞与交融[M].北京：社会科学文献出版社，1996：67.

同化。主观上看，民族文化变迁就是文化主体价值观念的变迁，文化主体价值观念的变化是文化变迁的根本动力和心理基础。因为"一种文化将会受一个价值体系或思想体系的支配"①。"接受文化一方的成员可以选择接受或是拒绝，其结果一般都是接受了一些特质而拒绝了另一些特质。那些被传递的特质在被传递的过程中，经历了文化间作用系统中接受一方的估价和转换，这些估价和转换与接受一方的价值系统有密切关系，根据自己的价值观进行选择，决定取舍。"②可见，民族文化变迁是民族社会发展的客观要求，是社会文化发展的必然趋势。民族文化变迁要求我们在当代社会背景下积极主动地推动民族传统文化的创新与变革，以适应民族社会繁荣和发展的需要。

第一节 苗族传统生产劳动伦理现代转换的路径

苗族普遍居住于边远山区，由于山地崎岖和交通不便，生产力水平低下，广大苗族人民常年生活在封闭落后的环境中，过着自给自足的农耕生活。在恶劣自然环境和落后生产关系条件下，为应对外来力量的侵害，苗族人民在生产生活中互帮互助，从而形成了"共同从事生产劳动"的平均主义思想和"平均分配劳动产品"的小农生产意识。这种原始的平均主义思想和落后的小农生产意识在稳定苗族民众社会生活、抵抗地区自然灾害和防御外族欺辱等方面发挥着重要作用。但历经改革开放40年的发展，在党和政府的关心帮扶下，广大苗族地区的社会结构、生产生活方式以及苗族民众的物质生活条件都发生了根本性变化。在新的社会环境下，苗族传统生产劳动伦理的落后性和桎梏性被日益显现出来，并对苗族地区人民群众接受市场化劳动带来了一定的负面影响。因此，推动苗族传统生产劳动伦理向现代转换，对发展苗族

---

① （美）S·南达.文化人类学[M].刘燕鸣，韩养民编译.西安：陕西人民教育出版社，1987：48.
② 黄淑娉，龚佩华.文化人类学理论方法研究[M].广州：广东高等教育出版社，2004：229.

第五章 苗族传统伦理现代转换的具体路径

地区社会生产、提升苗族人民生活质量具有重要意义。

一、用社会主义的集体主义原则取代苗族传统的族群利益原则

在苗族传统社会，人们的生产劳动以维护族群利益为核心，这种生产劳动方式具有群体性和狭隘性的特点。在当今中国社会发展中，我们需要用社会主义的集体主义观念取代苗族传统的族群利益原则，以更好地促进苗族地区社会经济的发展。我国是社会主义国家，实行以公有制为基础的市场经济体制，这种经济体制在本质上是为社会主义服务的。在我国，市场经济与个人主义有密切联系，但二者并不完全等同。我国的社会主义市场经济本身蕴含着集体主义的价值诉求，它不仅强调各经济主体之间相互竞争、优胜劣汰，而且也强调各经济主体之间要相互合作、以实现互利互惠之目的。马克思主义认为，集体主义就是强调集体利益的优先性、坚持集体利益与个人利益的辩证统一。集体主义是社会主义的核心价值理念和基本道德原则，是处理个人利益与集体利益之间关系的重要准则，是当前中国社会的主导价值观。在当代中国，"集体主义作为公民道德建设的原则，是社会主义经济、政治和文化建设的必然要求。"[①]因此在广大苗族地区，我们只有用反映社会主义本质、代表广大人民群众根本利益的集体主义原则来引导苗族民众的思想、规范苗族民众的行为，才能有效帮助苗族民众在市场经济发展中树立坚定的集体主义观念，从而保证苗族地区社会经济发展的正确方向。

那么，我国市场经济条件下的集体主义原则具体包括哪些内容呢？第一，我国市场经济条件下的集体主义原则所强调的集体是真实的集体。"只有在共同体中，个人才能获得全面发展其才能的手段，也就是说，只有在共同体中才可能有个人自由。"[②]这种共同体代表社会普遍成员的共同利益，是真实的集体。只有坚持真实集体利益优先的原则，才能保证社会成员普遍而长远的利益，才能实现个人权益的充分发展以及个人之间的自由联合。第二，我国市场经济条件下的集体主义原则以保证个人获得正当利益为目标。社会主义的

---

① 十五大以来重要文献选编：下[M].北京：人民出版社，2003：1990.
② 马克思恩格斯选集：第一卷[M].北京：人民出版社，2012：199.

集体主义原则强调以人为本，倡导尊重劳动者才能，为实现劳动者正当利益创造条件。在当前全面建成小康社会和实现中华民族伟大复兴的历史进程中，只有保障广大劳动者的正当利益，才能使劳动者积极投身于社会主义现代化建设。第三，我国市场经济条件下的集体主义原则，其中心内容是要实现集体利益与个人利益的统一。在市场经济条件下，集体是个人利益的代表，个人要为实现集体利益做出贡献。脱离集体利益，个人利益容易演变为利己主义；脱离个人利益，集体主义则有可能异化为集权专制。因此在我国，集体利益与个人利益的统一是实现国家富强和人民幸福的重要基础。第四，我国市场经济条件下的集体主义原则是有层次区分的。对于共产党员和社会各界先进分子而言，集体主义意味着大公无私、不计报酬、全心全意为人民服务，这是最高层次的集体主义；对于具有较高道德素质的社会群众而言，集体主义意味着先公后私、先人后己，把集体利益放在首位，为实现国家利益和集体利益尽义务，这是第二层次的集体主义；对于普通劳动者而言，集体主义意味着遵纪守法、顾全大局、公私兼顾，这是最低层次的集体主义。正确理解我国市场经济条件下的集体主义原则的真实内涵，有助于我们在破除苗族族群利益原则落后思想残余、汲取和借鉴苗族族群利益原则有益成分之基础上，将社会主义的集体主义原则运用到苗族地区的社会建设过程中，以培养苗族人民在新的社会背景下为民族复兴而勇于担当、甘于奉献的劳动精神。

二、用社会主义的市场经济生产方式代替苗族传统的小农生产方式

在传统苗族社会，苗族人民的小农生产方式主要体现为以农户个体为单位进行生产和经营，这种小农生产方式具有如下缺点：第一，农户收入不稳定。在生产时节，鼓头带领农户从事农耕生产，全家族或全村寨以互换劳动力的方式互帮互助。农业生产易受气候和自然灾害的影响，苗族民众往往"靠天吃饭"，其落后的生产方式在抵抗自然灾害等方面的能力不足。第二，农户欠缺对农业生产的长远规划。农户生产以自给为主，只要能满足基本的物质生活需要，人们便忽视抵御自然风险的准备，这种落后的农耕生产方式

第五章 苗族传统伦理现代转换的具体路径

缺乏长远的发展规划。第三，民族产品未形成集体化营销模式。苗族手工产品主要摆设在当地旅游景点销售，其销售量取决于旅游景点游客的数量。苗族文化产品销售方式单一，苗族人民缺乏将本民族文化产品打造成为特色民族文化品牌的意识。虽然这种小农生产方式在稳定苗族个体家庭经济收入方面发挥着积极作用，但它已经无法跟上苗族地区市场经济发展的时代步伐，无法适应和满足苗族地区现代化生产的现实需要，我们需要推动苗族传统小农生产方式向社会主义市场经济条件下的社会化大生产转换。

社会主义市场经济生产方式强调解放生产力和发展生产力，保证劳动者公平享有平等竞争机会，注重满足人民群众日益增长的物质和文化生活需要，实现全体人民共同富裕。从劳动关系的领导主体看，社会主义市场经济生产方式坚持中国共产党的领导。"中国最大的国情就是中国共产党的领导。……这就是中国特色。"[①]在我国，所有劳动关系都是由中国共产党领导，即使在各种形式的民营企业中基层党组织也发挥着领导和协调劳动者关系的作用。因此，坚持党的领导是中国劳动关系区别于西方雇佣剥削劳动关系的本质特征，是中国共产党建立新型和谐劳动关系的根本保证。从劳动关系的形成上看，"我国市场化的劳动关系并非在经济发展过程中自然形成，而是政府通过改革从计划经济体制中转型而来"[②]。改革开放40年，中国劳动关系的形成遵循着政府主导和从上至下的路径[③]，属于政府主导型劳动关系。一方面，政府通过购买社会服务创建出全社会共同参与劳动的劳动协调机制，营造出建立和谐劳动关系的良好氛围。党和国家"已把社会力量与党政力量、群团力量、企业力量同列为构建和谐劳动关系协调机制的力量来源"[④]。另一方面，由于"努力构建中国特色和谐劳动关系是加强和创新社会管理、保障和改善民生的重要

---

① 习近平在指导兰考县委常委班子专题民主生活会时强调 作风建设要经常抓深入抓持久抓 不断巩固扩大教育实践活动成果[N].人民日报，2014-05-10（01）.
② 常凯.劳动关系的集体化转型与政府劳工政策的完善[J].中国社会科学，2013（6）：33-35.
③ 常凯.中国特色社会主义劳动关系的阶段、特点和趋势——基于国际比较劳动关系研究的视野[J].武汉大学学报：哲学社会科学版，2017（5）.
④ 张博.经济发展新常态下推进和谐劳动关系构建研究[J].湖湘论坛，2017（4）：23-25.

内容"①，各级党政机关广泛动员和组织社会力量，积极促使社会和谐劳动关系的形成。这种依靠党委和政府创建和谐劳动关系的方式，具有鲜明的"中国特色"②。从劳动者利益的实现方面看，社会主义市场经济生产方式强调在保证人民根本利益一致的基础上，加强各经济发展主体之间的协商与合作。在我国，党和国家代表着全体人民的根本利益，无论在国有企业、私人企业、大型企业还是中小企业中，劳动者在根本利益上是一致的。正是这种利益的一致性，我们可以在劳动过程中通过沟通与合作，友好地解决劳动者之间的各种分歧与冲突。

鉴于此，要在苗族地区推动建立社会主义市场经济生产方式，我们需要做好以下几个方面的工作：第一，引进新工具推动苗族地区农业生产力发展，提升苗族地区劳动者的劳动效率。例如，我们可以根据苗族居住地方的地形特点，适度引进小规模先进农业生产工具，有效利用大数据对农业生产、农作物长势以及农药剂量比例等进行监测和分析，整体性提升苗族地区劳动生产效率、提高苗族地区劳动产品质量。第二，调动苗族地区社会劳动者生产积极性。社会主义生产不是单家独户无规划、无目标的盲目生产，而是要发挥社会主义劳动者的集体合作优势，将苗族地区固有资源与市场相结合，调整苗族地区的区域产业结构，公平合理地分配劳动产品。企业生产追求规模化经营，苗族地区地方政府可通过招商引资等手段，调动企业力量帮助发展苗族地区农业生产，引导农户对个体产业实行集体管理，推动苗族地区农业生产走向集体化经营的道路。第三，打造苗族地区民族特色产业。苗族地区可以根据当地自然环境和地方民族文化优势，将地方土特产和苗族文化产品打造成原材料加工、包装、运输、销售为"一体"的经营方式，提升地方土特产和苗族文化产品的产业效益，使广大苗族民众就地进行劳动生产、就地实现劳动产品的经济价值。例如在贵州省雷山县西江镇，"'西江模式'在景区经营管理、村寨有机更新、村民脱贫致富、文化保护发展、旅游品牌塑造、

---

① 中共中央国务院关于构建和谐劳动关系的意见[N].人民日报，2015-04-09（02）.
② 常凯.中国特色社会主义劳动关系的阶段、特点和趋势——基于国际比较劳动关系研究的视野[J].武汉大学学报：哲学社会科学版，2017（5）：35-38.

社会治理等方面都取得了显著成效。2007年西江全镇村民人均收入为1700元，至2017年人均收入达到22100元，十年间增长了12倍，户均增长约86190元。"① 第四，引导苗族地区人民群众形成市场竞争、市场参与、市场分配的意识。引导苗族人民了解市场规律和需求，帮助苗族人民以市场主体身份平等参与市场竞争，提升苗族人民利用市场手段进行资源优化配置的思维和意识。让苗族人民在生产劳动中根据市场供求关系变化不断改进自己劳动产品的技术、不断调整自己劳动产品的价格，逐渐建立起苗族地区完善的市场经济生产和分配方式。

三、用社会主义的按劳分配代替苗族传统的平均主义

我国是农业大国，个体农民在劳动生产上实行小家庭生产，小农意识和平均主义分配方式根深蒂固，苗族人民在长期的生产劳动中形成了"帮助他人不计得失、公益活动不计报酬、产品交易不计盈亏"的传统美德。这种小农意识和平均主义分配方式是由外在自然环境和落后生产力条件决定的，是一种本能的自发行为和落后社会形态下的绝对平均主义。这种小农意识和平均主义分配思想不仅未能与当前我国以社会化大生产为基础、以生产资料公有制为依托、体现广大劳动人民利益的社会主义市场经济发展模式相适应，而且还极有可能给我国社会主义市场经济发展带有一定程度的危害性和负面影响。因此，用社会主义的按劳分配原则代替苗族原始的平均主义分配方式是加快我国苗族地区社会生产发展、改革和完善我国苗族地区劳动分配制度、建设我国苗族地区先进生产方式的必然要求。

那么，何谓社会主义的按劳分配？所谓社会主义的按劳分配，是指社会对劳动总产品做出各种扣除后，按照劳动者向社会提供劳动的数量和质量进行个人消费品分配的制度。这种分配制度承认劳动者在劳动能力、智力水平以及努力程度等方面存在差别，并按照该差别多劳多得、少劳少得、不劳不得地分配劳动产品。我国宪法明确规定："国家在社会主义初级阶段，坚持公

---

① 李天翼，麻勇斌，苍铭.西江模式：西江千户苗寨景区十年发展报告（2008～2018）[M].北京：社会科学出版社，2018：15.

有制为主体、多种所有制经济共同发展的基本经济制度,坚持按劳分配为主体、多种分配方式并存的分配制度。"

从属性上看,我国社会主义初级阶段的按劳分配是一种能够与市场经济相兼容的劳动分配方式。市场经济是一种资源配置方式,是社会化商品经济高度发展的产物,生活在市场经济条件的人们必须选择适应市场化发展趋势的按劳分配形式。当前我国实行社会主义市场经济制度,按劳分配是这一制度的基本劳动原则,这一劳动原则能够很好地为我国市场经济发展服务。虽然现阶段我国多种所有制经济并存,但不论在量上还是质上,公有制经济成分都占据着绝对比例和优势地位,按劳分配就是生产资料公有制在市场经济发展过程上的具体表现形式。如果没有个人消费品的按劳分配,社会主义劳动者在市场经济条件下就不会获得公平对待,这样我国的市场经济必将失去存在和发展的合法基础。

从特点上看,按劳分配是劳动者主导型的分配方式,体现了劳动与劳动收益的对等。在我国市场经济中,劳动者与公有制企业之间是双向选择的关系。劳动者进入企业后,他们既是生产资料的所有者,同样又是劳动产品的获得者,他们按照自己对企业贡献的大小分配劳动产品。我国的社会主义市场经济以生产资料公有制为基础,劳动者在劳动过程中结合成为劳动者的联合体,他们共同占有生产资料,共同进行劳动生产。在这里,劳动者依据自己的劳动数量和质量、以生产资料所有者身份参与到劳动产品分配过程。这种按劳分配方式体现了社会主义劳动者向社会提供的劳动量与自身所获取的劳动报酬之间的本质联系,彰显了社会主义劳动者在市场经济条件下共同劳动、平等互助、等量交换的关系。在我国社会主义经济发展中,按劳分配原则体现了劳动者占有生产资料、参与劳动过程以及获得劳动成果等方面的公正性与平等性,是当前中国社会最公平的生产劳动分配方式。将苗族原始平均主义的分配方式转变为社会主义的按劳分配方式,有利于提升苗族人民的市场竞争意识和促进苗族地区市场经济的健康快速发展。

总之,在中国社会发展中,市场化劳动和按劳分配已经成为当前中国主要的劳动方式与分配原则。在这样的社会背景下,我们应当用社会主义的集体主义原则替代苗族传统生产伦理中的族群利益原则、用社会主义的市场经济生产意识代替苗族传统生产伦理中的小农生产意识、用社会主义的按劳分配原则消解苗族传统生产伦理中的原始平均主义思想，建立以"自由、平等、公正、法律、效率"等市场原则为核心内容的现代苗族生产劳动伦理体系，以实现苗族传统伦理在内涵与精神上的升华。

第二节　苗族传统婚姻家庭伦理现代转换的路径

苗族在长期的历史发展中形成了包办婚、姻亲婚和自由婚三种婚姻形式。男女双方的婚姻关系确定后，其婚礼过程要历经订婚、择期、迎亲、送亲、吃开头饭、吃客饭和媳饭以及坐家等程序。传统苗族社会生产力水平低下，人们的绝大多数活动都是在家庭中进行，因而人们对于家庭的观念十分强烈。儿子长大结婚后，一般都要与父母分居。如系独子，则不能与父母分开生活。兄弟较多者，父母常常与幼子同住终老，因此在苗族地区常常出现三四代同堂的大家庭，人们认为这样的家庭"子孙繁荣，人财两旺"。苗族家庭内部长幼有序、男女有别，家庭成员之间具有严格的称谓。进入21世纪，随着广大苗族民众生产生活方式逐渐城镇化，苗族传统婚姻家庭伦理也随之发生了巨大变化。我们应当用现代社会的婚恋行为和家庭观念替代苗族传统的婚恋行为与家庭伦理，积极推动苗族婚姻家庭伦理由传统向现代转换。

一、由传统事实婚转向现代法律婚

事实婚姻是指没有配偶且符合法律规定要件的男女双方，未经结婚登记即以夫妻名义同居生活，周围群众承认其夫妻关系事实的婚姻状态。较之于法律婚姻，事实婚姻具有如下特点：一是证明力低。事实婚姻本身属于事实状态，其婚姻关系是否合法有效须由婚姻当事人举证证明。二是公信力低。事实婚姻由于未经法定机关登记，不具有法律公信效力，不利于保护第三人的利益。三是对抗力低。事实婚姻本身不能推定第三人知晓该婚姻关系的成立，因而对婚姻关系之外的第三人不具有对抗的效力。在传统苗族社会，由于受到养儿防老、多子多福等陈旧观念的影响，绝大多数苗族青年在未成年时期便选择结婚成立家庭。因此，事实婚姻在苗族地区普遍存在，并成为传统苗族社会主要的婚姻形式。这种传统事实婚姻极易造成婚姻关系的不稳定以及早婚早育等现象的发生，给苗族个体家庭和苗族青少年的未来发展带来一定的不利影响。21世纪以来，随着苗族地区经济的发展和苗族青少年知识水平的提高，苗族社会传统事实婚姻已经逐步向现代法律婚姻转换。

现代法律婚又称为登记婚，这种婚姻形式在稳固男女两性关系、维护当事人婚姻权宜等方面发挥着重要作用。一方面，登记婚由国家专门的主管部门按照婚姻法规定对合法成立的婚姻事实进行正式登记和记载，婚姻当事人依据登记机关颁发的结婚证件即可证明自己婚姻关系的合法性和有效性。如今的广大苗族青年已经意识到婚姻登记是婚姻当事人对社会承担的法定公示义务，不履行婚姻登记而结婚是对婚姻关系法定公示义务的违叛，该婚姻关系将得不到法律的保护。另一方面，登记婚有利于国家机关对婚姻当事人的婚姻行为和婚姻关系进行监管，其效力及于婚姻当事人和第三人，尤其对婚姻关系之外的第三人形成对抗效力。为稳定婚姻关系和维护婚姻秩序，如今的苗族青年都采取了登记婚的方式结婚。

二、由传统包办婚、姻亲婚转向现代自由婚

包办婚和姻亲婚是传统苗族社会的两种主要婚姻缔约形式。包办婚即子女的择偶和婚配由父母决定，依照媒妁之言履行婚姻行为。在这种家长制婚姻中，父母往往以门当户对优先选择婚配标准、以扩大家族势力为指向缔结婚约。姻亲婚即由父辈婚姻关系产生亲属、再由亲属之间相互缔约婚约而形成的婚姻，如"姑舅表婚"（亦称"还娘头婚"）等。婚姻关系确立后，父母为子女举行冗长烦琐的婚礼仪式。现如今，在现代简易婚、旅游婚等婚礼文化以及城市快节奏生活方式的影响下，广大苗族地区传统的包办婚、姻亲婚逐步向现代自由婚转换。

一是婚联范围扩大、婚龄推迟。21世纪以来，苗族地区交通条件得到改

第五章 苗族传统伦理现代转换的具体路径

善，苗族与其他民族之间的联系和交往增强，外来婚恋文化对苗族民众的婚姻观念产生了巨大影响。苗族青年恋爱行为不再受到狭隘时空地域的限制，苗族青年择偶范围突破了传统血缘、地缘关系的束缚，异族婚联的现象十分普遍。与此同时，由于国家《婚姻法》的推行，苗族青年结婚的年龄逐渐提高，早婚现象得到抑制。尤其是苗族地区施行义务教育后，苗族青少年的文化素质提高，苗族民众早婚生子的现象逐渐减少。

二是择偶标准、择偶方式以及恋爱行为自主化。随着21世纪以来苗族社会的发展，苗族青年择偶标准和择偶方式较之传统社会时期发生了较大变化，其基本趋势为：越年轻、科学文化素质越高的苗族青年，他们在择偶标准上主要考量对方的社会生存能力，在择偶方式上则更倾向于自主婚。在恋爱行为上，自由爱恋成为苗族青年的主要恋爱形式，绝大多数苗族青年自由选择对象，父母不再横加干涉。特别是外出工作或务工人员，他们在工作地或务工地自由恋爱，自主确定婚恋对象。

三是结婚日期、结婚地点多元化。在现代苗族社会，人们不再完全按照"生辰八字"或"卜卦"等传统方式来决定结婚日期，其结婚日期和结婚地点呈现出多元化趋势。对于文化程度较低或在家务农者，他们往往根据旧俗选择在每年的秋后或年节，于家中举行婚礼；对于在外工作者，他们往往选择在元旦、五一、国庆等法定假日，在工作地举行婚宴；对于外出务工者，他们或就地举行简单婚礼，或借年节返家之际择日完成婚事。

四是婚礼从简。婚礼从简是指婚礼仪式根据双方实际情况简易操办，避免铺张浪费。婚礼从简越来越受到人们的青睐，为人们营造了一个风清气正、情趣高尚的现代婚礼氛围。21世纪以来，随着苗汉通婚现象的增多，苗族婚礼从简的现象也十分普遍。一是婚礼仪式简单化。如今的苗族婚礼逐渐融入了现代社会的新元素，部分苗族青年采取"苗汉结合"的方式举行婚礼。对于外出务工人员而言，他们既可以选择按照苗族传统习俗举行婚礼，也可以仿效现代汉族婚俗方式结婚。如果选择传统结婚方式，他们照例在家乡举行结婚仪式，但婚礼过程不再像过去那样冗长烦琐；如果选择现代结婚方式，他们往往在工作地备办简单宴席，随后办理结婚证即可。苗族社会越发展,苗族传统婚姻制度对人们的约束力就越弱小。二是婚礼仪式汉化。在举行结婚仪式过程中,苗族惯用的婚礼服饰逐渐被汉装代替。在结婚现场,新郎新娘穿着大方漂亮的西服和丝绸红装、梳着时尚发型举行婚礼,几乎所有年轻人都穿着汉族服装参加婚庆活动。人们总是认为传统民族服饰已经过时了,唯有穿戴汉族服装才能体现时代潮流。近年来,外出务工的苗族姑娘不断外嫁到经济条件较好的汉族地区,外嫁姑娘增多造成了当地婚龄女性减少,因此在如今的苗族婚嫁中,其彩礼数量逐年攀升并成为决定婚姻成败的关键因素。苗族姑娘出嫁,男方支付给女方的彩礼数目少则一二万元,一般为五六万元,多者达十万元以上。女方索要的彩礼,一部分用于新婚夫妇备置生活用品,一部分用于女方家庭婚宴补贴。结婚当天,男方家庭从城镇聘请专业摄像师,借助现代影像技术将迎亲路上的场景以及新郎家举行婚礼的全过程完整记录下来,并将其制成精美的影集、DVD等,以此作为人生的美好记忆。部分家庭殷实者,在婚礼前拍摄婚纱照和DVD,尽情享受婚恋给自己带来的幸福和甜蜜。

五是包办婚和坐家习俗消失。改革开放后,越来越多的苗族青年接受了现代教育,他们的科学文化素质有了显著提高,他们对婚姻关系及其婚后子女健康的认识日益增强,因而他们主动抛弃了传统婚姻礼俗中的父母包办婚和坐家制度等旧式婚姻礼俗。

三、个体家庭民族成分复杂、家庭小型化趋势明显

中华人民共和国成立前,由于受到封建压迫的影响,各民族之间互不信任,苗族在婚姻选择上受到极大限制,苗族与其他民族通婚的现象甚少。新中国成立后,我国实行民族平等和民族团结的政策,苗族与汉族及其他民族的隔离状态被打破,苗族逐渐与包括汉族在内的所有其他民族进行平等友好交往。随着苗族与其他民族交往程度的加深和交往范围的扩大,苗族与其他民族相互信任,民族关系和谐融洽,苗族与其他民族互相通婚的现象越来越多。尤其是通过上大学、招工招干等方式进入城镇或城市参加工作的年轻人,他们在择偶上不再拘泥于民族成分的限制,只要双方情投意合就可结婚成家,

第五章 苗族传统伦理现代转换的具体路径

感情因素成为苗族青年组建家庭的核心要素。在如今的广大苗族地区，苗族青年通过接触了解确立恋爱关系后，父母一般都会尊重孩子的意愿，这种由不同民族组成家庭的现象正是当前我国苗族地区个体家庭发展的基本趋势。

家庭小型化是社会发展的必然趋势，是家庭经济繁荣的表征。在苗族社会，传统大家庭主要依赖于土地的家庭私有来维系，离开土地人们便难以生存下去，因此孩子长大结婚后只能依附在土地所有者父母的身边生活。新中国成立后，苗族社会的政治制度、经济制度和文化制度发生了巨大变化，苗族个体家庭中一代户、二代户家庭日益增加，三代、四代型大家庭逐渐减少，个体家庭趋向小型化。据解放初对贵州省台江县反排村144户苗族家庭的调查：父母与未婚子女同住的家庭101户，占总户数的70%；父母与两个已婚儿子及妻儿同住的家庭6户；父母与一个已婚儿子及未婚子女同住的家庭20户；无父母已婚兄弟同住的家庭1户；无父母兄弟姊妹同住的家庭4户；一夫两妻（因为没有儿子，妻子同意丈夫再娶一个）同住的家庭1户；单亲家庭（包括男、女、老、幼的不同情况）11户。① 改革开放后，所有制结构、特别是农村经济体制改革导致苗族的社会结构、生活习俗、心理素质及生育文化等都发生了较大变化，为个体小家庭的发展创造了条件。这一时期，苗族地区那种完全依赖土地才能生存下去的格局被打破，多数苗族青年结婚后不再依赖父母而独立地生活，年轻夫妇自主处理家庭内外事务的能力提高。根据对改革开放后贵州省雷山县西江镇郎德上寨的调查，全寨108户，由夫妻俩和未婚子女组成的核心家庭90户，占总户数的83.3%，并呈逐渐上升趋势。② 可以看出，在改革开放以来的广大苗族地区，父母与已婚儿女分开居住的小型化家庭极为普遍。进入21世纪，在交通便利、经济发达的城镇和坝区，昔日三代同堂或四代同堂的苗族大家庭越来越少，小型户家庭越来越多，三口之家或四口之家成为苗族家庭结构的主要形式，长幼分开居住的现象盛行。

---

① 石朝江.苗学通论[M].贵阳：贵州民族出版社，2008：643.
② 石朝江.苗学通论[M].贵阳：贵州民族出版社，2008：643.

四、家庭人伦关系由长幼有序、男女有别转向男女平等

在传统苗族家庭中，所有家庭成员居住在一个房屋里，家庭关系以血缘父子为轴心，男性在家庭中拥有主导权利。女性婚后听从丈夫，在家庭中承担"包括维持家庭正常运转的家务以及对家庭成员的照料"①，是家庭的附属品。整个苗族家庭伦理建立在单极的权利结构中，男权、夫权、父权至上，家长对家庭成员具有绝对的支配控制权。这种家庭等级观念在很大程度上剥夺了个体的独立人格，否定了个体的自由选择，消解了个体实现自我价值的正当权利。

新中国成立后，我国宪法明确指出："中华人民共和国男女在政治的、经济的、文化的、社会的和家庭的生活等各方面享有平等的权利。"经过新中国成立后70年的发展，在汉文化思想的影响下，苗族地区已经形成了以个体独立、自由、平等为核心内容的现代家庭伦理关系，"现代家庭伦理关系是一种交互主体性个性……任何个人和群体都不能无视它的存在，应该尊重个体的人格和权力，满足个体的利益。"②在如今的广大苗族地区，家庭关系已经由传统大家庭转变为小型化家庭，夫妻地位平等，夫妻关系成为家庭关系的核心。夫妻双方在权利和义务上是双向性的，彼此平等享受家庭权利、平等承担家庭义务。女性从事包括"创收或为生计所进行的物品的生产和服务的提供"③在内的各种生产性工作，女性由家庭附庸转变为家庭的重要支柱，女性在家庭中的地位得到提高，家庭成员之间地位和关系平等。现代苗族个体家庭强调子女遵从和敬养父母，父母尊重子女选择和个性发展，家庭成为满足个体需求、促进个体发展的社会单元，家庭伦理关系呈现出民主化、平等化趋势。

---

① 杨菲.雷山县苗族绣女性别角色变迁研究[D].贵州大学硕士论文，2016：28.
② 李桂梅.冲突与融合——中国传统家庭伦理的现代转向及现代价值[M].长沙：中南大学出版社，2002：338.
③ 坎迪达·马齐，伊内斯·史密斯迈阿特伊·穆霍帕德亚.社会性别分析框架指南[M].社会性别意识资源小组译，香港乐施会，2000：18.

五、家庭传宗接代意识与亲属称谓制度的淡化

一是苗族家庭传宗接代意识淡化。在传统苗族社会，个体家庭特别讲究传宗接代，家庭生育男孩之目的十分明确。夫妻一方没有生育能力或者没有生育男孩的家庭，婚姻关系往往难以维持。人们认为家中无男孩便是"绝代"，断了香火。21世纪以来，随着苗族民众科学文化素质的提高，苗族家庭"多子多孙、多子多福、传宗接代"的传统生育观念发生了变化。如今许多苗族家庭都不愿意多生孩子，他们更倾向于追求富裕的物质生活条件和高质量的精神文化享受。

二是苗族家庭亲属称谓制度淡化，主要呈现出一种不断汉化的趋势。在家庭成员称谓上，依旧以苗语为主要通用语言进行交往的边远山区苗族村寨，人们基本维持旧有的家庭亲属称谓制度；已经汉化了的地区则主要采用汉族亲属称谓方式称呼对方。也就是说，苗族传统家庭亲属称谓制度的变迁与当地苗族语言的汉化趋势成正比例关系，在苗族语言汉化程度较小的地区，其家庭亲属称谓制度的变化就越小；在苗族语言汉化程度较大的地区，其家庭亲属称谓制度的变化就越大。

总之，在推进苗族传统婚姻伦理现代转换的过程中，我们应以社会主义新时代的婚姻自由、婚礼从简的现代观念替代苗族传统的包办婚、姻亲婚和冗长烦琐的婚礼习俗，用男女平等的现代家庭观念革新苗族传统的长幼有序和男女有别的家庭伦理规范，建立起体现现代社会特点的苗族婚姻家庭伦理体系，以促进苗族婚姻家庭伦理的发展。

第三节　苗族传统丧葬伦理现代转换的路径

苗族傍山而居，依水而住，封闭的地理环境使苗族丧葬伦理保持了长期的稳定性和延续性。凡正常死亡者，人们要为死者举行送终、择日、治丧、出殡、安葬等活动，每个环节都有固定的参与人员和严格的仪式。改革开放

后，苗族丧葬伦理也在缓慢发生变化。

一、弱化丧葬活动中的灵魂信仰

丧葬伦理是一种集神灵信仰和孝亲观念等多种文化事项为一体的文化形式，这些文化事项对丧葬伦理的影响有大有小、有强有弱，其中某一文化事项的消长并不必然立刻对丧葬伦理产生明显影响。在交通闭塞、信息落后的苗族地区，苗族传统丧葬伦理长期保持下来，但这并非意味着蕴含在传统丧葬伦理中的神灵信仰等因素不会发生变化。通过对部分苗族地区的走访，笔者发现，虽然部分苗族民众在现实生活中还维系着传统的丧葬习俗，但他们已经改变了传统丧葬习俗中的神灵信仰观念，甚至在丧葬活动中出现言行背离、信仰与仪式分离的现象。

如前所述，在传统苗族地区，丧葬是苗族村寨中的一件大事。一旦老人病故，邻里男女老少前来帮助主家办理丧事，至亲好友纷纷前来吊唁。但是改革开放后，随着苗族社会的发展和苗族民众科学文化素质的提高，人们在为逝者办理丧事时，并非完全出于对神灵的虔诚信仰而为死者举行丧葬仪式。在访谈中很多老人说道："人死后慢慢化为尘土，什么都不知道了，丧事办理再好再隆重，也无济于事，是浪费钱财。"人们已经逐渐认识到"人死后一无所知"，人并没有灵魂与肉体的二重性，人之气绝即是人的整个生命与活力的枯竭。肉体没有生机之时，人也就没有了知觉和活力，在肉体之外并非存在可以独立自存、不生不灭的灵魂。人只有肉体生命的存在与消亡，没有灵魂的力量和永生，人死后无所知觉，其活力、力量必然随之丧失，人之灵魂并不会真正进入所谓的"阴间"去继续生活。可见，尽管当今时代人们依然为逝者举行隆重的祭奠活动，但是对部分苗族民众而言，传统丧葬伦理中的神灵信仰观念已经发生动摇，就像尼采宣称"上帝已死"一样。对传统丧葬伦理中神灵信仰的否定，在不同苗族个体之间存在一定的差异。一般来说，老年人对人死后灵魂的存在、灵魂力量对生者的作用持肯定态度者偏多；中青年人对灵魂存在和灵魂力量基本持怀疑和否定的态度，这或许与年轻人受传统观念影响较小，受现代知识、科学理性影响更深有较大关系。

第五章　苗族传统伦理现代转换的具体路径

在贵州省威宁县、紫云县、水城县等基督教盛行的地区，由于各民族丧葬习俗相互渗透和互相影响，这些地区的丧葬活动不仅由过去的横葬改变为直葬，老人去世后主家自由找寻墓地，看向山、乱葬等现象正在冲击着当地苗族选择集体坟山安葬逝者的传统。由于基督教的传入，部分信仰基督教的苗族家庭已经不再给死者开路，而是行丧礼拜，祭拜时不杀牲。旧时威宁县苗族举行葬礼时须用酒水作祭品，丧事用酒必须顺时针酌用。但在基督教传入该地区后，基督徒家庭在丧礼活动中不再选用酒水作为祭品。在威宁县基督教信仰地区，丧葬礼拜基本上替代了苗族传统冗长烦琐的丧礼习俗。

可见，作为一种信仰形态，苗族神灵信仰逐渐从丧葬伦理中分离出来，并处在不断消解的趋势中，这不仅源于广大苗族民众对宇宙秩序和生命奥秘的深刻体察，而且也与现代科学知识和理性精神日益深入人心有关。当然，神灵信仰是一种复杂的社会现象，科学民主观念和理性精神的发展并不必然带来或立刻带来神灵信仰的消亡。但是，在神灵信仰变迁的客观事实中，科学民主观念和理性精神的影响是不可抹杀的。

二、推行火葬

在过去，苗族普遍实行装棺土葬。一方面，许多苗族家庭都有自己的集体坟山，老人去世后一律将其安葬在本家族集体坟山中；另一方面，苗族讲究风水宝地，老人去世后请祭师看风水、自由选择墓地的乱葬现象十分严重。改革开放后，虽然广大苗族农村依然实行土葬，但居住在交通便利地区的苗族民众，因经济发展较好，在当地政府推行文明丧葬的影响下开始实行火葬。例如在贵州省贵阳市花溪区，1987年10月8日，贵阳市人民政府颁发（1987）24号文件，发布《贵阳市殡葬管理实施办法》，规定贵阳市"为省划定的火葬区域。其中以云岩区、南明区和花溪、白云、乌当区的城镇为重点推行火葬区，凡上述辖区人员（含外来人员）死后，都应实施火葬"。根据文件精神，花溪区殡葬改革重点从党员、干部、企事业单位职工抓起，号召领导干部、共产党员带头实行火葬。1992年5月，花溪区民政局转发《贵阳市殡葬管理办法》，当年居民火葬率从1991年的40%上升到1992年的80.88%；农村火葬率由

5%上升到30.28%，连续五年被市政府评为殡葬工作达标区。花溪石板镇、麦坪乡为殡葬改革的先进单位。[①]2001年10月17日，花溪区委再度下发《关于进一步做好殡改工作的意见》，在各级政府的共同努力下，花溪区的苗族火葬率继续上升。

与此同时，贵州省贵阳市花溪区政府针对区境内边远地区家族墓地、家庭墓地、风水墓地及乱埋乱葬的现象，于1995年开始实施经营性公墓建设，为当地城镇居民提供骨灰盒安葬的地方。1996年8月，贵州省众诚实业有限责任公司在花溪区小碧乡小碧村建成凤凰山公墓，占地700余亩，推进了花溪区殡葬改革的发展。1997年9月，花溪区民政局与贵州省宏文经济发展有限公司协商合作，拟定在花溪区大塘村仙人洞共同修建花溪"大佛园"公墓，后改名为花溪"福泽陵塔园"公墓，该公墓被正式批准立项，列入2000年花溪区招商引资项目。经过1999年、2000年的前期准备，2001年3月正式破土动工。花溪区"福泽陵塔园"公墓是一个可容纳8万多个骨灰存放或安葬的场所。2001年10月17日，中共花溪区委、区人民政府下发《关于进一步做好殡改工作意见》的通知，大力推行公益性公墓建设，将公益性公墓建设列入乡政府和村委会的工作目标，将公墓建设推行到村一级组织。在当地政府的努力工作下，花溪区苗族火葬盛行起来并走向制度下和规范化，乱埋乱葬、风水丧葬得到纠正。在贵阳市丧葬习俗的影响下，贵州省境内的凯里、都匀、遵义、兴义、毕节等市区的苗族开始由土葬转变为火葬，火葬逐渐在贵州省广大苗族市区盛行起来。

三、简化丧葬环节

按照苗族传统丧葬伦理，老人病危时子孙为其守候"送终"，让老人安静离去。老人正寝寿终后，丧家向家族兄弟和邻里报丧，安排专人临时备制棺材。报丧完毕，丧家一边请祭师选择吉日安葬，一边让家族中熟悉丧葬礼俗的长者为死者洗尸整容。其间治丧人员在主家堂屋中央设置灵房，家族兄弟

[①] 花溪区地方志编纂委员会.贵阳市花溪区志[M].贵阳：贵州人民出版社，2007：307.

第五章　苗族传统伦理现代转换的具体路径

为其守灵。守灵时间的长短根据丧家择日安葬的时间而定。一般为三天，少数为五天，当天埋葬者较少。安葬时间确定后，丧家派人告之亲戚朋友，远近亲朋皆于出殡前夜赶到丧家为死者吊唁。治丧期间，丧家杀猪宰羊祭奠死者，为其举行隆重的丧葬礼仪。死者尸体在出殡前一天入殓。出殡当天早上，人们根据祭师择定的时辰准时出殡上山。出殡前，丧家子孙头部和腰部系上麻绳，整齐有序地下跪于灵前，然后由祭师唱歌送灵引路。祭师唱歌完毕，随着出殡时辰的临近，一位苗族中年男子在丧家大门前鸣枪三响，大家高喊一声"走"，众人抬棺出殡。在抬棺途中，由祭师引路，其后是灵柩，死者子孙紧随灵柩，随后是治丧人员，走在送丧队伍最后的是死者的妇女和儿媳，她们哭丧至村边寨头，然后返回丧家。送丧人群到达墓地之后，由祭师主持灵柩入土安葬。之后治丧人员帮忙垒土成坟，丧葬活动结束。

自20世纪50年代以来，在唯物主义和无神论思想的大力宣传下，部分苗族地区干部群众自觉接受社会主义教育，自觉抛弃丧葬习俗中的某些神灵信仰观念。家人死后，不请祭师做祷告，不为死者开路、不打棺绕，而是以播放哀乐的方式吊唁死者。吊唁者不送祭幛或迷信物，改用花圈代替。节约办丧事，不铺张浪费，不着孝服、不戴孝帕，改以佩戴白纸花和青纱。出柩上山不请祭师作法，简单放几串大炮后入土为安。如死者属于单位职工，由单位安排治丧。① 改革开放后，随着苗族地区医疗卫生条件的提高，广大苗族民众的身体健康状况得到改善，自然寿命不断延长。在经济条件允许的情况下，家中老人年至五六十岁或六七十岁时，人们开始为其准备棺材。备制棺材时，往往是主家备料后，请本族师傅加工而成。进入21世纪，人们直接到当地县城木材厂购买已经备制好的棺材，丧礼活动中的许多礼节逐渐消失。例如过去人们非常注重为亡故亲人哭丧，以显示对死者的悲痛之心与孝敬之情；如今许多苗族青年接受了现代教育，其文化教育程度普遍提高，他们对死亡有了更加深刻的认识。近年来在广大苗族地区，老人去世后，人们不再像以前那样浓重哭丧，苗族哭丧传统渐渐淡化。过去苗族老人去世或出殡时要鸣枪

---

① 松桃苗族自治县志编纂委员会.松桃苗族自治县志[M].贵阳：贵州民族出版社，1996：151.

三响，现在随着国家对农村枪支管理的强化和限制打猎，鸟枪在苗族农村已经绝迹，苗族丧葬中的鸣枪礼节也随之消失。

四、将汉族丧葬融入苗族丧礼过程

改革开放以来，苗族地区加快城镇化建设进程，现代文明不断传入苗区。在现代文明生活方式的影响下，精通苗族丧葬礼仪的祭师数量急剧下降。特别是进入21世纪以来，在苗族农村真正能够完全记忆丧葬歌——《挽歌》《孝歌》《焚巾歌》的祭师十分罕见。随着苗族祭师人数的减少，严格按照苗族旧俗主持丧葬仪式的现象越来越少见，苗族丧葬活动在许多具体细节上都已经简单化，而且越来越"现代化"了，其间丢掉了许多老传统。另一方面，改革开放以来，随着苗汉通婚现象的日益普遍，部分苗族家庭开始借鉴和吸收汉族的丧葬习俗，这更加速了苗族丧葬的汉化和"现代化"进程。例如在过去苗族丧葬中，从未出现过给死者敬献花圈的习俗，而现在凡是有人在外工作的苗族家庭，老人去世后为其举行丧葬活动时，大量出现亲友为死者敬献花圈的现象。在外来文化的影响下，甚至有的苗族家庭在老人去世后不请祭师为其主持丧葬仪式，而是请汉族风水先生为死者举行丧葬活动。在市郊以及经济条件优越、交通便利的地区，一些富裕苗族家庭开始出现隆葬、厚葬的现象。少数苗族家庭开始追求丧葬活动的排场、规模和祭品的丰厚性，以此向世人彰显丧家的经济状况、社会地位和人脉关系等。在这些地区，丧葬活动逐渐演化成为一种相互攀比社会地位和人际关系的家庭活动。

总之，苗族丧葬伦理是苗族人民农耕生活方式的反映。随着苗族社会现代化进程的推进，苗族丧葬伦理的汉化趋势越来越严重，这是苗族丧葬伦理现代转换的总体趋势。研究和考察苗族丧葬伦理的现代转换，有助于我们更好地了解我国苗族传统文化的丰厚性与变化性，以推动建立与现代社会相适应的苗族丧葬伦理新体系。

第五章　苗族传统伦理现代转换的具体路径

第四节　苗族传统宗教伦理现代转换的路径

苗族是一个泛神崇拜的民族，苗族民众深信祖先神灵、动植物神灵以及其他鬼神的力量，相信善有善报、恶有恶报的因果报应原则。在落后生产力条件和低下的认知水平下，苗族先民将生活的希望寄托于看不见的神灵，从而形成了以祖先崇拜为核心、以动植物神灵崇拜以及其他鬼神崇拜为翼羽的多神崇拜体系。这种宗教伦理是苗族社会礼俗文化的重要组成部分，在维系苗族社会秩序和家族体系、丰富苗族民众生活、促进苗族民间交流、保护苗族民间生态等方面发挥着积极作用。在当今中国社会主义现代化建设的新时期，随着苗族社会内部结构的变化和苗族民众科学文化素质的提高，苗族宗教伦理发挥作用的社会土壤已经发生了根本性变化。在这样的历史语境下，积极推进苗族传统宗教伦理现代转型既是推动苗族文化发展的时代需要，同时也是加快我国民族地区乃至整个中国社会发展的客观要求。

一、将祖先崇拜转换为支撑苗族乡村生活秩序的力量

祖先崇拜一直是苗族社会结构变迁中相对稳定的因素，是维系苗族乡村生活秩序的内在基础性力量。苗族的祖先崇拜主要通过举行"鼓社祭"的方式展现出来，在"鼓社祭"中，鼓是轴心，祖先是灵魂，"鼓社祭像一根无形的线，一头拴在祖宗的手里，一头拴在氏族成员的手里。无论你走到哪里，你和他总是有千丝万缕的联系。一旦你跌了跤，他那头就把你拉起来。只要还有这根游丝在也就够了。民族认同的意念就会从这根游丝上传递过来。"[①]鼓社祭祖时，在场人员肃然起敬，共同追忆和缅怀自己的祖先。祖先崇拜主要以家族为单位举行，通过宣扬"祖先"和"孝道"构筑苗族乡村社会的权力

---

① 罗义群.苗族牛崇拜文化论[M].北京：中国文史出版社．2005：55.

民族复兴背景下苗族传统伦理现代转换研究

场域。因此，继承和弘扬苗族祖先崇拜中所蕴含的民族团结、凝聚人心的文化特质，必能对促进当前苗族乡村世界的社会治理发挥着积极作用。

一是将祖先崇拜转换为构建苗族乡村生活秩序的内在基础性力量。所谓乡村生活秩序，即村民"得以聚集在一起的方式"[1]。这种秩序虽然由多种力量作用而成，但最基础性的内生力量仍然是来自当地村民的祖先崇拜。在传统苗族社会，苗族乡村一直保留着自身特有的封闭性和独立性，自给自足的小农经济使苗族人民形成了聚族而居的生存方式。在这种生存方式中，血缘、姻亲和地缘关系自然就成了苗族乡村生活秩序有序运转的逻辑起点。因此，苗族人民特别重视和强调血亲关系，他们将祖先崇拜视为维系血统延续和凝聚亲情的主要方式。苗族人民认为，祖先是道德、事业、功绩的象征，祖先灵魂是家族成员对其始祖的精神信仰，引导着家族成员的情感动向和精神需求，祭祀祖先可以"慎终，追远，民德归厚矣"[2]。苗族祖先崇拜表现在"家人死亡之后为亡者所举行的丧葬仪式；为纪念亡故先人而作的祭扫事宜；为娶妇、添丁所举行的庆祝和祭告活动；为攘除灾害、祈恩邀福所举行的敬神仪式"[3]。虽然改革开放后国家势力深入苗族地区，但对于发展相对滞后的广大苗族地区而言，个体家庭依然是维系乡村生活秩序的主要力量，因而祭祀祖灵的活动依然十分盛行。在每个苗族家庭中，人们都保留着祖先牌位，每个祖先牌位代表着与本家庭有着浓厚血缘关系的亲属神。在苗族人民看来，祖先这种亲属神不仅可以庇护整个家庭成员的未来、关照整个家族活人世界的多方细节，同时能够给子孙后代寄托美好的愿望。每当逢年过节或者家有丧葬、建房、婚姻等事宜，家家户户严格按照习俗举行祭祖仪式。家庭祭祖通常在室内和墓地举行，参与人员均为血缘家族成员，是本家族成员身份认可的重要方式。

苗族祖先崇拜具有认可祖神的超验精神，同时又反映了苗族人民延续乡村社会血脉关系的文化心理。对于正在经受着城镇化冲击的苗族地区而言，

---

[1] 陈成国点校.周礼·仪礼·礼记[M].长沙：岳麓书社，1989：53.
[2] 张觉撰.荀子译注[M].北京：中华书局，1978：397.
[3] 杨伯峻.春秋左传注[M].北京：中华书局，1981：861.

第五章　苗族传统伦理现代转换的具体路径

村民们的网络社会生存方式正逐步形成和扩展。苗族民众无论留守家乡还是迁入异地，其动荡的内心世界都需要有一个具有归属意识的民族情感予以抚慰，而祖先崇拜就是这种归属意识和民族情感，它发挥着延续家庭血脉、引领家族成员生活的作用。因此，苗族祭祖是唤起乡村社会家族本位意识的重要方式，是促进家族成员彼此交流、凝聚家族成员情感共鸣的精神纽带。从表面上看，苗族祖先崇拜与家庭生活联系甚密，是家族成员参与的行动。但随着苗族地区旅游经济的发展，在节日期间苗族人民也将这种祭祖活动向外人开放，吸引游客前来参加，苗族祭祖活动向外延伸至乡村社会的公共领域。在社会公共领域，苗族祭祖在维护社会公共道德秩序的同时，又起到了重塑社会成员关系的良好功效。实践表明，传统宗教在长期的历史发展中所形成的伦理价值体系，是建立乡村生活秩序的不可撼动的精神砥柱。苗族人民的祖先崇拜包含着一套规约人们行动的理念与准则，蕴含着构建苗族乡村社会秩序的价值系统，苗族人民正是以祖先崇拜为核心构筑起了一个具有明显超自然、超家族化倾向的社会组织体系，进一步强化了建构苗族乡村社会秩序的道德基础。

二是将"祖先"和"孝道"转换为构建苗族乡村生活秩序的基本理念。祖先崇拜的内在伦理基础是弘扬孝道。孝道源于上古时代的祖先崇拜，"夫孝，德之本也，教之所由生也"[1]，"人之行，莫大于孝"[2]。"孝"以血缘为本，强调敬祖和善待亡亲，要求后世人们要敬养父母、祭祀先祖。祖先崇拜除了具有宗教的文化特性外，还包含着深刻的情感和道德因素以及倡导人们尽孝报恩的道德意识。苗族社会存在着多种神灵信仰，但人们最崇信的神灵是自己的祖先神。苗族人民"深信祖先的灵魂仍然存在，并能够以不同的方式对后代的生活产生影响"[3]。祖先崇拜虽然是人间的力量采取了超人间的力量的形式，但毕竟祖先与其崇拜者之间有着密切的血缘关联。在广大苗族民众看来，祖先神与本家庭成员最亲近，祖先神会时刻护佑本家庭子孙后代。因此人们常

---

[1] 杨伯峻.春秋左传注[M].北京：中华书局，1981：861.
[2] 杨伯峻译注.论语译注[M].北京：中华书局，1980：13.
[3] 李学勤.十三经注疏·礼记正义[M].北京：北京大学出版社，1999：1439.

常通过各种大大小小的祭祖活动来维持自己与祖先的联系，以达至追忆先人和消灾祈福的夙愿。

然而在现代苗族乡村社会，虽然以血缘为纽带的祭祖活动对人们外在生活行为的约束、对扩大亲族力量的情感认同等作用依然存在，但人们在举行祭祖时并不在意祖先神灵是否真正存在，而是将祭祀祖先视为一种民族传统的保留和延续，祭祖在更大价值上成了苗族民众确认身份归属的符号。21世纪以来，随着中国传统文化的复兴，孝道伦理成为中国乡村社会建设的重要力量。孝道伦理要求人们在思想上遵循礼仪规范，在行动上符合礼仪规定。在当今市场利益的影响下，孝道伦理日渐功利化，人们通过祭祖活动建立起父慈子孝、兄仁弟恭的和谐家庭关系，并将之推广到整个社会，使全社会形成重孝的风气，这对于建立苗族乡村社会的和谐亲情关系具有重要意义。

三是将祖先崇拜适当制度化为苗族乡村社会治理的重要方式。乡村社会是乡村社会成员生产生活的主要场域。在现代化发展过程中，乡村生活逐渐被边缘化，其中一个重要因素就是乡村社会既有的伦理规范和价值体系濒临解体。从传统文化之于乡村治理的关系看，传统文化是乡村社会成员集体意识的结晶，是乡村社会治理不可或缺的智力资源。乡村传统文化所传递的"乡风礼俗"千百年来维持着乡村社会的稳定和有序，人们在"乡风礼俗"中依礼而行，以自我规约的方式解决乡村社会中出现的各种问题，大大降低了乡村社会治理的成本。实践表明，尊重"乡风礼俗"依然是当前中国乡村社会治理的有效方式。祖先崇拜作为乡村传统文化的核心成分，如果我们忽视对它的传承与发展，那么我国现代乡村社会治理必将失去其有效的群众基础和社会支持。

就目前广大苗族乡村的社会治理而言，我们主要采取的是国家主导和发挥乡村基层力量相结合的模式。要使苗族人民对现有的社会秩序产生价值认同，国家除了加强苗族地区的农村医疗、基础教育、社会养老等公共服务的投入力度外，还要从苗族乡村居民的道德信念和公共生活意识入手，以乡村居民生产生活为中心、围绕乡村社会血脉根基构建新时代苗族乡村居民的意义世界。作为苗族人民的共同心理和文化意识，苗族祖先崇拜没有组织化的实行体系，它只是内涵在苗族乡村生活秩序中，并表现为苗族乡村居民约定俗成的零散的传统积习。但与此同时，苗族祖先崇拜以伦理规范来协调血缘亲情之间的长幼秩序、处理家庭内外部的各种矛盾和冲突，发挥延续血缘关系、宣扬道德关怀以及凝聚村民意识、稳定乡村秩序的巨大作用。因此，我们在摒弃苗族祖先崇拜中的家族集团化以及厚葬久丧等各种陈规陋习的基础上，将苗族祖先崇拜适当纳入苗族乡村社会治理的制度化体系。这样，依据苗族本土文化资源建立起来的以内生秩序为特征的新型乡村社会治理模式不仅能够得到广大苗族人民的共同认可，而且还有助于推动苗族乡村传统道德体系的现代转型。

二、将图腾崇拜转换为苗族人民保护生态的民族意识

苗族先民认为人类祖先与动植物神灵有着亲缘关系，从而将鸟雀、山水、巨石、森林、树木、土地等孕育生命的动植物神灵加以神化，并认为崇敬和保护这些动植物就能带来风调雨顺、五谷丰登等祥瑞气象。可以看出，苗族对动植物神灵的崇拜不仅反映了苗族人民将自己未来生活的美好愿景寄托于神灵庇佑的传统意识，而且又体现了苗族人民对自然界中各种自然生命体的关爱与保护。显然，苗族这种祭祀动植物神灵、禁止捕杀动植物、忌讳砍伐古树、强调尊重自然的宗教伦理无疑是当今人们重构健康文明生态环境、维护可持续发展家园的重要文化资源。

一是将图腾崇拜意识转化为苗族保护生态的实践。图腾是"出于迷信而加以崇拜的物质客体。……个体与图腾之间的联系是一种互惠的联系，图腾保护人们，人们则以各种方式表示他们对图腾的敬意"[①]。图腾崇拜是苗族社会普遍存在的一种原始宗教信仰形式，它以自然界的各种动植物作为崇拜和保护的对象。由于对大自然的敬畏，苗族人民关心自然、善待自然、顺应自然发展。例如苗族民众总是在特定时间对特定的区域实行封山育林，禁止在封山育林区砍伐树木和捕猎动物。可见，图腾崇拜反映了苗族人民对自然事物

---

① 弗雷泽.金枝[M].北京：大众文艺出版社，1998：163.

生长与发展规律的朴素认识，表达了苗族民众对与其所居住的自然环境之间关系的把握。在苗族人民看来，图腾物强大预示着本民族强大，图腾物弱小意味着本民族走向衰落。因此，只有侍奉好自己的图腾物，才能得到自然万物的庇佑，才能实现人与自然的和谐相处。

从表面上看，苗族图腾崇拜要求人们在享受自然资源的同时不能对自然资源竭泽而渔，要在利用自然资源的基础上加强对自然资源的保护，这就是苗族图腾崇拜本身所蕴含着的苗族人民的朴素生态伦理思想。从客观上看，苗族图腾崇拜是一种以敬畏动植物神灵为名义、号召人们积极保护崇拜物的生态伦理行为，体现了苗族人民试图认识自然、主动保护自然的愿望，蕴涵着寓意丰厚的生态保护智慧。从行为方式上看，苗族图腾崇拜反映了苗族人民对自然生态的基本道德要求，是苗族人民生态伦理的最早实践。如今苗族地区保持着良好的生态环境，这与苗族民众根深蒂固的图腾崇拜观念密不无关系。在科学技术获得巨大发展的今天，虽然苗族图腾崇拜所折射出来的苗族先民对人与自然关系的粗浅认识已经逐渐退出人们的生活视野，但是作为一种人类保护生态的意识，苗族图腾崇拜仍然可以为我们今天进行生态环境保护提供一定的理论依据。正是在这个意义上，将图腾崇拜意识转化为苗族保护生态的具体实践，对推进苗族地区乃至整个中国社会的生态环境保护具有借鉴意义。

二是将图腾禁忌转化为苗族保护生态的"法律"。图腾禁忌即人们对自己所崇拜的图腾物禁止捕猎或砍伐的行为，是图腾崇拜的突出表现形式。"一个图腾，是一种动物，或植物或无生物。而部落内的某些社会集团，常以此图腾作为自己的祖先，并以图腾的名字作为自己的名字。"[1]图腾禁忌"主要表现在禁捕、禁杀、禁食或禁触、禁摸、禁视图腾物……杀害图腾就像杀害自己的亲属、祖先或保护神一样"[2]。"图腾保护人们，而人们则以各种不同的方式来表示对它的崇敬。如果，它是一种动物，那么，即禁止杀害它；如果，它

---

[1] 杨堃.原始社会发展史[M].北京：北京师范大学出版社，1986：140.
[2] 何星亮.图腾文化与人类诸文化的起源[M].北京：中国文联出版公司，1991：280.

第五章 苗族传统伦理现代转换的具体路径

是一种植物,那么,即禁止砍伐或收集它。"①早期人类对人与自然关系的这种朴素认识,使图腾禁忌成了早期人类社会的人们对自然生物的生活态度和行为准则。在这样的生活环境下,人们不仅不能随意捕杀动物和砍伐植物,而且"古代设有推行这些禁忌的官员,如山虞、林衡、川衡、兽人、迹人、罗氏、冥氏等"②,以禁止人们打伤或砍杀图腾物。

苗族是一个具有浓厚图腾信仰的民族。在苗族人民看来,图腾物具有赐福避害的能力,人们不能随意捕杀图腾物,一旦违反,必将招致严厉惩罚。在传统苗族社会,图腾禁忌不仅是苗族先民的生活规范,更具有"法"的功能,是苗族社会的一种习惯法。③长期以来,苗族先民敬畏和崇拜动植物,不会随意伤害或破坏它们;苗族先民在充分利用自然物质的同时,对其进行严格地保护。由此可见,传统苗族社会的图腾崇拜与苗族地区存在着的优越的生态环境有着极为密切的文化渊源。在当代社会,随着科学技术的发展,人类生存的地球环境遭到严重破坏,人类越来越丧失自我。如今全球变暖、大地荒漠等自然灾害的出现,就是人类迷失了自己"图腾"的后果。因此,将苗族图腾禁忌转化为苗族地区保护生态的法律法规,这对于健全苗族地区生态环境保护制度、完善中国社会生态环境保护机制具有非同寻常的意义。

三、用中国化马克思主义宗教引领苗族鬼神崇拜发展方向

苗族信鬼好巫,他们信仰的鬼神名目繁多。据《永绥厅志》记载,苗族有"三十六堂神,七十二堂鬼"④的说法。苗族先民认为神是绝对的善,敬畏神灵可带来风调雨顺;鬼是相对的恶,招惹恶鬼就会祸事连连。在广大苗族地区,人们遇到身体不适或家有灾祸,便认为有鬼神作祟,因而向巫医寻求治疗。苗族寻求巫医祛鬼治病的做法虽不具有科学性,但在生产力落后条件和缺医少药的苗族传统社会,这种治病方法却成了当地民众普遍的生活方式。

---

① (奥)弗洛伊德.图腾与禁忌[M].北京:中国民间文艺出版社,1986:133.
② 姜建设.古代中国的环境法:从朴素的法理到严格的实践[J].郑州大学学报(社会科学版),1996(06):36-38.
③ (德)弗洛伊德.图腾与禁忌[M].北京:中国民间文艺出版社,1986:72.
④ 石启贵.湘西苗族实地调查报告[M].长沙:湖南人民出版社,1986:11.

民族复兴背景下苗族传统伦理现代转换研究

在社会主义市场经济快速发展的今天,苗族鬼神崇拜显然难以成为支撑人们心灵世界的独立精神力量。我们需要在新的社会背景下推动苗族鬼神崇拜的现代转换,使苗族鬼神崇拜与新时期中国特色社会主义先进文化相适应。

一是用中国化马克思主义宗教本质观引领苗族鬼神崇拜发展方向。宗教作为一种意识形态和社会文化现象,其理论本质主要表征为对神灵的崇拜和信仰。苗族鬼神崇拜作为一种文化现象延续至今,在苗族乡村社会仍具有一定的生存空间和现实影响力。一方面,苗族相信"灵魂转体",并在此基础上形成了除灾祛病的巫术信仰,从而把人的思想引向麻木、把人的行为引向歧途,对人们的生活具有较大的消极影响;但另一方面我们也应看到,苗族信鬼好巫是有选择的,这种文化选择是基于一定历史时期的民族的生存需要。更为重要的是,苗族鬼神崇拜体系中蕴涵着强烈的生命意识与求生本能,这种生命意识和求生本能仍是现代社会文明进步不可或缺的原始动力。因此,只有用中国化马克思主义宗教本质观引领苗族鬼神崇拜发展方向,才能使苗族鬼神崇拜在当今文化转型中发挥着支撑苗族乃至整个民族地区文化建设的作用。

二是用中国化马克思主义宗教历史观引领苗族鬼神崇拜发展方向。《国语·楚语下》记载:"及少皞之衰也,九黎乱德,民神杂糅,不可方物,夫人作享,家为巫史。"苗族信鬼好巫的历史传统来自神话传说中的"九黎乱德""家为巫史""民神杂糅"等传说,这之后,信鬼好巫逐渐发展成为苗族先民的一种生活行为规范,并在苗族民间广泛流传。苗族"巫鬼教"没有实质上的宗教信徒和宗教组织,苗族巫师主要来自苗族个体家庭中的成员。苗族"巫鬼教"作为一种文化遗迹,以民俗的形式保存着人类远古的"人神同在"的神话遗风。在对待苗族鬼神崇拜的态度上,我们不能以"有神论"为借口将其驱逐出人类社会生活的舞台。这是因为:作为一种原始宗教信仰,苗族鬼神崇拜是苗族先民在长期的社会历史发展中形成的一种精神文化形态,它已经得到广大苗族民众的集体认同并作为一种精神支柱长期存在于苗族人民的生活世界中。因此,解决苗族鬼神崇拜问题的根本途径是:一方面,我们要在尊重和保障苗族人民原始宗教信仰自由的前提下,大力发展苗族地区的市场经济和社会主义精神文明建设,通过加快苗族地区物质文明和精神文明的发展提高广大苗族人民的生活水平和认知程度,在消除苗族原始宗教赖以生存的社会土壤和认识根源的基础上逐步消除苗族鬼神崇拜中的糟粕因素。另一方面,我们要在发掘苗族鬼神崇拜中所蕴含着的倡导人们珍视生命之宝贵思想的基础上,用中国化马克思主义宗教历史观引领苗族鬼神崇拜发展方向,剔除苗族鬼神崇拜中所夹杂着的具有迷信成分的文化元素,推进苗族鬼神崇拜文明化,使之与社会主义先进文化发展相适应。

总之,在推进苗族传统宗教伦理现代转换的过程中,我们既要尊重苗族人民的宗教信仰习惯,又要反对苗族泛神崇拜中的封建迷信因素,将广大苗族民众泛神崇拜的自律行为纳入社会主义法治建设的轨道,建立起集"自律与他律"于一体的现代苗族宗教伦理体系,以提升苗族宗教伦理文化的科学精神和时代内涵。

第五节　苗族传统社会伦理现代转换的路径

苗族注重维护社会稳定的程序与规矩,讲究利用自身的社会伦理来约束人们的思想和行为。苗族人民在长期历史发展中形成的崇尚礼仪、尊老敬贤、热情好客等传统伦理思想,在维系苗族社会内部人伦关系、维持苗族社会内部人际和谐等方面曾发挥过积极作用。伴随着当今中国经济的发展,社会流动渠道多元化,人口流动数量加大,苗族社会已经由过去封闭的社会形态转变为如今向外开放的社会形态,由过去以血缘、地缘组成的熟人社会关系逐渐向现代陌生人的社会关系转变。变化之后的苗族社会需要新的伦理规范予以支撑和维系,苗族传统的伦理价值和伦理规则受到极大考验。在这样的社会背景下,要建构起支撑快速转型发展的苗族社会的公共生活秩序,我们不仅需要在继承和发展苗族传统社会伦理基本价值的基础上,将其中所蕴含的道德精神和高尚情操融入培育社会主义劳动者优良道德品质的过程中来,以夯实苗族传统伦理的时代内涵;而且更需要以现代社会伦理关系为指引,进一步从伦理精神、道德人格和道德约束等方面积极推动苗族传统社会伦理向现代社会伦理范式转换。

一、由地缘、血缘伦理转向现代社会契约伦理

在传统苗族社会，人们生活在固定的地缘、血缘关系中，家庭和邻里成为苗族人民主要的生活场域，社会人伦关系受到狭小地缘、血缘关系的束缚。在这种小型简单的熟人社会里，人与人之间的社会关系主要依靠血缘和地缘规范来维系，简单的村社生活既是每个苗族民众的私人交往领域，同时又是他们共同生活的场所，人们在这一场域内都遵从着约定成俗的伦理规范。例如在家庭内部，夫妻双方赡养老人、尽心尽孝、和睦相处，家庭成员共同劳动、共同维系家庭开支、平等商量处理家庭事务；在村寨内部，村民之间相互尊重，共同监督和维护村规民约的实施。曾如苗族理词记载："错处往错处行，亏负就道个歉，错了事就赔礼；大错大陪，小错小陪，照地下古规，依天上古理。……事情完了，隔远相见要笑，近处相遇要问。"[①]苗族社会赏罚分明，人们犯错均依据古理古规纠错纠亏，事后不怨恨，并继续遵守族内礼仪、继续维护村寨秩序。可以看出，苗族人民这种以血缘、地缘为本位的社会伦理十分重视个人身份及其等级次第，十分强调社会个体的道德品质。然而到了现代社会，人们逐渐形成了一种有别于传统熟人社会的新型的陌生人交往共同体。例如在现代苗族地区，随着人们在职业选择、居住地选择等方面的自由化，苗族民众逐渐形成了范围扩大、关系复杂的人际交往圈，他们的传统血缘、地缘关系逐渐被以人民身份为基础的社区联系所代替。

在现代陌生人社会中，人们不仅关注个人的道德品质问题，而是注重寻求获得多数社会成员"约定"或认可的处理公共生活问题的基本伦理规则，这就是所谓现代社会的"契约"伦理。现代社会契约伦理能够指引契约实践的发展，使社会成员在生活实践中坚守道德光明之路。总括起来，现代社会契约论理主要包括三个方面的内容：

---

① 中国作家协会贵阳分会.民间文学资料（第14集）[C].1959：201.

第五章 苗族传统伦理现代转换的具体路径

一是理性契约伦理。"理性"即契约意识，是从伦理角度对"自然状态"展开的反思，有理论理性和实践理性之分。理论理性具有认识能力，用于认识真理；实践理性具有实践能力，用于实现目的，但二者并不冲突。一方面，理性存在于不同个体的人身之中却又超越不同个体的生理和心理之外，是人所具有的共同属性。基于这种共性，人类得以凝聚成为群体，群体意志使契约制度确立起来。另一方面，经验世界中的人类个体因其所处的具体时空条件不同，从而使得人与人之间的联系和交往成为必要。因此，人"从实体中来"，人的理性对实体伦理精神的反思不仅是人类进行道德修养的基本前提，同时也是人类获得幸福的重要保障。

二是公平契约伦理。"公平"即契约制度，是指同等事物同等对待、不同等事物区别对待的制度和方法。"公正常常被看作德性之首，'比星辰更让人崇敬'"。[①]公平作为一种制度伦理，要求人们按照社会标准平等地待人处事；公平作为一种个体道德，要求道德主体在社会交往中合理平衡利他与利己的关系；公平作为一种价值观，将权利和义务同时赋予契约主体，要求契约制度保障权利与义务之间的对等。契约权利意味着契约当事人一方要求对方为或不为一定的行为，契约义务则是契约当事人一方按照对方的要求为或不为某种行为，二者关涉到道德主体利益的变化，一方的权利往往成为另一方的义务。因此，契约主体权利与义务的对等是实现社会公平的先决条件。

三是自由契约伦理。"自由"即契约行为，是指社会个体从事契约行为的自我主导性。在本来的意义上，"自由"意指不受外力阻挠，但自由并非是随心所欲的绝对自由。自由是对既定社会中必然存在之社会规则的认识，契约自由只能是相对的自由。自由要求契约制度赋予社会成员平等的缔结契约的资格，缔约资格并不必然是对"任性"的肯定，所有契约行为均要求以避免冲击社会秩序为原则；缔约资格是社会道德实体对个体"人格"的尊重，所有契约行为均应以服务"人民大众"之公共利益为目的。

现代社会伦理规范以契约为本位，这种"契约"伦理是以国家宪法、法

---

① 亚里士多德.尼各马可伦理学[M].廖申白译.北京：商务印书馆，2005：130.

律法规以及各种规章制度的形式保障和体现出来。因此，推动苗族地缘、血缘本位伦理向现代社会契约伦理转换既是基于苗族社会由传统向现代转变的时代考量，同时又是中国民族地区社会转型发展的时代呼唤。

二、由重情伦理转向重情与个体独立的伦理

在传统苗族社会，苗族人民生活在特定的血缘和地缘关系中，他们主要依靠血缘亲情或地缘联系来维系和处理彼此间的关系。这种血缘情感从最基本的家庭血缘亲情扩展到本家族、本村寨之外的普通朋友之情，由此组成了一个亲疏有别、等级分明的复杂情感网络，培育了苗族热情好客、互帮互助、不计得失的传统美德。例如苗族在举行节日庆典时，各家各户热情招待前来参加节日活动的远近亲朋，主家不计血缘的亲疏远近盛情款待客人，一家来客全寨作陪；村寨修桥补路、婚丧嫁娶、新建房屋，邻里主动前来帮忙，不计报酬得失、不讲招待，将主家之事视为自己之事；农时收割，邻里互帮互助，"同一家族或同一村落的人们，对家族或村寨中有困难的家庭不能视而不见，有代耕、代种、代收义务。"①在艰苦的生存条件下，苗族人民形成了同心同德的互助美德和团结热情的高尚情操，这种重视情谊的伦理精神所体现出来的苗族人民朴素的集体主义观念和互助互谅、相互关爱的社会伦理意识，在推动苗族社会和睦共处、促进苗族社会人际和谐等方面发挥着积极作用。但在这种情感伦理中，每个社会成员都被赋予了既定的等级位置，个人的价值和发展空间不能得到充分实现。

在传统苗族社会，苗族民众听命于"椰头寨老"，顺从于族长或长辈，遵从椰规款约和祖先意志，这种传统依附型人格"限制了独立人格的塑造，个性受到限制，缺乏创造力。"②

伴随着我国市场经济的发展，一方面，社会个体的物质生活条件得到改善、经济地位获得独立后，逐渐产生了对功利主义和个体人格独立的追求。所谓个体人格独立，就是社会个体要求获得独立的人之为人的基本资格和权

---

① 李良品，谭杰容.重庆世居少数民族研究·苗族卷[M].重庆：重庆出版社，2011：24.
② 郑永廷等.人的现代化理论与实践[M].北京：人民出版社，2006：223.

利。现代社会是一个以人本主义为核心的社会，是一个个人意识空前觉醒的时代。在这样的时代下，个人只有增强独立意识、努力发展个性、充分实现自身价值，才能获得长足的发展和进步。因此，要使苗族社会及其个体成员得到充分发展，必须打破苗族社会内部固有的情感樊篱。另一方面，现代社会追求个体人格的独立与平等，要求公共生活领域体现公平与正义，社会伦理道德尊重和维护个人利益。实践表明，在现代社会发展中只有注重个体权利、关注个体利益的伦理道德才能得到人们的广泛认可，才具有可实行的现实性和合理性。所以，构建现代社会伦理的基本方向是：重视并将个人利益引导到一个有秩序的合理状态，在此基础上寻求社会个体不同行为的共同底线，而不是一味地强调个人的自我牺牲精神。

苗族人民热情好客、互帮互助、不计得失的情感道德观对提升当代国民诚信、善良、友好的生活素养具有重要意义。我们在推动苗族传统等级依附型社会伦理向公平、正义、诚信、友好之现代社会伦理转换的过程中，既要珍视苗族传统社会伦理中所蕴含的情感价值，又要尊重和维护苗族社会个体的独立性，努力实现苗族传统社会伦理由重情向重情与尊重个体独立有机结合的方向发展。

三、由重德轻理伦理转向德理并重伦理

在传统苗族社会，苗族民众的交往范围狭小，人们依靠社会舆论、个人良心和苗族社会固有的榔规款约来制约和调节彼此间的行为。例如在苗族家庭中，凡遇重大事情必须向家中老人汇报，凡有婚丧嫁娶必同老人协商办理；村寨内部发生矛盾与纠纷必请经验丰富、德高望重的"寨老"调解。"寨老"作为苗族社会智者的代表，他们依据"榔规""理词"对违规行为进行是非判定。由此可知，苗族传统社会伦理基本上是从社会个体层面探讨道德问题，这种社会伦理重视精神轻视物质、重视德性轻视理性，在很大程度上阻碍了苗族社会的发展和进步。在当代中国，市场经济发展推动着苗族地区的经济生活和科学技术不断取得进步，从而使广大苗族民众的交往范围不断扩大。在这样的社会条件下，仅仅依靠苗族社会内部固有的道德规范来评判和约束

民族复兴背景下苗族传统伦理现代转换研究

人们的行为是远远不够的,我们需要在广大苗族地区建立起一套与现代社会发展相适应的现代理性伦理制度,以推动苗族传统重德轻理伦理观向现代社会德理并重的伦理观转换。

所谓现代社会德理并重的伦理观,就是指将理性与伦理结合起来,用理性方式论证和解释伦理,从伦理层面深入把握人类的各种实践活动。"一切伦理概念都先天充分地在理性中有其所在和起源,这在最普遍的人类理性中与在最高级的思辨理性中是一样的,……正是它们起源的纯粹性使它们值得作为我们最高的实践原则。"[①]因此,人类"实践活动中贯彻的规范规则和道德律始终是理性的产物,而与经验无关"[②]。这表明,人类历史上的一切伦理道德都是根源于人的理性,人的理性与社会道德实践相结合而形成的理性伦理观最终都是通过人类的实践过程对人之行为进行伦理上的规制和约束,从而使理性伦理在人们的社会生活中彰显出与众不同的地位和作用。归纳起来,现代社会德理并重的伦理观具有以下三个方面的特征:一是主张以理性方式理解和把握伦理。伦理对人的实践活动的制约、对人的内心道德律的生成都离不开人的理性,人们通过理性思考可以对实践活动产生道德约束力。"由于我们实践能力的主观构造,道德律必须被表述为命令,符合它们的行为必须表述为责任,理性不是用是(作为一个现实事件)而是用应该是来表达这种必要性。"[③]二是广泛制约人们的实践活动。功利性价值规范是伦理道德的重要组成部分,人的社会实践不可避免地带有个人功利主义的色彩,现代理性伦理的功效就在于将个人功利性行为排除在道德伦理的范围之外。三是具有鲜明的道德主体性。人的主体性是人在实践活动中享有真正话语权的前提,在实践活动中,现代理性伦理正是依靠人的主体性使伦理规范发挥着制约人们行为的作用。

在推进苗族社会伦理由传统向现代转换的过程中,一方面,我们要将苗

---

① 欧阳英.毛泽东实践观研究[M].西安:陕西人民出版社,2000:5.
② 欧阳英.毛泽东实践观研究[M].西安:陕西人民出版社,2000:5.
③ (德)伊曼努尔·康德.判断力批判(下)[M].宗白华,韦卓民译.北京:商务印书馆,1964:60.

族传统伦理精神与现代社会的理性伦理结合起来，借用苗族传统社会伦理对道德理性的追求，改变当前苗族社会发展过程中出现的功利性倾向，重塑苗族地区公正、平等、理性的民族精神家园。另一方面，我们要在珍视苗族传统社会伦理中所蕴含着的宝贵德性精神之基础上，借助苗族传统社会伦理对道德修养的重视积极推动苗族地区建立更加科学合理的理性伦理体系，以促进苗族地区乃至整个中国社会的道德发展和精神文明建设。

第六节 苗族传统生态伦理现代转换的路径

苗族认为树有灵魂，深信树的灵魂能够保佑村寨清洁和人畜平安。每逢年节或家有不祥，人们便到村边寨旁的古树前焚香化纸、杀鸡宰鸭进行祭拜。苗族这种关于人与自然关系的朴素认识虽然具有一定合理性，但其观念落后、思想陈旧，是落后生产力条件下基于原始宗教信仰的产物，其思想内涵远远不能适应现代社会科学理性发展的要求，我们需要推进苗族传统生态伦理向现代社会新型生态伦理的转换。

一、由传统生态伦理观转向现代生态文明观

苗族倡导"众生平等"，强调人与自然物种具有平等的生命权。苗族"传统风俗中的生态伦理包含着许多科学的、辩证的自然生态观的思想因子，但从严格的意义上来说，它毕竟是一种朴素的、直观的、经验性的自然观"[①]，具有很大的历史局限性和一定程度的唯心色彩。从现代实证科学的角度看，苗族传统生态伦理观不可能对现代社会中人与自然之间的复杂关系做出科学解释；从现代科技的精确性上看，苗族传统生态伦理观不可能对现代社会中人与自然之间的复杂关系做出准确说明；从回应和解决现实生态环境问题上看，苗族传统生态伦理观不能很好地应对和解决人口过剩、工业文明以及资本膨

---

① 王文光.云南的民族与民族文化[M].昆明：云南教育出版社，2000：26.

民族复兴背景下苗族传统伦理现代转换研究

胀对资源环境造成的破坏等一系列复杂而现实的生态问题。虽然苗族是一个注重原始宗教信仰的民族,但在科学技术高度发展的今天,现代文明不断向苗族地区渗透,广大苗族民众尤其是苗族青少年的原始生态观念逐渐淡化,苗族传统的生态习俗和生态禁忌在苗族青少年心灵世界中的影响力逐渐减弱。在这样的语境下,尽管我们仍然需要肯定苗族传统生态伦理在苗族社会发展中曾经起到过的积极作用,但同时又不能在当今中国生态文明建设进程中对苗族传统生态伦理一味地采取"拿来主义"。我们对待苗族传统生态伦理的态度是:在认真分析总结苗族传统生态伦理所包含的科学性、合理性等因素的基础上,积极推动苗族传统生态伦理观向现代生态文明观的转换,从根本上为当代中国社会的生态文明建设提供有价值的多方文化参考。

那么,何谓现代生态文明观?现代生态文明是一种崭新的文明形态,体现了21世纪社会经济发展的核心本质、彰显了21世纪人类文明发展的基本方向。从狭义上讲,现代生态文明观是指"人类既获利于自然,又还利于自然,在改造自然的同时又保护自然,人与自然之间保持着和谐统一的关系。"[①]它回答了这样三个问题:其一,现代生态文明的核心思想是人类社会与自然万物的和谐共生,社会经济发展要与地球资源环境的承载力相适应;其二,现代生态文明的基本内涵包括生态文明的物质成果和精神成果两个方面,物质成果即人们对生产生活方式的生态化改造,精神成果即人们保护生态意识的觉醒;其三,现代生态文明的实践内容是用文明的态度对待自然界,为人类发展构造优良的人居环境。从广义上讲,现代生态文明观是指"人类在物质生产和精神生产中充分发挥人的主观能动性,按照自然生态系统和社会生态系统运转的客观规律建立起来的人与自然、人与社会的良性运行机制和协调发展的社会文明形式。"[②]这表明,现代生态文明是人类物质文明建设成果、精神文明建设成果和政治文明建设成果的有机统一。总之,现代生态文明观强调人与自然、人与人之间的协调统一,注重促进人与社会、人与自身之间的和谐发展。现代生态文明观已经成为中国社会文明的发展趋势和中国社会建设

---

① 叶谦吉.真正的文明才刚刚起步[N].中国环境报,1987-04-23(02).
② 廖福霖.生态文明建设理论与实践[M].北京:中国林业出版社,2001:26.

的基本实践，是中国社会主义生态文明发展的一个基本论点。因此，推进苗族传统生态伦理观向现代生态文明观转化，我们需要做到以下三点：

一是引导人们正确认识苗族传统生态伦理观中的合理成分。苗族传统生态伦理观蕴含着丰富的生态保护思想，在保护苗族地区的生态环境中发挥过积极作用。我们要在破除苗族传统生态伦理观中那些不利于保护生态环境的思想和意识之基础上，结合苗族地区具体实际加大对苗族传统生态伦理积极作用的引导和宣传。在内容上用现代先进文化引领苗族传统生态伦理发展航向，在结构上使苗族传统生态伦理符合中国特色社会主义生态文化的理论构造，在体系上推进苗族传统生态伦理与中国特色社会主义生态文化的融合，帮助苗族地区人民群众树立文明、科学、可持续发展的生态发展观念，促进苗族地区建立更加科学合理的人与自然和谐共处的生态伦理观。

二是建立苗族地区统一的生态伦理体系。在苗族地区，基于特殊的人文环境和自然环境，各支系苗族在长期劳动实践中形成了不同特色的生态保护制度和生态禁忌习俗。但由于地域性差异，苗族地区还未真正建立起一个稳定统一的生态伦理体系。因此，我国苗族地区应当依托自身已有的传统生态保护观念，借鉴和吸收其他兄弟民族生态保护的有益做法，在中国特色社会主义生态文化理论的指导下推进各支系苗族传统生态价值观与当代中国先进文化的融合，尽快建立起一种在理念上相互融通、在方法上相互交流的统一的现代苗族生态伦理体系，使苗族传统生态伦理能够适应当代中国生态文明建设和发展的需要。

三是将现代生态自然观渗透到苗族传统生态伦理中。所谓现代生态自然观，是指人们对自然本体以及人与自然关系之一般规律的认知和理解。现代生态自然观以辩证自然观为基础、以生态学观点为方法，在解决人与自然关系的过程中从整体性高度阐释自然、社会与人类之间的复杂关系，是现代自然观重要而突出的表现之一。现代生态自然观揭示了由人类和自然界组成的整个世界是一个有自组织、有自控力的动态系统，而且这一动态系统在内在结构和运行过程上表现出一种稳定的有序状态。这表明，一方面，现代生态自然观是一种辩证的自然观，它关照地球生态系统、生物多样性以及社会发展的自然基础,为解决当代人类发展所面临的生态困境而产生;另一方面,现代生态自然观是一种人化自然观,它关切人的发展目的和人的未来,为满足当代社会生态文明建设需要而产生,具有鲜明的时代特色。因此,现代生态自然观反映了人们在现代科学基础上对人与自然关系的重新反思,是自然观领域上的一场思想变革,再现了马克思主义自然观的当代价值。作为一种人类活动的真理性认识,现代生态自然观要求人们在生态文明建设中首先要全面认识自然界变化规律以及人与自然之间的内在关联,在尊重自然界发展规律、充分考虑自然界对社会发展承载力的基础上不断调整人与自然之间的关系,以实现人与自然的和谐相处,促进人、自然、社会的可持续发展。

二、由传统生态保护意识转向现代马克思主义生态理念

在人与自然关系的具体处理上,苗族先民从万物有灵的观念出发,认为自然神灵不仅与世俗社会中的芸芸众生是共生共融的伙伴关系,而且还直接支配和影响着世俗社会中人们的生产生活以及各种社会交往等活动。在苗族先民看来,自然神灵与人类个体之间是一体两面的关系,"此有故彼有,此生故彼生……此无故彼无,此灭故彼灭"。①苗族的这种传统生态意识来自苗族先民对自然神灵的虔诚信仰,虽然在理论核心上这种传统生态意识具有很大程度上的唯心性质,在这种传统生态意识指导下的生态实践亦具有较大的盲目性和被动性。但是,苗族这种关于人与自然万物和合共住、唇齿相依、互为因果的生态意识,与马克思主义的生态伦理思想是相通的。如果我们祛除苗族传统生态意识中的唯心思想成分,苗族传统生态意识是完全可以为马克思主义生态理念所包容的。为此,我们有必要而且必须致力于推进苗族传统生态意识向马克思主义生态理念的转化。

一是将苗族传统生态意识转化为现代科学文明的生态认识和生态实践。马克思主义生态理念从唯物主义立场出发,科学揭示了人与自然之间相互依存、互为补充的辩证统一关系。马克思明确指出:"人直接的是自然存在物"②,

---

① 大正藏·杂阿含经[M]:台北:新文丰出版社,1976:67.
② 马克思.1844年经济哲学手稿[M].北京:人民出版社,2000:105.

第五章　苗族传统伦理现代转换的具体路径

"我们连同我们的肉、血和头脑都是属于自然界和存在于自然之中的"①。人与自然客体之间是认识与被认识、支配与被支配的关系，而不是奴役与被奴役的关系。"社会化的人，联合起来的生产者，将合理地调节他们和自然之间的物质交换，把它置于他们的共同控制之下，而不让它作为盲目的力量来统治自己；靠消耗最小的力量，在最无愧于和最适合于他们的人类本性的条件下来进行这种物质交换。"②我们要加强现代科学文明的生态知识的宣传和教育，将苗族传统生态意识中已经固化为人们日常生活习俗的各种生态文化积极地转化为现代科学文明的生态认识与生态实践，使苗族传统生态意识从神秘、盲目、被动的生态文化向带有科学性、明确目的性的生态文化转化和过渡。在这一转化和过渡过程中，我们不能一蹴而就，要充分考虑苗族地区经济发展状况和苗族人民心理认知等多种因素，正确认识和科学评判传统力量在保护区域生态环境中的作用。

　　二是提高广大苗族民众的现代生态意识和生态文化自觉。马克思恩格斯认为，虽然人与自然之间存在控制与被控制的关系，但这种关系是在人类首先不至于被自然界统治的前提下与自然界所进行的一种物质交换关系，这种物质交换强调人类要在尊重自然的基础上有意识地约束和规制自身的行为，以实现人与自然的和谐发展。由此我们认为，马克思主义生态伦理思想正确而科学地揭示了人与自然之间的复杂关系问题，是指导当代人们进行生态文化建设、推进生态实践发展的正确理论武器。③我们要强化苗族地区领导干部的生态保护责任意识，以领导干部良好的环境道德和生活习惯促进整个苗族地区形成科学的、对生态负责的现代文明生活方式。只有这样，大自然才能回报人类一个绿色、环保的美好生活家园。与此同时，在推动苗族地区社会经济发展过程中，我们不能"涸泽而渔"，要杜绝一切"利益至上"的不良现

---

① 马克思恩格斯选集：第四卷[M].北京：人民出版社，1995：384.
② 马克思.资本论：第一卷[M].北京：人民出版社，1975：926-927.
③ 云南省委宣传部课题组.生态文明与民族边疆地区的跨越式发展[J].云南民族学院学报，2002（6）：6-10.

象,切实以科学发展的战略眼光指导当前苗族地区的社会经济发展工作[①],以推动苗族地区建立人与自然和谐可持续发展的新型经济发展模式。

三、由传统生态禁忌习俗转向现代生态保护制度

苗族传统生态禁忌在苗族社会落后生产力条件下形成,其中所蕴涵着的思想和理论内涵主要源自本民族的原始宗教信仰。苗族传统生态禁忌对生态环境的保护具有一定的不规范性和随意性,苗族的许多生态保护措施都是通过生态禁忌或习惯法的方式进行,哪怕是破坏生态环境的经济处罚手段也是如此。虽然苗族传统生态禁忌对规制人们的生活行为具有一定积极作用,但由于这种生态禁忌以日常生活经验积累为基础,缺乏先进科学知识的指导以及社会制度与法律规范的保障,这些保护环境的生态禁忌尚处于自发零散的状态,其约束力和强制力有限,与现代规范性、系统性、准确性的制度文化具有较大差距。在当今以"人类中心主义"自居的工业社会,用这种传统的生态保护方法去应对疯狂攫取自然资源的现代人的行为,显然是孱弱无力的。在现代社会,解决生态问题不仅需要依赖现代高端科学技术,而且还依赖于一切有利于生态环境保护的传统社会文化资源。我们在不破坏苗族古老风俗习惯的前提下,加强苗族生态保护制度与法律法规的建设,将先进的社会制度与法律法规应用到苗族生态保护的过程中,改变苗族地区不科学、不文明的生态保护方式,使苗族地区的生态保护走上正规化、文明化、科学化、法制化的轨道。

一是制定环境保护责任制度。责权明确的环境保护制度是生态环境保护得以贯彻和落实的一项重要制度。在我国苗族地区,制定环境保护责任制度包括以下三个方面的内容:其一,制定环境保护责任制度之目的在于明确苗族地区各级政府部门的生态保护责任,将苗族地区生态资源和生态环境保护纳入各级领导干部的工作业绩考核范围;其二,完善苗族地区生态环境保护的管理制度和监督检查制度,建立职权分明的政府部门生态环境保护执法责

---

① 云南省委宣传部课题组.生态文明与民族边疆地区的跨越式发展[J].云南民族学院学报,2002(6):6-10.

任制，增强苗族地区政府部门依法执政、依法行政的能力，提升苗族地区生态环境保护法律执行力度；其三，建立苗族地区生态环境执法考核机制和县乡两级环境管理机构，提高苗族地区生态环境保护成效、增强苗族地区生态环境管理效能。

二是建立完善的生态资源调控制度。生态资源调控制度是调节社会生态资源、发挥生态资源整体效用的一种社会制度。生态资源调控制度是我国生态文明建设的重要组成部分，建立生态资源调控制度有利于促进生态资源在地区之间的均衡发展。在我国苗族地区，建立生态资源调控制度要做好以下几点：第一，完善苗族地区的生态资源规划制度。即将苗族地区的生态环境保护纳入生态资源规划范畴，通过对生态资源进行科学合理规划，发挥生态资源规划对生态资源使用者的实际约束力。第二，建立苗族地区生态资源保护制度。即对苗族地区生态资源进行各级各类的划分和评估，在最大限度地避免破坏生态资源的基础上，加强对苗族地区特殊生态功能区、珍稀自然保护区等易破坏、难恢复之生态区域的保护。第三，完善生态资源税费制度。即调整生态资源投资结构，在规模上对苗族地区生态资源开发进行总体协调，在速度上对苗族地区生态资源利用进行总体控制。

三是建立完善的生态补偿制度。生态补偿制度是指为了防止生态环境遭到破坏，生态资源所有者因此而支付相应费用的一种新型的环境管理制度。在我国苗族地区，建立完善的生态补偿制度应当坚持的基本做法是：第一，明确生态补偿的适用范围、补偿主体以及补偿对象，确保补偿主体正确履行补偿职责。第二，建立合理的生态补偿标准。损害苗族地区生态环境的因素是多方面的，我们要根据苗族地区生态资源分布的特点，建立起符合苗族民众居住地具体实际的生态补偿标准。第三，探索多元化的生态补偿方式。生态补偿的种类多种多样，我们可以根据苗族地区经济发展相对滞后的实际情况，建立一套以政府财政转移支出为主、货币补偿为辅的生态补偿方式。

四是建立公众参与保护生态环境的制度。公众参与保护生态环境的制度是指人民大众根据法律规定行使生态环境保护知情权、平等参与生态环境保护实践与监督的制度。让公众参与生态环境保护可以弥补政府在调节环境资源方面存在的缺陷,可以完善市场在分配环境资源过程中存在的不足,有效推动公民的环境保护权益的实现。在我国苗族地区,建立公众参与保护生态环境的制度需要做到以下三点:其一,制定公平的公众参与制度。公平的公众参与制度是赋予公民平等享有环境保护知情权、收益权等各项权宜的制度。例如在苗族地区建立环境公益诉讼制度,赋予苗族乡村居民平等参与环境保护的各项权利,这对保护苗族地区生态资源、提高苗族地区人民大众生态保护意识具有非常重要的意义。其二,制定公众参与的奖励制度。制定切实可行的奖励制度,对积极参与生态环境保护的社会公民根据其具体保护生态环境的效果和贡献分别给予适当的物质奖励和精神鼓励,以提高苗族地区社会群众参与生态环境保护的积极性和主动性。其三,赋予公众环境保护监督权。在鼓励苗族地区人民大众参与生态环境保护的同时,赋予其监督和查处破坏生态环境之违法行为的权利,切实保障苗族地区人民群众的环境保护监督权真正落到实处。

总之,生态文明建设既是中国十三五规划社会发展纲领的核心议题,又是中国社会发展如何解决好人与自然关系的思维理络。在当代中国加强社会主义生态文明建设的时代背景下,推进苗族生态伦理由传统向现代转换不仅是实现苗族地区人与自然和谐发展的迫切要求,同时也是加快当代中国生态文明建设的现实需要,是推动中华民族走向繁荣和实现伟大中国复兴梦想的一个重大课题。

结语
推动苗族传统伦理现代转换实现中华民族文化大发展大繁荣

文化是一条从过去流经现在并涌向未来的长河，人们时刻都在创造文化、使用文化、感受文化和消费文化。人的文化世界就是人的生活世界，人的文化世界与人的文化生命共同构成了人的文化存在。我们只有理解和把握人类文化的历史与现实，才能从根本上洞悉人类社会生活的本质。人创造了文化，文化反过来又塑造着人，人的自我完善和欲求主导着人的各种文化追求。人是文化的主体，任何文化创造都是人的实践活动。文化变迁对人类社会的发展进步具有重要意义，只有通过文化的更迭人们才能从原有的文化形态走向新的文化世界，显示新文化的独特魅力。

苗族是我国第五大少数民族，苗族人民在长期历史发展中创造并延续下来的伦理文化是中华民族文化的重要组成部分。虽然这些苗族伦理不具有世界性意义，也无法诠释人类发展的普遍性规律，但是它却在维系和延续苗族乡土社会的生存与发展过程中发挥着重要作用。在当今文化一体化时代，中西文化碰撞与交流日益频繁，我国苗族传统伦理在与外来文化的交流中日益处于边缘化境地。面对这一困境，要更好地传承和发展苗族文化，需要我们根据时代特点推动苗族传统伦理由传统向现代的转换。文化转换是文化繁荣的基石，只有在社会实践中对文化进行转换创新，一个民族的文化才能焕发生机，永葆青春与活力。具体来说，推进苗族传统伦理向现代转换，我们需

民族复兴背景下苗族传统伦理现代转换研究

要把握以下几点：

一是批判继承苗族传统伦理中的优秀文化智慧。苗族传统伦理扎根于苗族社会土壤之中，是苗族人民繁衍生息的力量源泉，是苗族群体向心力和凝聚力的精神纽带。要推动苗族传统伦理由传统向现代转换，我们在逐步消除苗族传统伦理中那些自给自足、自我封闭的文化意识以及祭神驱鬼、求神保佑之蒙昧思想成分的同时，要批判继承苗族传统伦理中的优秀文化智慧，汲取一切可能走向未来的文化因素。唯有如此，才能在现代文化发展中保持苗族伦理的生命力。

二是吸收借鉴一切人类文化优秀成果。苗族传统伦理的现代转换既是对苗族传统文化的积极扬弃和创造性重组，同时也是对苗族传统文化的筛选和对现代文化的吸收。转换苗族传统伦理，我们应当在对苗族伦理与外来文化进行价值判断和比较分析的基础上，将符合现代社会发展特点的新文化事项吸纳到苗族伦理文化中来，创建出符合时代发展要求的新的苗族伦理文化体系。

三是树立开放的文化创新态度。苗族传统伦理现代转换必须符合苗族社会的发展特点，必须充分反映苗族文化主体的真实意愿和心理变化。推进苗族传统伦理现代转换，我们需要树立海纳百川的文化胸怀，增强苗族传统伦理与外来文化之间的平等交流与对话；需要寻求苗族传统伦理与其他民族文化之间的共同点，加强苗族传统伦理与其他民族文化之间的互补与融合。树立科学的文化创新态度，构建未来百花齐放、百家争鸣的多元文化视野，对促进苗族文化创新、实现中华民族文化大发展大繁荣具有重要意义。